JN095071

人生100年時代の新しい「知」の教育

実務家教員の理論と実践

実務家教員COEプロジェクト編

学校法人 先端教育機構
社会情報大学院大学出版部

はじめに

　本書は、専門職大学院や専門職大学をはじめとする高等教育機関で活躍する実務家教員に必要とされる基本的なスキルや発想法について学ぶ教科書です。

　高度に複雑化した現代社会において、実務の現場で培ってきた知識や経験を高等教育機関での学習に取り込んでいくことが今、求められています。その重要な役割を果たすことを期待されているのが実務家教員です。2019年度に始まった文部科学省の「持続的な産学共同人材育成システム構築事業」を推進する各大学の取り組みに見られるように、実務家教員養成のための取り組みは全国的に行われるようになっています。

　実務家教員として活躍するためには、豊富な実務経験や高度な実務能力が不可欠ですが、それだけでは十分ではありません。産業界と学術界を架橋する実務家教員には、実務経験を体系化して効果的に伝達していくための、教育指導力や研究能力を兼ね備えることが求められているのです。

　このような実務家教員に求められる能力の整理や、必要なスキルを身につけるために求められるカリキュラム開発などの具体的な動きは、まだその緒に就いたばかりです。しかし社会情報大学院大学は、2018年より実務家教員を目指す方を対象とするカリキュラム「実務家教員養成課程」を開講して、これまで7期にわたって累計300名近くの修了者を輩出してきました。

　本書は、この実務家教員養成課程における経験をもとに編まれたもので、実務家教員に求められる3つの能力、すなわち、実務能力・教育指導力・研究能力を、高等教育機関において発揮して活躍するための具体的な方法論を、3部13章構成で取り上げます。

　第1部（第1〜4章）では、実務家教員を目指すみなさんが、社会において培ってきた実務能力をどのように生かしていくのかについて、現代社会との関係、高等教育機関についての制度理解との関係や、実務家教員が歩むキャリアパスとの関係で検討していきます。

　第2部（第5〜10章）では、実務家教員が実務経験を生かした授業を一から組み立てられるようになることを目指し、教育指導力に関する具体的な知識や技能、方法論を、近年の政策動向や実践事例を含めて取り上げます。

第3部（第11〜13章）では、実務の現場において培った実践知を言語化、体系化するための研究能力について、理論的な検討と実践的な方法論を取り上げます。

　本書は、実務家教員を目指す読者が本書を片手に授業設計や論文設計をしていくことや、実務家教員を養成する各種のプログラムにおいて教科書として使用されることを想定しています。そのため、単に通読するだけではなく、実際に手を動かしたり考えたりするなかで各能力の定着を図ることを期待し、各章末に演習問題をつけているほか、各部の冒頭に部を通じた到達目標を示しています。

　また、実務家教員として活躍することについて具体的なイメージを膨らませることができるよう、各部の終わりには、社会情報大学院大学の「実務家教員養成課程」を修了して実際に高等教育機関で活躍する実務家教員の記事を掲載しているほか、第1部・第2部では、実務家教員自身の視点から見たキャリアパスや講義法についての要点を論じるコラムを掲載しています。

　このように、本書は実務家教員に求められる能力を効果的に身につけられるよう、第1章から順に読み進めていくことができるよう構成しています。ただし、各章は相互に独立した章としても読めるようになっていますので、目次を見て関心を持った章や、読者のみなさんが喫緊の課題とする事柄について書かれている章をピックアップして読んでいくこともできます。実務家教員を目指した経験の棚卸しの段階から実際の授業設計・実施に至るまで、常に傍らに置いて読み返していただける教科書となれば幸いです。

　なお本書は、文部科学省「持続的な産学共同人材育成システム構築事業」の中核拠点校である社会情報大学院大学が、「実務家教員COEプロジェクト」の一環として刊行するものです。実務家教員COEプロジェクトの内容や、プロジェクトの中核をなす実務家教員養成課程の詳細については、巻末資料をご覧ください。

　また、実務家教員を取り巻く社会状況や期待について書かれた関連書籍『実務家教員への招待』も刊行されていますので、併せて手に取ってみることをお勧めします。

　最後に、執筆・編集にあたっては、ご寄稿いただいた方々、実務家教員COEプロジェクトの連携校および連携企業の方々に、貴重なご支援やご助

言をいただきました。この場を借りて御礼申し上げます。

2021年3月

編者一同

目次

※各章末の執筆者紹介における職名はすべて本稿執筆時のもの。

第1部

実務家教員の基礎

　本書は、豊富な実務経験を有し、パラレルキャリア、あるいはセカンドキャリアとしての実務家教員を志す読者が、「競争力・実力ある実務家教員」として活躍するための基盤となる知識について、理論と実践の両面から学ぶための教科書である。

　第1部では、なぜ現代社会において実務家教員が求められるか、実務家教員に必要な能力とはいかなるものか、実務家教員が活躍する具体的な場の1つである高等教育機関とは何か、そして実務家教員として勤務するうえでどのような事柄に留意すべきか、といった点について解説する。第1部には、本書の前提となる考え方や、実務家教員に関する基礎的な情報が整理されているため、第2部以降を読み進めるなかで、あるいは実際に実務家教員としてのキャリアを歩み始めた後にも、定期的に読み返してほしい。

到達目標

・実務家教員が求められる社会的背景と制度的背景を説明することができる。
・実務家教員に必要な3つの能力を説明することができる。
・実務家教員として教育機関で勤務する自らの姿をイメージすることができる。

実務家教員とは何か

1.　現代社会論としての Society 5.0

　大学教育改革をめぐる議論のなかでは今、実務家教員は、善きにつけ悪しきにつけ注目されている用語の1つとなっている。実務家教員が注目される背景には、それが求められる社会的背景があるはずだ。この章は、「実務家教員」が求められる社会的背景を理解することで、実務家教員が担うべき役割や実務家教員像を浮かび上がらせることを目的としている[1]。

　日本が課題先進国と言われて久しい。少子高齢社会の到来による労働人口の減少、その結果として経済規模縮小の懸念、東京の一極集中と地域衰退、さらにエネルギー問題など、挙げればきりがないほどの課題が積み上がっている。これらの課題は、決して日本だけが抱えている問題ではない。しかし振り返ってみると、わが国は課題のみが先進し、解決策が遅れをとっているような状況である。

　こうした課題を克服するべく、2016年に「第5期科学技術基本計画」が策定された。日本に山積する課題を先端的な科学技術の応用によって解決し、さらなる経済発展を目指す計画が示された[2]。

　この基本計画のなかで、「Society 5.0」が目指すべき社会像である超スマート社会として示された。超スマート社会とは、「必要なもの・サービスを、必要な人に、必要な時に、必要なだけ提供し、社会の様々なニーズにきめ細やかに対応でき、あらゆる人が質の高いサービスを受けられ、年齢、性別、地域、言語といった様々な違いを乗り越え、活き活きと快適に暮らすことのできる社会」（「第5期科学技術基本計画」p. 11）であると定義されている。

　Society 5.0があるということはSociety 4.0もあれば3.0、2.0、1.0もある。狩猟社会（Society 1.0）、農耕社会（Society 2.0）、工業社会（Society 3.0）、情報社会（Society 4.0）に続くような新たな社会として、Society 5.0は位置

づけられている。この社会のバージョンアップは、技術革新によってもたらされているように見える。1.0と2.0の間には「農耕技術革命」が、2.0と3.0の間には「産業技術革命」が、3.0と4.0の間には「情報技術革命」というように、である。ではSociety 4.0とSociety 5.0の間にはどのような技術革新があるのだろうか。

第5期科学技術基本計画は、現在の社会であるSociety 4.0を情報社会と定義し、Society 5.0との違いを次のように述べている。Society 4.0では、人々が必要に応じてインターネットなどを通じてクラウド上（サイバー空間）の情報にアクセスし分析を行ってきた。Society 5.0は、人々が実際に生活する空間（フィジカル空間＝現実世界）とサイバー空間とがAIなどの先端テクノロジーにより高度に融合した社会となる。

この説明を踏まえていえば、Society 5.0は、AIなどの新たな技術などの名称が出てくるものの、Society 4.0（情報社会）における情報技術の延長線に位置づけられる[3]。言い換えれば、産業技術革命と情報技術革命ほどの技術革命という断絶が、4.0と5.0には生じていない。つまり、これまでの社会がバージョンアップする条件が技術革命であったのに対して、4.0から5.0では、バージョンアップする条件そのものが変化したのだと考えることができる。「これまでの情報社会（Society 4.0）では知識や情報が共有されず、分野横断的な連携が不十分であるという問題がありました」（内閣府 2020）とあるが、Society 5.0は、「知識・情報や情報技術そのものを俯瞰的に捉え、さまざまな知見を融合することが重要な社会」ということになろう。Society 4.0と5.0の違いは「知識のあり方」そのものが変化したと捉えるべきである。これまでの技術革命においては、「技術」という知識が見いだされてきた。次の社会では、そういった知識を一段上から俯瞰的に見て、その知識をいかに利活用して新たな価値を創造するのかという点に焦点が変わったのである。

2. 知識社会

筆者の見立てでは、Society 5.0は「知識社会」であるといえる。現代社会は高度に複雑化した社会であり、そのために社会は多様な知識やスキルを要

求されるようになったのである。その要求に応えるためには、情報や知識の利活用が不可欠である。

　情報や知識を利活用するためには、第一に、その流通を支えるインフラが必要になる。このようなインフラを支えるICTの社会実装については、5GやGIGAスクールなど、積極的に取り組まれている。第二に、大量に流通する情報・知識を俯瞰的にみて整理するためのメタ的な知識が必要になる。しかし後者はまだまだ取り組まれていないのが現状である。

　ところで「知識基盤社会（knowledge-based society）」あるいは「知識社会（knowledge society）」とは何だろうか。「知識社会」を初めに指摘したのは、ピーター・ドラッカー（Peter F. Drucker）である。1968年に『断絶の時代』のなかで触れている。ドラッカーというとマネジメント論のイメージが先行しているが、ドラッカーのマネジメント論の本質は「知識（労働者）をいかに活用するのか」という視点での議論にある（ドラッカー1969）。また1973年にはダニエル・ベル（Daniel Bell）が『脱工業社会の到来』で、理論的知識が社会の中心を占めるようになると指摘していることも見逃せない（ベル 1975）。実のところ、1960年代の後半から「知識社会」という言葉が使われ始めたのである。ここでの「知識社会」とは広く「知識が重要な役割を果たす社会」の意であるが、この言葉そのものがこれからの社会を表す言葉として用いられていたのである（Society 5.0もこれからの社会を表す言葉として用いられているのが興味深い）。

　日本において「知識社会」という言葉が社会に広く浸透するきっかけになったのは、2005年ごろである。文部科学省の中央教育審議会答申「我が国の高等教育の将来像」（将来像答申）に「知識基盤社会」という言葉が登場した。

　　21世紀は、新しい知識・情報・技術が政治経済・文化をはじめ社会のあらゆる領域での活動の基盤として飛躍的に重要性を増す、いわゆる『知識基盤社会』（knowledge-based society）の時代であると言われる。（「将来像答申」p. 1）

　ところで、「知識社会」と「知識基盤社会」という言葉には違いがあるの

だろうか。筆者は、ほぼ同義語であると考えている。「将来像答申」では、「知識基盤社会」の特質として次の4つの点を代表的な例として挙げている。第一に、知識には国境がなくグローバル化がいっそう進むこと。第二に、知識は日進月歩であり、競争と技術革新が絶え間なく生まれること。第三に、知識の進展は旧来のパラダイムの転換を伴うことが多く、幅広い知識と柔軟な思考力に基づく判断がいっそう重要となること。第四に、性別や年齢を問わず参画することが促進されること。

　これらの指摘は、ドラッカーの『断絶の時代』やそれに続く著作のなかで提示された知識社会の特徴をほぼ踏襲しているといってよい。『ネクスト・ソサエティ』でドラッカーは知識社会の特質を次のように指摘している。

　　第一に、知識は資金よりも容易に移動するがゆえに、いかなる境界もない社会となる。第二に、万人に教育の機会が与えられるがゆえに、上方への移動が自由な社会となる。第三に、万人が生産手段としての知識を手に入れ、しかも万人が勝てるわけではないがゆえに、成功と失敗の並存する社会となる。（ドラッカー 2002: 5）

　このように「知識基盤社会」という言葉はドラッカーやベルの「知識社会論」と同じ系譜上にあるといえる。したがって本章では、「知識基盤社会」も「知識社会」も同様の事態を示すものとして捉え、「知識社会」の語句で統一する。

　知識社会は、知識がさまざまな社会領域の活動の基盤となる社会である。現代社会は知識が富の源泉となる社会であると、ドラッカーやベルは指摘している。知識社会において富を得るためには、富の源泉となる知識を多く生産する必要がある。さまざまな社会資源が知識生産へと流れるため知識生産は活発化する。知識の進展のスピードは、ますます加速することになる。したがって、知識のライフサイクルは一段と速くなる[4]。

　このように知識が富の源泉となることで、知識を持つ者と持たない者の格差は広がりを見せる。知識を生み出し自らの知識を活用する労働者（知識労働者＝テクノロジスト）は高い報酬を得ることになるが、知識を消費する労働者（サービス労働者）は困窮する可能性が生じる[5]。

　知識を消費する労働者は、ジョージ・リッツァ（George Ritzer）が提唱した「マック職」のそれに似ている（リッツァ 1999）。つまり知識を消費する労働者とは、マニュアルを使う労働者のことである。他方で、マニュアルをつくり出す者は知識労働者となる。マニュアルがつくられることにより「脱技能化」が推し進められる[6]。

　リッツァは知識労働者とサービス労働者の間で格差が広がる可能性があると指摘した。それはすなわち、知識を持つ者と持たない者の格差が広がることを意味する。知識社会では、知識が最大の資源となり富の源泉となり得る。したがって、新たな知識を生産するために資本を投下することになる。知識の生産のスピードが高まれば、知識そのものの陳腐化（時代遅れ）の速度も速くなる。知識の陳腐化が早くなれば、新たな知識を学び直すことが必要となる。自己実現のために、あるいはキャリア形成のために、より現実的なことを言えば、エンプロイアビリティ（雇用可能性）を高めようとすれば、最新の知識やスキルを維持することは不可欠である。現代社会を知識社会と捉えることで、なぜ今リカレント教育が注目されているのかも理解できる。

3.　ハイパーラーニング・ソサエティ

　現代社会は人生100年時代と言われているが、知識社会も相まってリカレント教育を後押ししている社会となっている。人生が80年から100年へと延び、人生の最初期に教育を受けた知識だけで生涯を全うすることはできない。また、これまでのように人生の最初期に教育を受け、仕事をし、ある程度の年齢で引退をするようなリニア型の人生モデルでもなくなった。人生を実り豊かに過ごしていくためには、常に学び続ける必要がある。

　したがって、人生100年時代は生涯学習社会といって差し支えないだろう。整理しよう。知識社会になれば、知識が社会のさまざまな領域の基盤になるので、知識を持っている者と持たざる者との間で格差が広がる可能性がある。知識には境界がないので競争も激しくなる。知識のライフサイクルが速まることで、知識の変化（陳腐化やパラダイム転換）も激しくなるので、常に新たな知識を習得し続ける必要が生じる。生涯を通じて学習する社会の

ことをラーニング・ソサエティ（Learning Society）と呼ぶ。

　ラーニング・ソサエティは、シカゴ大学学長であったロバート・ハッチンス（Robert M. Hutchins）が提唱した概念である。ハッチンスのラーニング・ソサエティの概念は、「全ての個人は生涯を通じて学習を継続できなければならない」というものだった。ハッチンスは、ほとんどの人に教養教育が行き届くように整備をすることが重要であると説いたのである（ハッチンス 1979）。

　しかし知識社会においては、もはや個人の生涯を超えて持続可能な社会を実現するため、さまざまな社会領域の発展に資する継続的な学習が必要になっているのではないか[7]。

　生涯を通じて学習することを自身の選択で自由に行い、またその学習成果について自身で責任を負うこと（新しい知識を習得する／しないの自由は保証されているが、その選択は個人の責任となる）。また、個人の学習が社会に組み込まれている（あるいは学習することが期待されている）状態。筆者は、こうした状態をハイパーラーニング・ソサエティと定義している。ハイパーラーニング・ソサエティでは、学び手はどのような学習を選択し、キャリア形成に資する知識や能力を身につけるのかについて一定の責任を負っている。他方で学びを提供する側は、あらかじめ学習者に対して教育を受けた後の成果を明示し、その成果を約束しなければならなくなったのである。

4.　知識のフォロワーから知識のリーダーへ

　知識社会、人生100年時代、リカレント教育の高まりと相まって、私たちは学び続けることを求められている。社会からの期待あるいは圧力によって人々が常に学び続ける社会をハイパーラーニング・ソサエティと言った。

　リカレント教育と聞くと、どうしても「学び直し」というイメージから「学び手」を想定しがちである。しかしここで筆者が示したいのは、人生を通じて学び続けなければならないという態度そのものを考え直す必要があるということである。もちろん学ぶことを否定しているわけではない。だが学び続けるということは、誰か別の人がつくり出した知識を受け取ることになる。それは知識の消費を意味する。すなわち知識のフォロワーである。この

知識のフォロワー的体質からの脱却が、Society 5.0時代の戦略といえる。ある程度の学びが終われば自らが知識をつくり出す側へと転回しなければならない。それは知識の生産者であり、知識のリーダーである。それぞれの人が学びと知識の創出のサイクルを回すことが重要になる。

　知識と聞くと、学術上の知識を思い浮かべるかもしれない。しかし知識はそれだけではない。自らの経験知を体系化させ、実践的知識にしたものも1つの知識の形態である（第12章参照）。個々の企業などの中に集積された暗黙知を形式知化して継承することや、さらには、これらを理論化・体系化して、生産性の向上へとつなげることもまた然りである[8]。

　そこで重要なのは、自身の経験知を振り返り、可視化するための言語化である。経験知を単純に言語化すればよいわけではない。経験知を実践的知識に変換させたとして、それらの知識がどんな組織や社会でどう役に立つのかをも明らかにしておく必要がある。どのような実践に用いることができる知識なのかという適用範囲も明示することが必要である。例えば、自分自身の経験知は「企業特殊能力（その企業・組織の内部でのみ通用するスキルや知識・ノウハウ）」の場合もあれば、より普遍的なスキルや知識の場合もある。知識を有効に活用するために、自らの知識がどこに位置づけられるのか見定めることが不可欠である。

　さらに経験知を実践的知識として可視化するのは、他者に伝えることが目的であるはずだ。なぜその実践的知識を学ばなければならないのか、その知識を学びどのように生かすのかが明確にされていなければ、伝達される側（学び手）は積極的に学習しようとしない。自らを振り返ることで知識を創造し、さらに創造した知識を俯瞰的に見て適切に分析するというメタ的な視点が求められる。

　知識を他者が利用することを前提にしたとき、その知識は①共有可能な性質を帯びている必要があり（論理的・説得的・他者に伝達することができる）、②有用性（どのように役立ち組織・社会に位置づけられるのか）を備えていることが重要だ。

　知識社会では、新たな知識の創造・普及・活用という知識のトライアングルをいかに回すのかが課題となる[9]。新たな知識をつくり出したらそれで終わりではない。その知識を共有することで、広くその知識が必要な対象者に

図表 1 - 1 社会発展の基盤としての知識 ［出典：筆者作成］

対して普及させることが必要となる。さらに知識を普及させるだけでなく、その知識を実社会で活用することが重要である。その知識の活用によって、新たな実践がつくられ、学術的な知識や実践的な知識がアップデートされていく。こうした知識の循環を構築し、転回できるのかが知識社会の鍵となる（図表 1 - 1 ）。

5. 実務家教員の 3 能力

筆者は、実務経験・実務能力、教育指導力、そして研究能力が、実務家教員に必要な 3 能力であると主張している。この能力が知識のトライアングルを回転させる能力、つまり知識社会に必要な能力と一致する。

知識の創造という観点では研究能力が対応しているし、実務経験や実務能力を有していることで、どのような知識やスキルがある実践の現場で必要となるのかという点を経験的に知っている。これは知識の有用性を考えるときに必要な素養である。さらに、それらの知識を普及するためには、教育指導力が必要となる。

実務家教員というからには、自身が指導しようとする領域の実務経験・実務能力を持ち合わせていなければならない。自分が能力を持っていることを示すためには、自分の経験や能力を言葉にして相手に示さなければならない。ここで既に、自分自身の経験を言語化する必要が生じている。自分の実務経験を棚卸しし、言葉にすることで、自身の実務のフィールドが体系化されてくる。そうした自身の経験を含みながら、自分が伝えるべき知識の順番

や知識と知識の関連性を踏まえて授業を設計していく。教育指導力は、ただ単純に授業をするだけでなく「どのような授業をするのか」という授業計画を立てることも含まれている。そして、自身の実務経験をいかに「実践現場で使える知識」として「実践の理論」へと昇華させるのかが重要になる。実務家教員になろうとする者は、必ず自身が伝えたい核となる「実践の理論」を持ち合わせているはずである。それをいかにして立論していくのかという能力も持ち合わせている必要があるだろう。

6.　法令上に見る実務家教員の能力

　ところで、法令など制度の観点から厳密にいえば、研究能力は、全ての実務家教員に求められているわけではない。

　「専門職大学院設置基準」によれば、実務家教員は、「担当する専門分野に関し高度の教育上の指導能力がある」と認められ、「専攻分野における実務の経験を有し、かつ、高度の実務の能力を有する」者と定義されている（第5条）。さらに実務の経験については、2003年の文部科学省告示「専門職大学院に関し必要な事項について定める件」で、「専攻分野におけるおおむね五年以上の実務の経験を有し、かつ、高度の実務の能力を有する」とされている（第2条）。このように専門職大学院では、教育研究上望ましいかどうかは別として、実務家教員の研究能力については明文化されていない。

　専門職大学ではどうだろうか。「専門職大学設置基準」をひもといてみると、「実務の経験等を有する専任教員」（第36条）という条項のなかに、「おおむね四割以上は、専攻分野におけるおおむね五年以上の実務の経験を有し、かつ、高度の実務の能力を有する者」でなければならないとされている。ここでも研究能力に関する言及は見られないように見える。しかし、続く2項に、実務の経験などを有する専任教員のうち実務家教員の2分の1以上は、いわゆる研究能力を有する必要があると明記されている。具体的には、①大学における教歴がある者、②博士、修士あるいは専門職学位を有する者、③企業等に在職し、実務に係る研究実績を有する者である。専門職大学では研究能力を有する実務家教員の定義なるものが記されている。

　ここで主張したいのは、次の2点である。

　まず、法令上は必ずしも実務家教員に研究能力が求められているわけではないということである。研究能力に言及した専門職大学設置基準であっても、実務家教員に研究能力を必須としているのではなく、必要な専任教員としての実務家教員数の半数以上としている。したがって、実務家教員に必要な最低限の能力は、実務経験・実務能力と教育指導力ということになる。しかし筆者は、法令上は必ずしも研究能力を求めていないにせよ、実務家教員には研究能力が必要であると主張したい。

　実務家教員に研究能力が必要であるというのは、次の3点の理由からである。第一は、これまで述べてきたような実務家教員が担う役割の論理的帰結として生じる必要性である。第二は、実務家教員から研究者教員へのキャリアシフトという実務家教員のキャリアパスの可能性を高めるためである。第三は、やや戦略的になるが、今後実務家教員が増えていくなかで、自らの実務家教員のプレゼンスを高めるためである。そこで、そもそも実務家教員の研究能力とは何かということが問題となる。

7.　専門職大学院に研究能力はいらないのか

　実務家教員が明示的に示されたのは、2003年に専門職大学院が制度化されたときであった。専門職大学院が担う人材育成機能は、「各専攻分野における『高度で専門的な職業能力を有する』」高度専門職業人の育成である。その機能を達成するためには、高度専門職業人養成に特化した実践的な教育を行う必要がある。このような観点から、それぞれの実務領域の実践に精通した実務家教員を置くことになったのである。実務家教員の役割は、実務領域の実践に関する教育を行うことは当然のこととして、学生が高度で専門的な職業能力を有するために、当該領域においてどのような能力やスキルが必要であるのかを考え、教育課程の編成に生かしていくことにある。

　ところで専門職大学院は、「理論と実務を架橋する実践的な教育」を実施することを旨としている。先に言及したように、専門職大学院においては「研究能力を有する」実務家教員についての規定はない。専門職大学院設置基準は、あくまで最低限の設置要件を示したものであり、この基準をクリアすればよいという性格のものではない。このため、基準通り解釈をすれば、

実務家教員に対する研究能力を必須としてはいない。「理論と実務を架橋する」方法については検討の余地があるが、専門職大学院の制度趣旨が、高度専門職業人養成に特化した実践的な教育を行うものであり、研究者養成を目的としていないことや、研究指導を必須としていないことから、研究者教員と実務家教員が一定数おり、そこでのコラボレーションによって「理論と実務を架橋する」ことへの担保としているのであろう。

　しかしながら、法令上の規定がないだけであって、実質上は専門職大学院であろうと実務家教員には必然的に研究能力が求められるのではないだろうか。

8.　実務と実践の理論の往還

　「研究」というと、学術論文を執筆したり、学会発表をしたり、あるいは実験室で実験器具を用いてということを、思い浮かべる人が多いのではないだろうか。もちろん、それも研究である。研究をより広く捉えれば「明らかにされていないことを明らかにする」、あるいは「新しい知」をつくり出すことである。ここで言う知とは、学術的な知識だけでなく、実践現場で活用する知識も然りである。

　さらに言えば、新しい知にせよ何にせよ、知識は自分だけが知っている状態では知識と言えない。人と共有して初めて知として成立する。例えば、実務家教員が精通している実務領域では当然のこととして見なされている行為があるとしよう。それは言葉として「明らか」にして人と共有していることだろうか。当然のことと見なされていることは、ともすると「明らかに」されていないことが多い。実のところ、自分たちが当然のこととして見なしていることを見つけ出すことは非常に難しい。まさに自身の実務領域で当然のこととして見なされていることを見つけ、明らかにすることが実務家教員の研究能力の第一歩なのである。また実務家教員の強みは、自分自身の実務がそのまま研究のフィールドになっていることである。自身の考えた「実践の理論」を検証するのは、まさに自身の実務の場においてである。

注

1）川山竜二（2020）も参照されたい。

2）2020年策定の第6期科学技術基本計画においても、Society 5.0の概念は継続して用いられることになっている。また、科学技術基本計画は科学技術基本法の定めによって策定されることになっているが、2020年に科学技術基本法は改正され、「科学技術・イノベーション基本法」（2021年4月1日施行）となった。同法では、これまで「人文科学のみに係る科学技術」は対象外とされていたが、「人文科学のみに係る科学技術」をも対象にしている。科学技術はどちらかというと《理系》のみを想起させる語として用いられていたが、同法の改正をもって全ての領域の学問を指し示す語として用いられることになるだろう。

3）われわれが生きる近現代社会において、技術上の改善は生じるであろうが、今後産業革命のような「革命」は生じないのではないかと考えている者もいる（Gordon 2012）。

4）知識が陳腐化することは、知識に課せられた宿命である。マックス・ウェーバーは『職業としての学問』で次のように述べている。「学問のばあいでは、自分の仕事が十年たち、二十年たち、また五十年たつうちには、いつか時代遅れになるであろうということは、だれでも知っている。これは、学問上の仕事に共通の運命である」（ウェーバー 1980: 29-30）。

5）知識社会では、知識を持つ者と持たざる者の間での不平等格差が拡大する可能性がある。この事態は知識社会における新たな社会問題として立ち現れることになる。そのためには、「学びの社会保障」を検討する必要がある。

6）ルーティンワークは減少し、専門性やマネジメント力が求められる仕事が増えるが、比較的低スキルのサービス職が増加すると想定される（Nedelkoska and Quintini 2018: 21）

7）SDGs（持続可能な開発目標）のなかには「4. 質の高い教育をみんなに」が掲げられているが、これは、全ての人々へ包括的かつ公正な質の高い教育を提供し、生涯学習の機会を促進することを意味するものだといえる。

8）2016年の中央教育審議会答申「個人の能力と可能性を開花させ、全員参加による課題解決社会を実現するための教育の多様化と質保証の在り方について」（開花答申）も参照。

9）注2）で言及した「科学技術・イノベーション基本法」では、「イノベーションの創出」の定義規定が盛り込まれている。イノベーションとは、「科学的な発見、又は発明、新商品、又は新役務の開発その他の創造的活動を通じて新たな価値を生み出し、これを普及することにより、経済社会の大きな変化を創出することをいう」とされている（下線部筆者）。

参考文献

ベル，ダニエル（1975）『脱工業社会の到来』ダイヤモンド社．

ドラッカー，ピーター（1969）『断絶の時代―来たるべき知識社会の構想』ダイヤモンド社．

ドラッカー，ピーター（2002）『ネクスト・ソサエティ―歴史が見たことのない未来がはじまる』ダイヤモンド社．

Gordon, Robert J. (2012) "Is U.S. Economic Growth Over? Faltering Innovation Confronts the Six Headwinds," *NBER Working Paper No.18315.*

ハッチンス，ロバート（1979）「学習社会」『現代のエスプリ 146 ラーニング・ソサエティ』

至文堂，22-33.

川山竜二（2020）「実務家教員とは何か」実務家教員COEプロジェクト編『実務家教員への招待』社会情報大学院大学出版部，16-53.

内閣府（2020）「Society 5.0」.

Nedelkoska, L., and G. Quintini（2018）"Automation, Skills Use and Training," *OECD Social, Employment and Migration Working Papers No.202.*

リッツァ，ジョージ（1999）『マクドナルド化する社会』早稲田大学出版部.

ウェーバー，マックス（1980）『職業としての学問』岩波文庫.

演習問題

1．知識社会とは何か。自分の言葉で説明してみましょう。

2．実務家教員とは何か。自分の言葉で説明してみましょう。

3．実務家教員に必要な3つの能力それぞれについて、あなたはどの程度の能力を有していると思いますか。現状を分析してみましょう。

執筆者紹介

川山 竜二（かわやま りゅうじ）

社会情報大学院大学教授・先端教育研究所所長

筑波大学大学院人文社会科学研究科にて社会学を専攻。専門学校から予備校までさまざまな現場にて教鞭を執る実績を持つ。現在は、「社会動向と知の関係性」についての研究のほか、専門職大学、実務家教員養成の制度設計に関する研究と助言も多数行っている。海洋開発研究機構普及広報外部有識者委員。また、教育事業に関する新規事業開発に対するアドバイザリーも行う。そのほか、研究施設などの広報活動について科学コミュニケーションの観点からアドバイスを行う。

第 2 章

高等教育論

1. 高等教育

　実務家教員の活躍の場は、専門学校や大学・大学院、民間企業、官公庁など多岐にわたるが、中心となるのが高等教育機関である。文部科学省の政策文書などにおいても、専門職大学・専門職大学院の教員のうち実務家教員が占める割合をそれぞれ４割・３割以上にすることが示されているほか、高等教育無償化の機関要件の１つとして「実務の経験を有する教員が担当する授業科目その他の実践的な教育が行われる授業科目」（「大学等における修学の支援に関する法律施行規則」）を一定単位数以上配置することが定められている。このような状況下、大学では毎年企業などから平均1,500〜2,000人を本務教員として採用しており（文部科学省中央教育審議会大学分科会制度・教育改革ワーキンググループ第７回資料１「教育課程、指導方法の改善等学修の質保証」）、実際に高等教育機関で教壇に立つ実務家教員は増加傾向にある。こうした社会的背景を踏まえると、実務家教員として活躍するうえでも実務家教員を育成・登用するうえでも、高等教育に係る基本的な制度や歴史、昨今の主要な論点などについての理解を深めることは肝要である。そこで本章では、高等教育に関する基本的な定義・分類を確認したうえで、わが国における高等教育政策・進学状況の変遷、現在の政策動向、今後の方向性を概説する。

1.1　高等教育の定義と分類

　そもそも「高等教育」とは何だろうか。おそらく、多くの人がまず思い浮かべるのは「大学」だろう。しかしながら高等教育の射程は広く、実際には大学以外の学校種も含まれ、さらにその具体的な仕組みは国・地域によって大きく異なる。例えば、『世界大百科事典（第２版）』によれば、高等教育とは「一般的には学校教育制度上の体系として、初等教育および中等教育のう

えに位置づけられる教育をいう。しかし、高等教育の範囲や性格は国や時代によって異なり変化している」と定義づけられている。また、『日本大百科全書（ニッポニカ）』では高等教育を「初等教育、中等教育の学校教育を中核とする普通教育の基礎の上に位置づけられた、さらに精深な一般教養教育と高度な学問研究ならびに専門職業に必要な知識・技能を授ける教育」としている。これらを踏まえると、私たちが高等教育について論じる際には、前提としてどの国におけるどの学校種を対象としているのかを明確にする必要がある。

　この観点から、高等教育だけでなく教育制度全般について、1つの国際的なスタンダードとして参照し得るのが「国際標準教育分類（International Standard Classification of Education: ISCED）」である。ISCEDは、国連教育科学文化機関（UNESCO）が定めている教育制度の分類基準であり、1970年代に初めて作成されて以降、1997年と2011年にそれぞれ改訂されている。このうち、2011年に改訂（2012年に公表）された「ISCED 2011」によれば、教育制度は9段階に分類される。具体的には、就学前教育（レベル0）、初等教育（レベル1）、前期中等教育（レベル2）、後期中等教育（レベル3）、中等後教育・非高等教育（レベル4）、短期高等教育（レベル5）、学士課程相当（レベル6）、修士課程相当（レベル7）、博士課程相当（レベル8）であり、各レベルに相当する主な日本の学校種は図表2-1の通りである。この中で、高等教育に該当するのはレベル5以上であり、わが国においては短期大学、高等専門学校（4〜5年）、専門学校、大学・専門職大学、大学院・専門職大学院などが含まれる。

　UNESCO（2012）によれば、高等教育は中等教育を踏まえて専門分野における学習を提供するものであり、学習者は高度で複雑な専門的知見を修得する。このうちレベル5（短期高等教育）は、職業的知識・スキルなどの育成を目指すことが多く、学生は修了後に当該知識・スキルを生かして労働市場で活躍することが主に想定されるが、ほかの高等教育課程に進学することもある。レベル6（学士課程相当）は、レベル5よりも学術志向・理論志向が強く、より複雑な知識・スキルを扱う。実務に関する内容を扱うこともあるが、その際も最先端の研究や実践を踏まえて教授内容・方法が設計されることになる。通常、レベル6を担当する教員はレベル7（修士課程相当）ま

ISCEDの レベル	定義	主な日本の学校種
レベル0	就学前教育	幼稚園、保育園、認定こども園
レベル1	初等教育	小学校、特別支援学校小学部
レベル2	前期中等教育	中学校、中等教育学校前期、特別支援学校中学部
レベル3	後期中等教育	高等学校、中等教育学校後期、高等専修学校、高等専門学校（1～3年）、特別支援学校高等部
レベル4	中等後教育 （非高等教育）	高等学校専攻科、短期大学別科、大学学部別科、特別支援学校高等部専攻科
レベル5	短期高等教育	短期大学、高等専門学校（4～5年）、専門学校
レベル6	学士課程（相当）	大学（学部）相当
レベル7	修士課程（相当）	大学院（修士課程）、大学（6年生学部）相当
レベル8	博士課程（相当）	大学院（博士課程）相当

図表2-1　ISCED 2011の各レベルと該当する日本の学校種［出典：筆者作成］

たはレベル8（博士課程相当）を修めた研究者、あるいは関連する実務で高度な専門性を有する専門家である。この課程では、レベル7やレベル8と比べると研究の比重は軽く、また学生は自立的に学習・研究を行うというよりも、教員などによる（相対的に細やかな）指導を受けながら学習することになる。レベル7は、上級者向けの学術的知見や実務に関わる知識・スキルを修得する段階と位置づけられ、レベル6よりもさらに高度で複雑な学術理論や手法を扱うほか、実務に関する最先端の知識・スキルを学ぶための教育機会としても存在している。学術志向のプログラムの場合、レベル6以上を既に修了していることが前提となるが、実務志向のプログラム（日本の場合、後述するように専門職大学院が該当）についてはレベル3やレベル4を修了していれば進学が可能となる。いずれにおいても、レベル6に比して特定分野に関する学びを深化させることも、レベル7の特徴である。レベル8は、最高位の学位を授けるプログラムであり、学生は通常、レベル7修了後に進学し、高度で独自性の高い研究を自ら実施する。当該プログラムを提供する教育機関としては、専ら研究志向が強い大学であるが、教育研究は学術的な内容だけでなく実務に関するものも含まれる。いずれの場合も、専門分野に関する論文を執筆して口頭試問などに合格することが求められる。

1.2　日本の学校系統と高等教育

　以上のUNESCOによる分類・定義も踏まえつつ、文部科学省は日本の教育制度（学校系統）を図表2-2のように整理している。これによれば、高等教育機関に進学するためには、飛び入学などの例外を除いて最低12年間の学習経験（初等教育6年間、中等教育6年間）を有することが想定されており、具体的な学校種としては先述のように大学・専門職大学、大学院・専門職大学院、短期大学・専門職短期大学、専門学校、高等専門学校など多岐にわたる。ここで、各高等教育機関の位置づけ（目的）および取得可能な学位・称号は、「学校教育法」などにおいて定められており、図表2-3のように整理することができる。

　例えば、専修学校専門課程（専門学校）は「高等学校における教育の基礎の上に」（同法第125条）、「職業若しくは実際生活に必要な能力を育成し、又は教養の向上を図ることを目的」（同法第124条）としており、修了すると「専門士」または「高度専門士」を得ることができる。また、高等専門学校は「深く専門の学芸を教授し、職業に必要な能力を育成すること」（同法第115条）が目指されており、卒業者には「準学士」が授けられる。

　同様に、短期大学は「深く専門の学芸を教授研究し、職業又は実際生活に必要な能力を育成する」（同法第108条第1項）、そのうち専門職短期大学は「深く専門の学芸を教授研究し、専門性が求められる職業を担うための実践的かつ応用的な能力を育成することを目的とする」（同第4項）ものと位置づけられている。他方、大学は「深く専門の学芸を教授研究し、専門性が求められる職業を担うための実践的かつ応用的な能力を展開させることを目的とする」（同法第83条第1項）ものであり、かつ「その目的を実現するための教育研究を行い、その成果を広く社会に提供することにより、社会の発展に寄与するもの」（同第2項）とされている。このうち専門職大学は「深く専門の学芸を教授研究し、専門性が求められる職業を担うための実践的かつ応用的な能力を展開させることを目的と」（同法第83条の2）している。それぞれ、卒業者は短期大学士、短期大学士（専門職）、学士、学士（専門職）を得ることができる。

　さらに高次の大学院は「学術の理論及び応用を教授研究し、その深奥をきわめ、又は高度の専門性が求められる職業を担うための深い学識及び卓越し

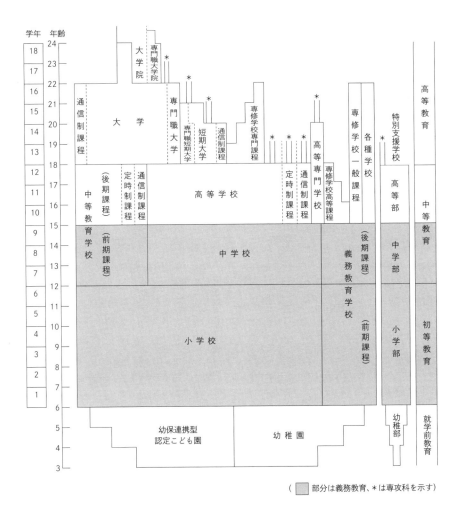

図表２-２　学校系統図［出典：文部科学省（2019）「『諸外国の教育統計』平成31（2019）年版」］

た能力を培い、文化の進展に寄与することを目的と」（同法第99条第１項）
して、課程に応じて「修士」あるいは「博士」を得ることができる。このう
ち専門職大学院は「学術の理論及び応用を教授研究し、高度の専門性が求め
られる職業を担うための深い学識及び卓越した能力を培う」（同第２項）も
のであり、専攻に応じて修士（専門職）、法務博士（専門職）、教職修士（専

定義	位置づけ（目的）	取得可能な学位・称号
専修学校専門課程（専門学校）	高等学校における教育の基礎の上に、職業若しくは実際生活に必要な能力を育成し、又は教養の向上を図ることを目的とする。修了者は、文部科学大臣の定めるところにより大学に編入学できる。	専門士、高度専門士
高等専門学校（高専）	深く専門の学芸を教授し、職業に必要な能力を育成することを目的とする。卒業者は、文部科学大臣の定めるところにより大学に編入学できる。	準学士
専門職短期大学	深く専門の学芸を教授研究し、専門性が求められる職業を担うための実践的かつ応用的な能力を育成する。	短期大学士（専門職）
短期大学	深く専門の学芸を教授研究し、職業又は実際生活に必要な能力を育成することを主な目的とする。卒業者は、文部科学大臣の定めるところにより大学に編入学できる。	短期大学士
専門職大学	深く専門の学芸を教授研究し、専門性が求められる職業を担うための実践的かつ応用的な能力を展開させることを目的とする。	学士（専門職）
大学	学術の中心として、広く知識を授けるとともに、深く専門の学芸を教授研究し、知的、道徳的および応用的能力を展開させることを目的とする。	学士
専門職大学院	学術の理論および応用を教授研究し、高度の専門性が求められる職業を担うための深い学識および卓越した能力を培うことを目的とする。	修士（専門職）法務博士（専門職）教職修士（専門職）
大学院	学術の理論および応用を教授研究し、その深奥をきわめ、又は高度の専門性が求められる職業を担うための深い学識および卓越した能力を培い、文化の進展に寄与することを目的とする。	修士博士

図表2-3　日本の高等教育機関の位置づけおよび取得可能な学位・称号
　　　　　［出典：「学校教育法」より抜粋・一部改変］

門職）などの学位が得られる。

　このような日本の高等教育制度について、金子（2016）は国際比較の観点から、アメリカなどを中心に見られる「単線型」（アメリカ型）、ヨーロッパなどで主流の「複線型」（ヨーロッパ型）とは異なり、「単線の変形」である「東アジア型」の１つと整理している。すなわち、アメリカ型では高等教育が主として「大学」に包摂されており、ほかの学校種はあまり見られないのに対し、ヨーロッパなどでは「大学」と非大学の高等教育機関に分けられ、後者は主に職業教育を担う短期のプログラムとなっている。他方、東アジア諸国では、高等教育に進学するまでに12年間の学修を求められ、学士の学位を取得するためには原則としてさらに４年間の学びが必要となるのは「アメリカ型」と同様であるが、同時に先述のように職業志向の非大学高等教育機関も複数存在しており、その意味で典型的な「単線型」ではないことが多い。

2.　戦後日本における高等教育の変遷

2.1　高等教育制度・政策の沿革

　日本において、前節で概観したように初等教育（小学校）６年間、前期中等教育（中学校）３年間、後期中等教育（高等学校）３年間、大学４年間を基本とする「６・３・３・４制」が確立されたのは、1947年に教育基本法と学校教育法が制定された時とされる（大学改革支援・学位授与機構 2019）。以来、高等教育政策の主軸は「大学」に置かれてきたが（金子 2012）、より実践的で職業・実際生活に必要な知識・スキルを有する人材に対する需要の高まりを受けて、1950年代から1970年代にかけて、短期大学（1950年、恒久化は1964年）、高等専門学校（1961年）、専門学校（1975年）が制度化されていった。その結果、次項で示すようにわが国における高等教育進学率は急速に拡大することとなる。

　こうした第二次世界大戦後の高等教育拡大期から現在に至るまで、高等教育政策の指針となってきたのが、各種審議会における答申などである。例えば、1963年に出された中央教育審議会答申「大学教育の改善について」（38答申）では、「６・３・３・４制」の導入に伴い、戦前に複数存在していた

高等教育機関が4年制大学に改変されたことを受け、大学が果たすべき役割や管理運営方法などが検討された。さらに、1971年の中央教育審議会答申「今後における学校教育の総合的な拡充整備のための基本的施策について」（46答申）では、改めて複数の高等教育機関を制度化・拡大することについて、その財政措置のあり方も含めて提言がなされた。加えて、1984年から1987年にかけて4次にわたる答申を取りまとめた臨時教育審議会では、大学の国際化（国際競争力の強化）や個性化といった観点から、大学設置基準などの大綱化、秋入学の是非、専門教育と一般教養のあり方、大学院の見直し、情報公開の方向性などについてさまざまな議論が展開された。

　以上の議論を踏まえ、1987年に文部省（当時）に設置された「大学審議会」は、高等教育制度を巡る論点として、「教育研究の高度化」「高等教育の個性化」「組織運営の活性化」それぞれについて検討を行った。その結果、「教育研究の高度化」については、大学院の質的改善・量的拡大、専門職大学院や通信制大学院制度の導入、最短1年での修士課程修了の認可、学部3年次修了後の大学院進学の認可などが提言され、これらに基づき大学院設置基準改正などが実行された。また、「高等教育の個性化」を巡っては、とりわけ高等教育の規模が拡大するなかでいかにその質を保証するかという観点から、大学設置基準の大綱化（カリキュラム編成の弾力化）や履修科目登録の上限設定、ファカルティ・ディベロップメント（FD）や成績評価の推進、ICT活用促進などが議論され、実際に1991年の大学審議会答申「大学教育の改善について」を受けて実施された大学設置基準の大綱化によって、各種規定が弾力化された[1]。具体的には、開設授業科目の科目区分（一般教育、専門教育、外国語、保健体育）の廃止、科目区分別の最低修得単位数の廃止（必要な総単位数のみ規定）、教員の専任・兼任比率の制限の廃止などが挙げられる。他方、「組織運営の活性化」については、自己点検・評価および外部評価システム、情報公開、教員の選択的任期制等の導入が提案され、今日の高等教育機関における質保証制度や任用制度の土台となった。これらの改革は、高等教育行政が「事前規制」から「事後チェック」へと舵を切った象徴ともみなすことができる（天野 2009）。

　その後、バブル経済が崩壊し、少子高齢化やグローバル化が進行するなかで、高等教育に求められる役割はさらに拡大・多角化していった。実際、

1998年の大学審議会答申「21世紀の大学像と今後の改革方策について」は、今後推進すべき大学改革の基本理念として、①課題探究能力の育成（教育研究の質の向上）、②教育研究システムの柔構造化（大学の自立性の確保）、③責任ある意思決定と実行（組織運営体制の整備）、④多元的な評価システムの確立（大学の個性化と教育研究の不断の改善）を提示した。加えて、2000年には大学審議会答申「グローバル化時代に求められる高等教育の在り方について」において、「国際的な通用性・共通性の向上と国際競争力の強化を図るための五つの視点」として、①グローバル化時代を担う人材の質の向上に向けた教育の充実、②科学技術の革新と社会、経済の変化に対応した高度で多様な教育研究の展開、③情報通信技術の活用、④学生、教員等の国際的流動性の向上、⑤最先端の教育研究の推進に向けた教育機関の組織運営体制の改善と財政基盤の確保が、具体的な改革方策と併せて示された。

　そして21世紀に入り、大学審議会の役割は中央教育審議会の大学分科会へ引き継がれた。同分科会では、2002年の答申において、上述のように事前規制よりも事後チェックを重視する姿勢を打ち出し、大学等設置認可の抑制方針を撤回して第三者評価を義務化することを提言した。また、高度専門職業人を育成する必要性があるとの認識から、法科大学院（ロースクール）を含む専門職大学院制度の創設が提言され、実際に2003年より多様な分野における専門職大学院が設置・運営されている。加えて、2005年の答申「我が国の高等教育の将来像」（将来像答申）では、「知識基盤社会」と称される21世紀において、先見性・創造性・独創性に富み卓越した人材を輩出することが高等教育の重要な責務であるとし、早急に取り組むべき12の重点施策が掲げられた。具体的には、高等教育機関の経営改善、入学者選抜・教育課程の改善と出口管理の強化（アドミッション・ポリシー、カリキュラム・ポリシー、ディプロマ・ポリシーからなる「3つのポリシー」の明確化）、留学生交流の促進・充実、大学等の設置認可や認証評価などにおける審査内容や視点の明確化、教養教育や専門教育などの総合的な充実、大学院教育の充実、世界トップクラスの大学院形成、教員組織の活性化、高等教育への財政支援・民間資金活用の促進、多元的で細やかなファンディング・システムの構築、学生支援の充実などが挙げられる。さらに、同答申は中期的に取り組むべき重要施策として、人材養成に関する高等教育機関などの意欲的な取

組の評価、履修形態の弾力化、学位以外の履修証明制度の構築・普及、通学制・通信制の区分再検討、高等教育機関間の連携協力、研究・教育・経営を担う人材の資質向上・適正処遇、認証評価の導入・充実、国際的な質保証システムの構築、専門職大学院の拡充、学校種ごとの機能分化・支援充実、各高等教育機関による自主財源確保と国による支援、といった内容を指摘している。

　将来像答申以降も、高等教育に関わるさまざまな論点について大学分科会内外で議論が交わされてきた。その中には、大学だけでなく、大学院に焦点を当てたもの（例えば、2005年答申「新時代の大学院教育─国際的に魅力ある大学院教育の構築に向けて」、2011年答申「グローバル化社会の大学院教育─世界の多様な分野で大学院修了者が活躍するために」）や、高等専門学校についての提言（例えば、2008年答申「高等専門学校教育の充実について─ものづくり技術力の継承・発展とイノベーションの創出を目指して」）などがあり、短期大学設置基準、大学院設置基準、専門職大学院設置基準の見直しも実施されてきた。

　他方、引き続き高等教育行政の主眼である大学については、とりわけ教育の充実を図る観点から、2008年答申「学士課程教育の構築に向けて」および2012年答申「新たな未来を築くための大学教育の質的転換に向けて」が出され、先述の３つのポリシーの重要性を念頭に、教育課程の体系化や組織的な教育の実施、シラバスの充実、全学的な教学マネジメントの確立がうたわれた。さらに、高等学校と大学の連関に焦点を当てた2014年答申「新しい時代にふさわしい高大接続の実現に向けた高等学校教育、大学教育、大学入学者選抜の一体的改革について」では、大学入学者選抜が主要論点となり、これを受けて「高校生のための学びの基礎診断」や「大学入学共通テスト」が導入されることとなった。また、この流れをくむ高大接続システム改革会議の「最終報告」（2016年）においても、「卒業認定・学位授与の方針」（ディプロマ・ポリシー）、「教育課程編成・実施の方針」（カリキュラム・ポリシー）、「入学者受入れの方針」（アドミッション・ポリシー）の一体的な策定を行い、これら３つのポリシーに基づいて学生が質の高い大学教育を受けられるようにすることの重要性が強調されている。そして同年、大学分科会は３つのポリシー策定・運用に関するガイドライン（「『卒業認定・学位授

与の方針』（ディプロマ・ポリシー）、『教育課程編成・実施の方針』（カリキュラム・ポリシー）および『入学者受入れの方針』（アドミッション・ポリシー）の策定及び運用に関するガイドライン」）を策定し、学校教育法施行規則改正により、2017 年 4 月からは当該ポリシーの策定と公表が義務化された。

　以上の背景を踏まえ、2020 年 7 月現在、高等教育に関する現状・課題と今後の方向性を示している直近の答申が、2018 年に取りまとめられた「2040年に向けた高等教育のグランドデザイン」（グランドデザイン答申）である。この答申は、タイトルに掲げられているように、2040 年を見据えて理想的な高等教育（さらにその先の社会）を実現するために必要な施策は何か、という観点から高等教育のあり方を検討・提言したものである。そのため、このグランドデザイン答申を読み解くことで、高等教育の現状（に対する国としての認識）と今後の展望について理解を深めることができる。そこで、まず次項では統計データに基づき、上述のような高等教育政策と並行して実際に日本で高等教育がどのように拡大してきたか（進学状況の推移）を確認したうえで、第 3 節でグランドデザイン答申を概観する。

2.2　高等教育拡大の軌跡

　前項で概観したように、戦後すぐに大学に一元化されたわが国の高等教育は、高等専門学校や短期大学等を制度化しながら拡大していった。その具体的な推移を追う前に、高等教育の拡大過程およびそれに伴う構造変化を論じる際、しばしば引用されるマーチン・トロウ（Martin Trow）の「歴史・構造理論」（Trow 2007）を確認したい。Trow は、アメリカにおける高等教育の発展過程に対する省察に基づき、図表 2 - 4 で整理されているように高等教育が「エリート」から「マス」へ、そして「ユニバーサル」へと段階的に移行していくと論じた。この 3 区分は、一義的には該当年齢人口の高等教育進学率によってなされ、進学率 0 ～ 15％が「エリート」型の高等教育、15～ 50％が「マス」型、50％からが「ユニバーサル」型と分類される。ここで、Trow の理論が特徴的であるのは、単に進学率による分類を示しただけではなく、各段階において高等教育が有する社会的な機能や高等教育機関内部のガバナンスなどが変動し得ることを示した点にある。

段階	エリート	マス	ユニバーサル
全体規模（該当年齢人口の進学率）	0〜15%	15〜50%	50%〜
高等教育機会の位置づけ	生まれや才能（あるいは両者）によって選別された少数者の特権	一定の要件・資格を満たす者の権利	中流・上流階級の義務
高等教育の主要機能	支配階級の人格の陶冶、エリートの養成	スキルの伝達、多様な分野における専門家・エリートの養成	「全員」が急速な社会変動・技術変化に適応するための準備
教育課程（カリキュラム）、教授内容	学術的・実践的な知に関する概念が明確に構造化されている	教授・学習内容がパーツに分かれ、柔軟に半構造的な順序で掲示される	学問領域や順序の区別がなく（非構造的）、学習と生活の境も不明瞭
学生の進学・就学パターン	中等教育修了後に財政的に困ることなく進学し、学位取得まで学びが中断されない	中等教育修了後から進学するまでに間が生じることが多く、進学後の退学も相対的に多い	中等教育修了後から進学するまでにさらに間が空き、教育機関での学びとほかの生活（仕事や家庭など）との境が曖昧になる（パートタイム学生も増える）
高等教育機関の特色	共通の高い基準を持った同質的集団、小規模で居住空間を共有するコミュニティで、他者とは明確な境界線によって区分されている	より多様な基準を持つ包摂的集団で、「頭脳都市」としての性格を有し、居住する人もおり、より緩やかな境界線が存在する	共通の基準を持たない多様性に満ちた集団で、ほとんど／全く通学しない人もおり、境界線は弱い／存在しない
意思決定権者	価値観を共有した少数のエリート集団	利益集団や政治団体による通常の政治プロセス	アカデミアの特権などに疑問を呈する大衆
学術的な基準（スタンダード）	広く共有されており、相対的に高い	多様な「学術事業体からなる持ち株会社」としての性格を有するため、基準が変動的	「スタンダード」から「付加価値」へと判断基準が移行
選抜原理	中等教育までの成績に基づく能力主義	能力主義に加え、機会均等を実現するための補てん的な処遇	階級やエスニシティなどによって区別された集団間で格差が生じないような開かれた機会
管理・運営形態	研究者教員が一定期間、パートタイムのアマチュア担当者として対応	元研究者教員が専任の担当者として、大規模な官僚制により管理・運営	管理・運営の専門家（専任）が、学外からの管理手法も用いて対応
内部ガバナンス組織	上位ランクの教授陣	教授および下位ランクの教職員に加え、学生の影響力も拡大	学内の合意形成メカニズムが崩れ、意思決定が政治権力に委ねられる

図表2-4　Trowによる高等教育システムの段階と特徴
　　　　［出典：Trow（2007）より筆者訳・一部改変］

　例えば、「エリート」段階にある高等教育は、生まれや才能（あるいは両者）によって選別された少数者の特権と見なされ、外部者に対して閉じられたコミュニティの中でエリート養成が展開される。ここでは、教育内容や達成水準に関するスタンダードが明確かつ高く設定されており、能力主義的な選抜が行われることが多いと考えられる。これらが「マス」段階になると、高等教育は特権ではなく一定の要件を満たす人たちの権利としての意味を持ち、より多様で包摂的なコミュニティにおいて知識・スキルの伝達が行われ、多分野の専門家が養成されることになる。選抜原理も、能力主義に加えて機会均等に配慮した施策が取り入れられ始め、高等教育機関のガバナンスも一握りの教授陣だけでなく複数の教職員や学生が関与するようになる。さらに「ユニバーサル段階」では、高等教育は一定層が受けるべき義務としての性格を帯び始め、開放的で非構造的な教育・学習形態および組織体制の中で、エリートや専門家養成に加えて大衆が社会変動・技術変化に適応するための知見を獲得することが目指される。これに伴い、機会均等の観点から、社会経済的背景によって格差が生じないよう割当制なども含めた選抜方法が取り入れられ、学外の専門家も交えた管理・運営が行われることになる、と Trow は論じた。

　以上の枠組みは、当然ながら 1 つの「モデル」であるため、その妥当性や限界については個別の社会ごとに慎重に検討する必要があるが（天野 2009）、こうした移行過程を念頭に置きながらわが国の高等教育拡大の軌跡を見ると、どのように整理できるだろうか。図表 2 - 5 は、高等教育進学率の推移を、大学、短期大学、高等専門学校、専門学校に分類して積み上げたものであるが、まず大学のみに着目すると、1960 年代初頭まで 10％ 未満であった進学率は、1960 年代に上昇し始め、1970 年に入る前に「エリート」と「マス」の境界線である 15％ に到達する。その後、46 答申が出された 1970 年代に急拡大して同後半には 26 ～ 27％ となったが、1980 年代には若干の低下傾向となり、1990 年代に差しかかる頃には 25％ 弱にとどまった。しかし 1990 年以降は一貫して増加傾向にあり、2000 年には約 40％、そして 2009 年には「ユニバーサル」段階の基準である 50％ に達し、その後も微増を続けて 2019 年現在の大学進学率は約 54％ である。

　他方、高等教育拡大を論じる際、短期大学は大学と一体的に議論されるこ

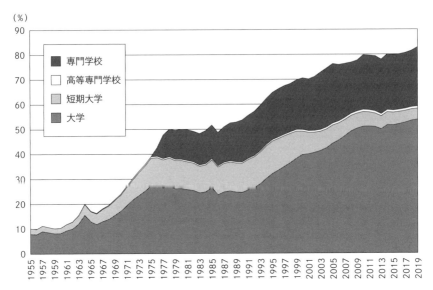

備考：各年における各学校種の幅が、当該年・当該学校種の進学率であり、図表は4つの学校種の進学率を積み上
　　　げて示している。

図表2-5　日本における高等教育進学率の推移［出典：文部科学省「学校基本調査」より作成］

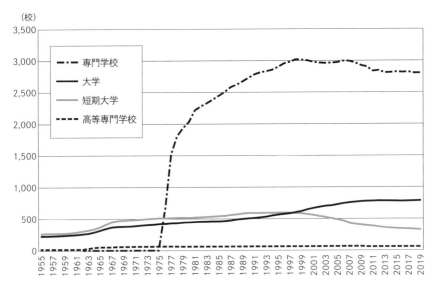

図表2-6　日本における高等教育機関数の推移［出典：文部科学省「学校基本調査」より作成］

とも多いが、短期大学進学率は大学進学率と異なる推移を示していることが図表2-5から読み取れる。具体的には、1960年代から1970年代にかけて進学率が上昇し、1980年代に停滞するのは大学と同様であるが、1990年代以降も伸び悩み、1994〜1995年の約13％を頂点にその後は減少傾向を見せ、2019年には約4％となっている。この1990年代以降に見られる大学と短期大学の対照的な推移は、多くの短期大学が4年制大学へと改組していったことが1つの背景として考えられる（清水 2003）。実際、学校数の推移を見てみると（図表2-6）、1950年代から1990年代までは大学数と短期大学数がほぼ同数であったが、1990年代中盤から短期大学数が減少する一方で大学数は継続的に増加し、2019年には大学数786に対し短期大学数は326となっている。

　また、質の高い教育を提供する機関として世界的にも注目される高等専門学校については[2]、高等教育全体に占める割合は限定的であるが進学率は微増し続けている。創設された1961年には約0.04％であったが、1970年代初頭に0.5％を超え、2010年前後からは0.9％程度で推移している。これに対し、専門学校進学率は創設後約5年間で短期大学進学率を上回り、大学に次ぐ進学先として1980年代にも拡大基調を見せ、1988年には15％、2000年には20％を超え、2019年には約24％に達している。ただし、高等専門学校数は過去10年間にわたって60弱で推移し続けている一方、専門学校数については1998年に3,000校を上回った後、短期大学と同様に減少を続け、2019年には2,805校となった（図表2-6）。そのため、短期大学から大学への改組が見られたように、仮に2019年に開設が始まった専門職大学が今後浸透し、さらに多くの専門学校が専門職大学へと改組する、あるいは多くの学生が（専門学校ではなく）専門職大学を選ぶようになると、これまでのような進学傾向に変化が生じる可能性も考えられる。

3.　日本における高等教育のこれから

3.1　高等教育制度・政策の方向性

　前節では、わが国における高等教育制度・政策およびそれに伴う進学実態の推移を概観した。それでは、以上のような軌跡を踏まえて、今後の高等教

育はどのように占うことができるのだろうか。先述のグランドデザイン答申
においては、2040年に向けて高等教育が目指すべき姿として「学修者本位
の教育への転換」を掲げ、教員本位で「何を教えるか」に執心するのではな
く、学修者が何を学んで身につけることができるのかを明らかにし、実際に
学修者が生涯にわたってその成果を得られるようにすることが重要であると
している。そのために、「教育研究体制（多様性と柔軟性の確保）」「教育の
質の保証と情報公表（「学び」の質保証の再構築）」「18歳人口の減少を踏ま
えた高等教育機関の規模や地域配置（あらゆる世代が学ぶ「知の基盤」）」
「各高等教育機関の役割等（多様な機関による多様な教育の提供）」「高等教
育を支える投資（コストの可視化とあらゆるセクターからの支援の拡充）」
を検討課題として掲げ、今後の方向性について提言がなされている。

　「教育研究体制（多様性と柔軟性の確保）」については、まず学生の多様化
を進める観点から、社会人や留学生を積極的に受け入れるよう体質転換を図
ることがうたわれ、リカレント教育の充実や留学生交流の推進が掲げられて
いる。同様に、多様な教員を登用することが重要であるとして、実務家、若
手、女性、外国籍など、従来の高等教育では少数派であった人材を採用する
とともに、そうした多様な教員が研修や適切な業績評価を受けられるような
仕組みも構築することの必要性が指摘されている。また、多様で柔軟な教育
プログラムやガバナンスを実現するため、文理横断型の学修を可能とするよ
うな課程編成、複数の高等教育機関同士での資源共有、ICT利活用などを促
進すること、そして経営改善に向けた管理運営体制の強化や学外理事の登用
を進めることが今後の方向性として挙げられている。

　他方、「教育の質の保証と情報公表」は、前提として全学的な教学マネジ
メントを確立し、明確なビジョンの下で教学の改善を進めることの重要性が
指摘されている。さらに、学修成果を可視化するとともに、学生の満足度や
学修意欲などを捕捉し、これらに基づいて教育成果や質に関する情報を公表
する方針が示され、その一手段として全国的な学生調査・機関調査の実施が
位置づけられている。同時に、教育の質保証システムを確立する観点から、
設置基準の継続的・抜本的な見直しや認証評価制度の充実（とりわけ、法令
違反などに対する厳格な対応）が重要課題として指摘されている。

　「18歳人口の減少を踏まえた高等教育機関の規模や地域配置」については、

そのテーマから読み取れるように、従来とは異なる「18歳人口の減少」という状況を勘案して、将来的に大学等への進学者数が減少するとの予測から、十分な教育の質を保証できない高等教育機関に対する厳格な対応などを通じて適正な規模を実現しつつ、社会人や留学生などさまざまなバックグラウンドを有する学生を受け入れて多様性を促進することの重要性が掲げられている。また、各地域において高等教育が果たすべき役割を再考し、産官学が連携して地域の将来像を形づくるとともに、連携・交流などの方策を検討するための会議体構築が重要であるとしている。加えて、それぞれの高等教育機関が有する歴史的経緯や昨今の潮流などを踏まえ、設置者別（国立、公立、私立）の役割についても再検討・再構築することがうたわれている。

　関連して、「各高等教育機関の役割等」については、図表2−2および図表2−3で整理した各学校種について、それぞれの強み・弱みや置かれた状況などを勘案して教育内容・体制を検討すること、転入学や編入学などを柔軟に行い高等教育機関の接続を含めて流動性を高め、それによってさまざまなキャリアパスを可能とすることなどが示されている。さらに、以上で提示された方向性を実現するためには「高等教育を支える投資」が肝要であるとして、高等教育分野において国際的に見ても低水準な公的支援を充実し、他方で国際的に高水準の家計負担を減らすこと[3]、同時に民間投資や寄附などを含む財源の多様化を進めることなどが提案されている。そして、そうした動きを推進するためのプロセスとして、教育や研究にかかる費用と便益（個人レベル、社会レベルそれぞれ）を可視化することの重要性が指摘されている。

　以上で概観したグランドデザイン答申の方向性や具体的な取り組みの中には、過去に検討・推進されてきたものも含まれる。他方、大きな社会変動を踏まえて取りまとめられたこの答申は、そのタイトルに示されているように「2040年」に向けて1つの道筋を提示しており、わが国におけるこれからの高等教育政策に一定の影響力を持つことが予想される。そのため、現在実務家教員か否か、実務家教員を育成・登用する立場か否か、また将来的に実務家教員になることを目指すか否か、といった立場にかかわらず、何らかの形で高等教育に関わる（可能性がある）場合、上述の政策動向は1つの基本的な知見として押さえる価値があるだろう。

3.2　実務家教員への期待

　最後に、以上のグランドデザイン答申で示された方向性を念頭に、実務家教員が果たし得る役割を改めて確認したい。この答申の中で、直接的に「実務家教員」が言及されているのは、主要な検討課題として第一に掲げられている「教育研究体制（多様性と柔軟性の確保）」に関する箇所である。例えば、多様な教員を登用する観点から、実務家は有用な「学外資源」と位置づけられ、実務経験を有する人材による大学教育への参画を促進するため、実務家教員を専任教員として配置できることを大学設置基準で確認的に規定することが提案されている。また、実務家教員が自身の実務経験を課程に反映して教育の質を高められるようにするため、6 単位以上の担当授業科目を持つ場合には、高等教育機関が当該実務家教員を教育課程の編成などに対する責任を負う者とするよう努めることとしている。

　他方、多様な学生に対する学修機会を確保するための方策としてリカレント教育が掲げられているが、その具体的な内容の 1 つとして「実務家教員の育成プログラム」が挙げられ、修了者の情報に関する共有方法についても併せて検討することの重要性が指摘されている。さらに、今後多様で柔軟な教育プログラムを拡大するために、本業と兼務している実務家教員などが時間や場所の制約を受けづらい教育研究環境を整える必要があり、その一方策としてICTの利活用が示されている。同様に、柔軟なガバナンスを実現する観点から、学内の教員に加えて実務家などの多様な人材を登用しながら、地域の実情に即した高等教育機関のあり方を検討することの必要性も強調されている。この流れが進めば、実務家教員が高等教育機関と産業界や公的機関を有機的に結びつける役割を担い、「高等教育を支える投資」の充実を推し進める可能性もある。すなわち、実務家教員は、多様な学生や教員を増やし教育研究を改善するための重要な主体としてだけでなく、高等教育機関全体の管理・運営体制や財政状況を強化するうえで不可欠の存在としても期待されているのである。

　他方、実務家教員を巡っては期待ばかりではなく課題も指摘されている。例えば、武嶋（2010）は「実務家教員の課題」として、第一に培ってきた実務経験や実践感覚は陳腐化するため最新の情報にアップデートし続けること、第二に個々の経験に頼っていては教育可能な体系的知識になり得ないた

め、既知の事象を構造化して伝達可能なものにすること、第三に実務家が蓄
積してきた知見は再現性がない場合が多いため、可能な限り（学術研究のア
プローチも用いながら）普遍性を持たせるよう一般化を試みること、といっ
た点を挙げている。また、妹尾（2007）も教育指導面に焦点を当て、実務家
教員にしばしば見られる課題として「講演はできるが、講義ができない」
「講義はできるが、授業ができない」「授業はできるが、指導ができない」（妹
尾 2007: 118）状況を指摘し、いかに個別の知見・経験を体系化したうえで
学生の学びへと結びつけていくかを実務家教員自身が考え、実践することの
重要性を指摘している。こうした課題を克服するうえで、本書第 2 部・第 3
部で解説している教育指導法や研究方法は参考になるだろう。

　なお、上述のような課題は必ずしも実務家教員にのみ当てはまるものでは
なく、大学等で長年にわたって中心的な役割を果たしてきた研究者教員に
も、教育指導力や研究能力に改善の余地が見られる場合もある。その意味
で、武嶋（2010）も指摘しているように、今後の高等教育のあり方を考える
うえでは、研究者教員と実務家教員を対立するもの、地位を奪い合うものと
見なすのではなく、相互補完的な存在として互いを位置づけ、それぞれが協
働できるような体制・環境を整備することが重要である。そうして、各高等
教育機関が適材適所で研究者教員と実務家教員を配置し、1 つのチームとし
て学術および実務に関する最新の知見、質の高い教育指導力、さらには高い
研究能力を持って教育研究に当たることが、グランドデザイン答申で示され
たように、多様性と柔軟性に富んだ質の高い高等教育を実現するうえで 1 つ
の重要なステップになるだろう。

注
1 ）同時期に、「短期大学教育の改善について」「高等専門学校教育の改善について」という
　　答申も出され、大学と同様に設置基準の大綱化・簡素化がうたわれている。
2 ）例えば、OECD 教育・スキル局長によるブログ記事（Schleicher 2018）参照。
3 ）例えば OECD（2019）によれば、高等教育分野における総支出のうち、公財政、家計、
　　他の民間支出それぞれが占める割合を見てみると、OECD 平均では順に約 66％、23％、
　　9 ％であるのに対し、日本では約 31％、53％、17％となっている。

参考文献

天野郁夫（2009）「日本高等教育システムの構造変動——トロウ理論による比較高等教育論的考察」『教育学研究』76（2）: 172-184.

大学改革支援・学位授与機構（2019）『日本の高等教育・質保証システムの概要（第3版）』.

金子元久（2012）「高等教育論」『日本労働研究雑誌』621: 58-61.

金子元久（2016）「高等教育システムと職業教育——7か国概観」大学改革支援・学位授与機構『高等教育における職業教育と学位——アメリカ・イギリス・フランス・ドイツ・中国・韓国・日本の7か国比較研究報告』, 1-17.

OECD（2019）*Education at a Glance 2019: OECD Indicators*, OECD Publishing.

Schleicher, Andreas（2018）"How Japan's Kosen schools are creating a new generation of innovators," *OECD Education and Skills Today*.

妹尾堅一郎（2007）「実務家教員の必要性とその育成について——「実務知基盤型教員」を活用する大学教育へ」『大学論集』39: 109-128.

清水一彦（2003）「短期大学の現状と将来——21世紀の新たなる戦略に向けて」『高等教育研究』6: 57-82.

武嶋俊行（2010）「理論と実践の架橋をめざして——実務家教員の課題」『教育経営研究』16: 1-2.

Trow, Martin.（2007）"Reflections on the Transition from Elite to Mass to Universal Access: Forms and Phases of Higher Education in Modern Societies since WWII," James J. F. Forest and Philip G. Altbach（eds.）*International Handbook of Higher Education. Springer International Handbooks of Education, vol 18*. Springer, 243-280.

UNESCO（2012）*International Standard Classification of Education: ISCED 2011*, UNESCO Institute for Statistics.

演習問題

1. 日本における高等教育制度・政策および高等教育機関数・進学率の推移を整理し、今後どのように変化していくか考えてみましょう。

2. グランドデザイン答申の内容を踏まえつつ、日本における今後の高等教育を占ううえで、実務家教員に「何が」「なぜ」期待されているのか整理しましょう。

3. 2で整理した実務家教員への期待に応えるうえで、実務家教員が克服すべき課題（特に、実務家教員自身が高めるべき資質・能力）とその解決方法を考えてみましょう。

執筆者紹介

荒木 啓史（あらき さとし）
社会情報大学院大学准教授
オックスフォード大学社会学科（博士）、東京大学大学院教育学研究科（修士）、東京大学教育学部（学士）。専門は教育社会学、社会階層論、国際教育開発論、研究手法論。三菱総合研究所研究員、世界銀行がホストする「教育のためのグローバル・パートナーシップ（GPE）」コンサルタントなどを経て現職。最近の主要論文に、"Educational Expansion, Skills Diffusion, and the Economic Value of Credentials and Skills"（2020、*American Sociological Review*）、「オンライン教育の課題と展望——格差のない新たな学びのモデル構築へ」（2020、月刊先端教育）、"COVID-19 and the Political Economy of the 'September School Year Start' in Japan: Overlooked Victims and Foregone Revenues"（2021、『社会情報研究』）など。

第3章

実務家教員の条件

1. 大学教員になる条件

1.1 大学教員には資格・免許がなぜないのだろう

　大学院、大学、専門職大学、短期大学などの高等教育機関（以下では「大学等」という）で教員になるための免許や資格というのはどうなっているのだろうか。そもそも大学で教えるための教員免許というものは存在しない。筆者は、いまから三十数年前に短期大学で教え始めた頃に、出入りの大手コンピュータメーカーの若い営業担当者に、「先生はどこで大学教員免許を取られたのですか」と真顔で尋ねられたことをはっきりと覚えている。学部在学中に教職課程の要件単位を修得し、教育委員会に申請した中高の教員免許については、教育実習にも行ったし、教員としての免許を取得し、免許状も確かに持っている。しかし、大学や短大で専任教員になるための免許は特に持ってはいないし、教授法の授業を受講した覚えもないし、教育実習もなかった。授業を教えるための研修や指導を受けたことも特になく、大学院の先輩から紹介された専門学校の非常勤講師をやりながら、試行錯誤で教えることを覚えていった。こうして大学等の教員になってきたのが現在の教授クラスの世代である。

　大学等での教員としての資格審査を受けるのは、大学等の学部・学科等の設置認可申請の際に採用される場合は、文部科学大臣の諮問機関である大学設置・学校法人審議会の大学設置審査分科会（通称「設置審」）での業績審査で判定を受ける場面である。それ以外のケース（設置認可申請ではなく「届出」によってできる学部・学科等の新設に伴う採用や、既存の学部・学科等に採用される場合）では、各大学等の人事委員会などの審査によって採用が決定される。

　大学等の教員に求められる資格や条件について、大学設置基準では「教授の資格」について次のように定めている。

第14条　教授となることのできる者は、次の各号のいずれかに該当し、かつ、大学における教育を担当するにふさわしい教育上の能力を有すると認められる者とする。

一　博士の学位（外国において授与されたこれに相当する学位を含む。）を有し、研究上の業績を有する者

二　研究上の業績が前号の者に準ずると認められる者

三　学位規則（昭和二十八年文部省令第九号）第五条の二に規定する専門職学位（外国において授与されたこれに相当する学位を含む。）を有し、当該専門職学位の専攻分野に関する実務上の業績を有する者

四　大学又は専門職大学において教授、准教授又は専任の講師の経歴（外国におけるこれらに相当する教員としての経歴を含む。）のある者

五　芸術、体育等については、特殊な技能に秀でていると認められる者

六　専攻分野について、特に優れた知識及び経験を有すると認められる者

　条件としては、①学位（博士号）か研究業績、②専門職学位＋専攻分野における実務上の業績、③教授などの経歴、④専攻分野における特に優れた知識及び経験、のいずれかを持っていることである。准教授や講師などの資格を定めた第15条や第16条も、同様の観点で教授よりは要求水準が少し下がるだけで、原理としては同じである。このうち②（上述基準の三）は2018年に設置基準が改正されて加わった最新の規定である。

　実務家教員が採用に到達するには、従来であれば④の条件に該当するという解釈であったのが、②または④のいずれか、あるいは②と④の両方を満たしているとの評価が必要条件となっている。

1.2　海外とは異なる大学教員の資格・要件

　大学教員になる資格などの要件は国によって大きく異なる。フランスには大学教員になる資格制度が存在する。フランスでは、全国大学審議会が審査を経て作成する「教授職有資格者リスト」へ登録された者が、国民教育省令による公募に出願し、各大学が行う選考に合格した場合には、大統領によって任命される（大学がすべて国立なので全員公務員）。「教授職有資格者リス

ト」への出願資格としては、次のように資格と経歴に準拠している。

1）国家資格である「研究指導資格」又は相当の学位を有する者（p. 45
　　の条件①に相当）
2）過去8年間のうち5年間の専門分野における勤務経験を有する者
　　（同④）
3）常勤客員教員（同③）
4）教授に出向した公務員（同③）
5）教授と同等の研究員（同③）

　ドイツでは、2002年の高等教育大綱法の改正により、大学教授の採用条
件となっていた「ハビリタツィオン（大学教授資格試験）」は廃止された。
現在は以下の条件が付されている。

1）高等教育の修了（同①）
2）教育上の適性
3）通常、学位論文（博士号）によって証明される学術上の特別な活動
　　能力等（同①または③）
4）原則として、準教授としての勤務経験。準教授在職経験に代わり、
　　外国あるいは大学以外での研究実績も認められている（同③）

　アメリカの場合、連邦法や州法などの法的定めはなく、各大学に任されて
いるが、採用基準としてよく用いられるものは、教授能力、研究業績などの
業績、学会活動などの専門領域における活動状況、大学および地域社会への
貢献、博士号の有無などといわれる。教授もしくは準教授として雇用される
と自動的に終身在職権（通称テニュアtenure）が与えられる大学と、昇進・
採用の審査とは別にテニュア審査を設けている大学が存在するが、1990年
代以降、テニュアを持つ教員の割合は大きく減少してきている。テニュア審
査を受ける場合、一般に、教授・指導能力（特に、大学院生への研究指導能
力）、研究業績、著作などの学問的要素に関する基準が設けられており、さ
らに、7年程度の勤務経験（一般に助教授以上の通算勤務期間。このうち通

常は、テニュアの承認を受ける機関での勤務期間が 3 年以上）が求められているといわれる。

　海外の状況を比べると、高校段階までの教員免許による資格条件と異なり、①の学位などが共通する基準に用いられている以外は、大学教員の資格は多様な条件になっていることが分かる。しかし諸外国と比べると、日本の実務家教員の②「専門職学位＋専攻分野における実務上の業績」といった規定は珍しい条件であるともいえよう。

　日本で大学教員になろうとすると、研究者教員の場合は、大学卒業後に大学院の修士課程 2 年、博士課程 3 年の 5 年間の学生生活と、博士号の学位を修得していることが近年の必要条件になっているといっても過言ではない。それらと比べると実務家教員を判断する基準はそれ以上に曖昧であり、審査する側の判断基準や採用する大学等の考え方に左右されやすいともいえよう。

2. 実務家教員が必要とされる背景

2.1　実務家教員への注目の高まりの理由

　近年になって実務家教員は日本でひときわ注目を浴びるようになってきた。大学においては、企業などから毎年 1,500 ～ 2,000 人（毎年の採用教員数の 2 ～ 3 割）が本務教員として採用されており、専門職大学院（法科・教職を除く）においては、約 5 割（2016 年度：666 人／ 1,316 人）が実務家教員である。

　こうした傾向は日本に限ったことではないかもしれない。アメリカの場合、研究も教育もというのが従来の論調であったのが、1990 年代に入ってからは研究よりも教育をという形で、教育にこれまで以上に時間と手間をかけるべきだとの要求が強まってきており、教員層に大きなプレッシャーとなってのしかかってきている。アーネスト・ボイヤー（Ernest L. Boyer）はこの研究と教育という二項対立の図式を超えて、「発見」「統合」「応用」「教育」という 4 つの "Scholarship"（「学識」とでも呼ぶべきか）の概念から教員の知的活動を捉え直すべきだと提案している（Boyer 1990; 橋本 2001）。このように、知識を伝達し、自らの関心に基づく研究を行うだけでは大学教員に対する期待に応じられなくなってきたことが、実務家教員への

期待の高まりの背景の 1 つであろう。

　こうした期待が極大化したのが新たに創設された学校種である専門職大学・専門職短期大学である。これらの学校種においては、必要専任教員の概ね 4 割以上は実務家教員とすることとされた。この結果、実務家教員への関心度は甚だしく拡大した。

　実務家教員への注目が、日本で最初に高まったのは 2003 年度から発足した専門職大学院制度においてであった。法曹、会計、ビジネス、公共政策といった分野から発足したこの新たな大学院制度は、2008 年度からは教職大学院を加え、専門的職業人を育成する制度として、従来の研究者養成を主たる目的とする大学院とは異なる方向性を持って発展してきた。専門職大学院設置基準の中では、「実務家教員」について「専攻分野における実務の経験を有し、かつ、高度の実務の能力を有する者（専門職大学院設置基準第 5 条第 4 項ほか）とされている。

　法令などに根拠を求めると、「専攻分野における実務の経験を有し、かつ、高度の実務の能力を有する者（専門職大学院設置基準第 5 条第 4 項）」であり、現行の要件としては「専攻分野における概ね 5 年以上の実務の経験を有し、かつ、高度の実務の能力を有する者」（専門職大学院に関し必要な事項について定める件）という条件になっている。この規定だけを見ると、「高度の実務の能力」の解釈次第では、5 年の実務経験さえあれば誰もが条件を満たせるように見えるが、決してそのようなことはない。「経験年数 5 年以上」という必要年数だけでは「高度の実務の能力」がどの程度のことを指すのかは明確には判断できない。

　法科大学院の場合、「法科大学院は専門職大学院であることから、その教育には、理論と実務の融合、研究者教員と実務家教員の連携が不可欠」であるとされ、教職大学院の場合「教職大学院における実務家教員の配置も教員養成の論理のみから導かれたわけではない。それでも実践的指導力を指導できる教員として期待されているのが実務家教員」（岡村ほか 2015: 37）、あるいは「実務経験と研究能力をあわせ持ち、学校現場全体を客観的、理論的に見通す」ことが要求されている（安藤 2014: 11）。

　「理論と実務の融合」や「実践的指導力を指導」という表現で期待されるのは、研究者教員が必ずしも得手としない、大学等における「実践的

（practical）」な力なのであるが、それを自動的に教育するための力と見ることはできないのではないか。

2.2　中教審での議論

　筆者は中央教育審議会大学分科会に置かれた制度・教育改革ワーキンググループの委員として、実務家教員の位置づけや活用・育成のあり方についての議論に参加していた。2017～18年の当時の議論を振り返ってみたい。

　議論の背景にあったのは現在の大学等における教育のあり方に対する課題意識であった。多くの大学等は改革努力を続けていたが、学校によるばらつきもあり、政界や産業界からは、諸外国と比べ学修成果が十分上がっていないという批判が強い。こうした大学等において、実務で役に立つ高等教育への改革の手段の1つとして注目されたのが実務家教員の登用であった。

　そこで「学生の社会的・職業的自立を図るために必要な能力を培う機会を確保するという観点や、AI・IT等の新たな社会的ニーズが生まれている分野における高度専門人材の育成のあり方を革新する観点等からも、学部段階から、企業等と有機的に連携した実践的な教育の更なる展開が期待」（同ワーキンググループ審議資料）され、研究者教員と実務家教員の役割と連携のあり方をどのようにしていくかを審議することになった。

　両タイプの教員の連携を実現するためには、どのような役割を担う大学等であれ、①学問追求の観点とともに、さまざまな実務の観点を踏まえながら、学生の社会的・職業的自立などのために最適な教育課程と授業は何かについて開かれた形で検討を加え、改善していくことが必要、②実務の観点を踏まえた教育課程・授業の改善を促すのに、実務家などの学外の人的資源を参画させることが必要、③一方で、教授能力や知見を有する実務家は、人数が十分ではなく、企業などでの勤務との兼ね合いから時間的な制約もあり、各大学が必要な実務家の参画を得られるかが課題である、といったことが共通に求められることが指摘された。

　実務に応用できる大学教育にしていくには実務家教員の登用が必要であることは委員間で概ね共有され、大学学部段階においても、「必要な実務家」を確保するための方策を検討することに特に異論は出なかった。しかし、安易に仕組みを利用される（「5年の実務経験があれば誰でも教えられる」）の

を防ぐ観点から、実務家教員の要件についてはさまざまな検討を行った。

　文部科学省からは、実務家教員は授業を担当するだけでいいのか、それで大学等の教育は改善するのか、といった問題提起が出された。審議会や大学を設置する法人理事会、さらには大学設置審査や認証評価などさまざまな場面で、大学等における教育課程の改善のプロセスに、研究者教員の見方だけではなく、学外の有識者の参画が求められるようになり、多面的で多角的な観点から点検・評価することが社会から求められてきている。そういう文脈からすれば、実務家が教育課程の編成段階に参画し、さまざまな実務の観点を踏まえた教育改革につなげる必要性があるのではないかというのが提案の趣旨であった。

　この当時の中教審のワーキンググループでは並行して、「学位プログラムを中心とした大学制度」という新しい制度設計を議論していた。これは、従来のような学部や研究科などの組織に着目した大学制度ではなく、学位の取得を目指す学生の視点に立って、学位のレベルと分野に応じて達成すべき能力を修得すれば、教員の所属組織とは独立して学位を取得できるようにする制度で、工学分野を想定していたものであった。硬直的で時代の変化に即応した教育プログラムに臨機応変に改変できないのは、専門分野に固執する研究者教員や教授会が元凶であるという仮説に立っての制度改革の議論であったというのが筆者の印象である。

　実践的な教育を行ううえでは、現場をよく知った実務家が教育課程の編成に参画できるようにしなければ高度な教育は実現できない。こうした認識を文部科学省が強く抱いていたように筆者は捉えている。この議論と実務家教員の必要性についての議論はある意味で連動していたように思える。実務家教員が最も必要性を感じられていたのは工学分野であった。AIに代表される第4次産業革命における可及的速やかな人材の育成が期待され、技術者教育における改革も急務とされ、既存の研究分野から新しい領域に取り組むことに消極的な教授会が仮想敵視されていたように思えてならない。

　ワーキンググループの議論においては、実践的な教育課程への改善は、実務家教員を導入し、授業を担当してもらうだけで足りるわけではなく、教員全体の認識や意識を変えなければ改革できないという認識がなされていた。教育研究専門職としての研修機会であるFD（Faculty Development）を充

実させていくことも含め、本質的な大学教育改革が必要であるということである。単に専門職大学のような新しい学校種を創設するといった方策ではなく、大学等の従来からある高等教育機関自体がこうした教育改革を行い、新たな人材養成についての社会的要請に応えるべきではないかと思っていた委員が少なくなかったのである。

3. 制度的に実務家教員に期待されていること

3.1 実務家教員の強み

　実務家教員を置く意義をどのように評価し、どのような実務家教員を想定したのかを顧みれば、彼らへの期待は明確になる。ワーキンググループでの議論では、実務家教員が最新の現場の知識を持っていることへの期待はしていたし、現場で必要とされる知識・技術を伝えてくれることに対する期待は大きかった。彼らが既存の大学の教育内容の改善について提案してくれることに対する期待や、研究者教員との交流によって大学教育が活性化されるという面でも、期待される役割は大きいだろう。筆者は、最先端の現場の知識やニーズを学生に伝える役割とともに、ほかの教員にいい意味で「波紋を起こす」ことや、「刺激を与える」ことが実務家教員の持ち味ではないかと考えている。

　他方、大学等に実務家教員を増やしていくことについての危惧も数多く出された。

　第一に、実務家教員が現場の知識を持っていることと、それをメタ化して学生を教育できることは別次元であり、それができる人でなければ大学等の専任教員とはなり得ないのではないかという危惧である。

　第二に、本当に最先端で活躍している人材は大学に来ないのではないか。現在の状況は最先端の科学技術でも5年後には陳腐化している可能性があり、そうでない人が来ても学生たちが卒業後に使える最新知識を学習することは難しいという声である。このような危惧を払拭するためには、知識が陳腐化した時にさらに新しいことを学び直せるような基礎体力（学び方を修得しておく力）を養うのが大学の存在意義だという考え方が必要である。

　その他にも、大学において実務家教員を重用するような議論が、「早く実

業界に出るべき」という圧力となり、学生が修士や博士といった大学院にさらに進んで学位取得をしようとする意欲を削ぐことにならないかと懸念する声も上がった。これらの疑問もあってか、実務家教員を置くかどうかは、大学・学部の特性などに応じて判断されるものであり、一律に大学に努力義務として課すべきではない、という声が強かった。

　2020年春から始まった「高等教育の修学支援新制度」では、対象となる大学の要件に、実務家教員による授業科目が設置基準で定める卒業必要単位数または授業時数の１割以上配置されていることが挙げられている。これはワーキンググループの結論に反して、学生への修学支援と引き替えに実務家教員の登用を強制する方向性であり、筆者は強い疑問を持つ。

3.2　多様な形の実務家教員像

　ワーキンググループでの議論の結論としては、「実務家教員」については、雇用形態の別（常勤／非常勤、有期／無期）や職名を問わない。各大学においては、各教員との労働契約の内容などを考慮して、学校教育法上のどの職として位置づけるかを適切に判断することが必要であるということになった。最近の大学等では教授、准教授、講師、助教といった大学設置基準に定める職名以外のさまざまな名称が存在する。特任教授、特遇教授、招聘教授、栄誉教授、客員教授、特命教授、委嘱教授、特別招聘教授など、どの職名がどのような勤務形態、役割、権限、処遇なのか職名だけでは全くわからない。多くの場合は、正規職員ではなく、有期契約、少勤務日数、低給与（なかには無給も）であったり、実質は非常勤に近かったり、著名人の「名義借用」であったりする場合も含まれている。実務家教員としての役割が果たせるのかは疑問である場合もあろう。各大学等には実際に大学等の教育の改善に貢献してもらうための工夫を取り入れる基準が検討された。

　専門職大学院や専門職大学などには、「実務家教員」の中に「みなし専任教員」という区分がある。実務家教員のうち「みなし専任教員」というのは、専任教員以外の者であっても、１年につき６単位以上の授業科目を担当し、かつ、教育課程の編成その他の学部の運営について責任を担う者で足りるものとする（専門職大学設置基準第36条第３項ほか。専門職大学院設置基準においては「４単位以上」となっている）という条文に基づく者をいう。実

務型の教育を目指す新しい高等教育機関にとっては貴重な役割が期待されるようになったからである。

　しかし勤務実態や役割が果たせない実務家教員を専任教員数にカウントするのでは、教育の質が低下してしまう。そこで、実務家教員を必要な専任教員数に上乗せして配置することができる旨の規定をすることになった。つまり、実務家教員で研究者教員の頭数減らしにはならないということになる。さらに、一定以上の担当授業科目（例：年間6単位以上）を持つ場合には、教育課程の編成などに対して責任を負う者とするように規定し、単なる非常勤教員として授業担当する者とは区別することにしたのである。

　こうした規定の仕方によって、実務家教員のあり方は多様な可能性を持つようになる。研究者教員に代表される大学等の教員は、基本的には専任型トラックと非常勤型トラックのいずれかに帰属する。テニュアを持たなくても専任型の教員はおり、彼らを含めた専任教員数が大学設置基準などに定められた「専任教員数」にあたる。しかし、実務家教員の場合は、その実務経験の故に評価されることから、ほかに職業を持っている場合であっても「みなし専任教員」という位置づけで、教育課程編成に発言権を持つことができるということである。

　このように発言権のある非常勤型もあれば、専任教員と同じような勤務形態や処遇が専任型の実務家教員もあり得る。学校教員統計調査（2016年度）によると、本務教員（専任型）の週担当授業時間数は平均8.7時間＝約12単位であり、年間で約24単位なので、それと比べると担当授業数の縛りは厳しくない。むしろ、ほかの職業との両立（本務に従事したまま「みなし専任」になること）を可能にする条件であると言えるだろう。

　中教審の答申「2040年に向けた高等教育のグランドデザイン」（グランドデザイン答申）では、「各高等教育機関間、高等教育機関と産業界との間での教員の流動性を確保することは重要である。その際、クロスアポイントメントなどを活用し、各教員が所属する組織を越えて、柔軟に教育活動を展開できるよう、教育、研究、社会貢献、管理運営など従事比率（エフォート）管理を行う等の配慮が必要である」（「グランドデザイン答申」p. 19）と書かれているのが今後期待される1つの方向性となっていくのかもしれない。

4. 大学教員に求められること

4.1 分野や大学によって異なる実務家教員への期待

　実務家教員を目指す人にとって、実務経験5年程度の条件は実質的なハードルにはならないであろう。想定される実務家教員像は、各大学の特性などによって異なるため、一律の規定はせず、各大学が求める実務家教員の人材像については、各大学において明確化することになっている。大学や分野・専攻によって、実務家教員の必要性はさまざまである。例えば、医学や看護学といった専門分野では実務経験が5年未満の教員などいないと言っていいだろう。他方、文学の実務家教員とは作家のような人を指すのだろうか。少なくとも、大学等に一律にその登用を義務づけるものであることは適当ではないだろう。

　各大学等が自らの組織の特性を踏まえ、実務家を登用したい大学が実務家を確保するということになる。したがって大学教員に求められる共通条件を示すことは難しいが、以下は筆者の私見だと思っていただければ幸いである。

　共通条件の糸口は、前述の「1年につき6単位以上の授業科目を担当し、かつ、教育課程の編成その他の学部の運営について責任を担う者で足りるもの」（「専門職大学設置基準」）という「みなし専任教員」の役割の中にある。最初に実務家教員を制度化した専門職大学院の修士課程の修了要件は30単位である。その2割にあたる授業担当に加え、「教育課程の編成」や「学部の運営について責任を担う者」という役割は、行動レベルでは教授会メンバーとして参画することによって必要条件は満たされるであろう。多くの大学が毎月1回は開催する教学事項についての意思決定機関の構成員になっていれば、前述の条件に合った運営について責任を発揮した発言や参画もすることができるだろう。

　重要なことは、教育課程の編成に発言できる知識・見識を持っているとはどのようなことなのかということである。新たな専門知識や技術が発達してくれば、社会人としてもさまざまなセミナーや講座を受講するチャンスがある。しかし、それらの回数やトータル時間はどのくらいのものが多いだろうか。大学等での学習時間は1単位当たり45時間と大学設置基準をはじめ各高等教育機関の設置基準に定められている。前後期の2学期制の大学等な

ら、1科目を15週（大学等によっては10週単位もある）に配当する。2時間（実際は90分）授業15週を1ユニットとして1科目は構成される（週2回計30回で構成される科目もある）。

　したがって、授業準備は15週分の授業計画を前年度中に作成し、それらで使用する教材、参考文献、毎回の提出課題、成績評価の観点・配点・評価基準などを受講者にあらかじめ公開するシラバスを準備しなければならない。大学等の教員は、これらの内容について体系的に設計し、教育内容と教育方法の準備を行えることが求められる。言い換えればシラバスの書けない人は実務家教員としての条件を満たせない。このことは非常勤講師としての経験がある方は大丈夫だと思われるかもしれないが、複数科目を体系的に担当するのはそれなりの準備が必要である。

　また、教育課程の編成となると、「○○が必要だ」「△△が不足している」といった断片的なコメントはできるかもしれないが、修士課程で30単位、学士課程124単位で、学位課程を体系的に設計し、科目の順序性、必修・選択の別を決めていくのは、論理的・構造的な教育課程についての理解が前提となる。これだけのボリュームで人材育成をしようというのが大学等の教育の特徴であることは見落としてはならない。自分のシラバスを作成するためには、ほかの科目について名前だけでなく、それぞれのシラバスまで目を通して、教育課程の編成に意見が言えることが望ましく、かつ期待されることなのである。各学部・学科などが作成するカリキュラム・マップとはそれらをまとめたものである。その考え方を理解できないと、適切な意見は言えないと筆者は考えている。ただし、すべての大学等の教員がその力があるかどうかも疑問ではある。

　大学等の教員に応募しようとすれば、どのような担当予定科目となっているのか、当該学部・学科などの教育課程上、どのように位置づけられ、学生がその前にどのような科目を履修するかを確認して、担当予定科目のシラバスを作成できるかということが重要な課題の1つである。どのような実務経験を生かした事例や課題（PBL・課題解決型学習など）を盛り込むかは言うまでもなく重要である。

4.2　応募までにしておくべきこと

　こうしたことを教員公募に応募する準備とするなら、第一の課題は自分が参画したい、力が発揮できそうだと思える大学等であるかどうかを見極めることであろう。

　当該大学の教育目標や、学位プログラム（学部・学科）単位での教育目標を理解し、3つのポリシー（「卒業認定・学位授与の方針（ディプロマ・ポリシー）」「教育課程編成・実施の方針（カリキュラム・ポリシー）」「入学者受入れの方針（アドミッション・ポリシー）」を読み込んで、学生に対し、その学位プログラムの教育パッケージ（どのような教育内容と教育方法、教育評価）を用いて、どのような人材を、どの程度の知識や能力を身につけさせて、社会に送り出すかを理解しておくことが望ましい。また、大学等がウェブなどで公表している認証評価の報告書も有効な情報源である。応募するのなら、こうした「設計図」とロードマップに賛同し、一緒に作っていきたいと感じられる大学等に応募することをお勧めしたい。

　第二の課題は、教育評価についてである。現在の大学等での教育評価は、答えが1つとは限らない問題や課題に対する解答を求める機会が多くなりつつある。○×式や択一式選択問題、さらには単なる用語説明を試験問題として用いることが減ってきている。日常的に提出された課題の質的評価、授業中の発言内容やグループワークなどについてのパフォーマンスを評価する力が求められる。

　図表3-1は筆者が学長を務める関西国際大学で実際に使用している評価のためのルーブリックである。縦軸は学習者から見た目標であり、評価者側にとっては評価の観点である。横軸は評価の基準であり、評価者は、学習者の状態がどのレベルの記述語に近いのか、それぞれの観点について評価する。通常はそれぞれの観点ごとに配点する。大学によっては既に100点満点での採点をしないで、4（優秀）〜0（不合格・放棄）までで評価するグレードポイント制をとっている大学も増加している。学生の評価についても、期末試験や期末レポートなどだけでなく、期中で行う形成的評価が重要であるとされる近年の大学等においては、試験やレポートのコメントや返却が重視され、それらの過程を経た期末での総括的評価を行うことへの期待が高まっている。

	4	3	2	1
研究課題の設定	先行研究にはない視点が含まれており、有用性のある、かつ実現可能な研究課題を設定している。	専門分野に関する知識や問題関心をもとに、有用性のある、かつ実現可能な研究課題を設定している。	専門分野に関する知識や問題関心をもとに、実現可能な研究課題を設定している。	専門分野に関する知識や興味関心にもとづいて研究課題を設定している。
科学的研究方法の選択と分析	研究課題を明らかにするために、複数の科学的研究方法（アンケート、インタビュー、観察、文献研究、実験）のなかからふさわしい方法を選択して、必要かつ適切な情報を集めて科学的手続きに則って分析をしている。	研究課題を明らかにするために必要な科学的研究方法を選択して、必要な情報を集めて、それらを整理した上で科学的手続きを遵守した分析をしている。	研究課題を明らかにするために最低限必要な科学的研究方法を選択して、それにもとづいて情報を集めて、分析をしている。	科学的研究方法を断片的に用いて、それにもとづいて集めた情報をある程度分析して、羅列的に記述している。
関連研究の活用	研究課題を明らかにするために必要な先行・関連研究を十分に収集して、それらを分析や検討において適切に活用している。	先行・関連研究をある程度収集して、それらを分析や考察において活用している。	先行・関連研究を一部収集して、分析において先行・関連研究を部分的に活用している。	断片的に先行・関連研究が引用・参照されている。
論証と帰結	全体の構成が論理的・整合的に組み立てられており、実証的分析の結果を活用し、結論と研究上の課題が明確に論証されている。	全体の構成が論理的になっており、実証的な分析結果にもとづいた結論が論証されている。	分析にもとづく論証になっているが、論証的な結論に改善すべき点がみられる。	論証に不十分な点があり、結論に改善が必要である。

図表3-1　専門知識・技能の活用に関するルーブリック（卒業論文）［出典：関西国際大学］

　このような評価では、評価者である教員が一方的に学生を評価するのではなく、評価の観点や基準を学生にあらかじめ公表することで、透明性のある教育評価を行うことが期待されている。こうした近年の教育評価に適応できるかどうかも課題となる。

　第三に、実務経験を生かした学生のやる気を引き出す教育方法を取り入れていくことができるかである。職場では給料をもらい、仕事として学ぶ後輩や新入社員を指導することができても、職業経験がなく、暗記型学力を伸ばすことに注力してきた学生たちの学習意欲を高める指導をどのように実現できるか。アクティブラーニングはもはや当然のこととなりつつあり、発表、ディベート、グループワーク、PBLなどの教育方法を取り入れることは普通に求められるようになってきた。大学等の教員の採用試験の中で、模擬授業を取り入れるケースも少なくない。Whatだけではない。「例えば（For example）」、「なぜそのように考えたのか（Why）」、「どのようにして（How）」、「それらのことから（And what）」といった発問力をはじめとして、学生との双方向のやりとりができるか、学生の主体性や能動性を引き出す教育方法を活用できるかが鍵になるかもしれない。

　第四に、実務経験を「メタ化」できるかどうかという最大の課題がある。実践で得た知識を体系化し、共有可能な理論として教えることは、実務家教員に最も教育上期待される点であろう。そしてそれは同時に研究能力と裏表の関係にあるともいえる。例えば、PBLの例題を作り、その事例からどのような専門知識や理論を理解させることができるか取り組んでみれば、自己評価できるかもしれない。

　実務経験をメタ化できない人は、教壇に立っても実務経験を新たに吸収し続けなければ教える実務経験の劣化が生じてしまう。実務経験を「応用」できることや「一般化」できる実務家教員は貴重であるし、研究上の概念や理論を活用しながら実務経験を活用してくれることは、学生の実務とのレリヴァンス（関連性）を高め、知的好奇心を引き出すうえで有効であろう。

　他方、学会活動（入会、発表、投稿）ができない実務家教員には中長期的な展望はない。研究的発想を持つ研究者教員と協働し、学生の論文指導を期待される場合、論文が書けないのは致命的になりかねない。そのようなタイプの人は、大学等の教員になるとするならば、転籍して専任教員になるので

はなく、任期付き教員として出向するか、本務を継続しつつ特任や特遇といった形で並行するキャリアを持ちながら教壇に立つ方が適しているだろう。

そういう意味でも、実務家教員にその大学等が何を（教育、研究、社会活動など）、どの程度期待し、並行キャリアとしても実務生活をどの程度認める教員ポストであるのかをしっかりと見定めることが、教員を目指す人にとっても大学にとっても望ましいといえる。

前述の中教審ワーキンググループで、最後まで論じたのが、実務家教員による教育研究活動の質の担保ということである。実務家教員登用を促進するにあたっては、実務家教員の質の確保が不可欠であり、これらについては、「設置基準などにおいて体系的なFDを求めるべき事項」と「各大学が内部質保証システムのなかで実務家教員の教育の質保証のために行う」ことの両方が必要であるという議論であった。前者は就任前に、後者は就任後も専門職として、ＦＤは実務家教員にひときわ必要である。実務をされていた間に、自分が受けた大学教育あるいはその時代の学生と現状がどれだけ変わったかを知ることは非常に重要であり、大学という組織の特性、大学等ならではの仕組みや用語から始まり、教育活動や研究活動を行っていくうえで学ばなければならない内容は多く、それらを学んでいただくことは必要条件であると言っても過言ではない。

どのような形であれば、「教育課程の編成などに対して責任を負う」と言うことができるか。大学に刺激や波紋を与えつつも、大学等の教育を理解したうえで、学生たちの主体的・能動的な学びを引き出す潜在力を持つ実務家教員が増えていくことで、これからの新たな高等教育の可能性を広げることにつながることを願うものである。

参考文献

安藤雅之（2014）「実務家教員に求められる役割、資質能力—理論と実践の架橋を体現するモデルとしての教員」『シナプス』33: 11-15.

Boyer, Ernest L. (1990) "Scholarship Reconsidered," *Carnegie Foundation for the Advancement of Teaching*, 15-25.

橋本鉱市（2001）「アメリカにおける大学教員—90年代の変容を中心に」『学位研究』15: 25-37.

岡村美由規・相馬宗胤・伊勢本大・正木遥香（2015）「高等教育機関に従事する教師教育者の

在り方に関する考察―「実践的指導力」と実務家教員をめぐる議論から」『広島大学大学院教育学研究科紀要第三部』64: 37-46.

演習問題

1. あなたが興味を持っている大学をJREC-IN Portalでいくつか探してみましょう。
2. 1で調べた大学の建学の精神と3つのポリシーを確認してみましょう。
3. 実務経験についての自分の強みを意識して、1で調べた大学における教育研究の抱負を書いてみましょう。

執筆者紹介

濱名 篤（はまな あつし）

学校法人濱名山手学院理事長・学院長、関西国際大学学長

上智大学大学院文学研究科社会学専攻博士後期課程単位取得満期退学。博士（社会学）（上智大学）。専門分野は高等教育論、教育社会学。主な兼職として、文部科学省学校法人運営調査委員、日本私立学校振興・共済事業団私学情報推進会議委員、大学コンソーシアムひょうご神戸理事他。主な著書として『学修成果への挑戦　地方大学からの教育改革』（2018、東信堂）、『進化する初年次教育』（2018、世界思想社）、その他多数。

第 4 章

実務家教員のキャリアパス

1. 実務家教員という新しい仕事

　今「実務家教員」として活躍している人々が歩んできたキャリアは、一人一人かなり違っている。もともと培ってきた実務経験の種類も異なれば、現在担っている教育の実務も、そしておそらく、これから歩もうとしているキャリアも。何か定まったキャリアパスの形を描き出せるようなエビデンスはない。何かの資格を取得したからといって実務家教員としての職が得られるというわけでも、こうした実績を積めば職階が上がるというようなシステムが整備されているというわけでもない。

　しかし、これまで社会人学習の専門家としてさまざまな実務家教員の方々と出会ってきたなかで、また自らも一人の実務家教員として活動してきたなかで、そのキャリアパスについて、いくつか参考にしていただけるのではないかと考えることを述べていきたい。

1.1　社会の要請に応えて誕生した新しい職種

　「実務家教員」は、新たな時代を担う人材の育成を求める社会からの要請に応えて誕生した、新しい職種である。

　社会人経験を持つ教員は数多い。卒業して企業などで何年か勤務した後に改めて研究者の道を志し、大学院で学んだ後、研究面、教育面での実績を積み、大学教員の職を得た先生方。そして、看護師や教員などの専門職を育成する大学・短大・専門学校には、現場を離れ、後進の育成に専念されている方々がおいでだ。

　しかし、今注目されている「実務家教員」のあり方は、これらの教員とは違う。その背景には、教育に対する社会からの要請の変化がある。

　近年、教育を「教える側」ではなく、「学ぶ側」を主体にして進めていくべく、改革が進められてきた。近代以降、教えるべきことをいかに効率的に

教えるかに主眼を置いて設計されてきた教育制度が、学ぶ側がどれだけ学び取れるかということを中心にして設計し直されているのだ。さらに、2020年に始まったコロナ禍に象徴されるような、将来が見通せない複雑で曖昧な社会では、指示されたことを忠実に行う人材ではなく、主体的に現実社会を見据え、あるべき姿を自ら構想し、それに向けて自律的に行動していく人材が必要になる。その育成のため、学ぶ側が実践の場でそれを活用し、実践のなかから新たな知を創造していくようになれることを目標に、教育内容の改訂や新しい教育方法の導入が進められている。

　実務家教員の導入も、その一環である。与えられた課題に効率的に正解を出し、忠実に実行する人材を育成するだけであれば、あえて教育現場に実務家を投入する必要はない。もちろん現在の実務家も、既に出来上がった理論の実践への適用や、環境の変化に対する受動的な対応は行っている。そのうえで、正解のない世界に対しては、視野を広げて課題を発見し人々を巻き込み、不十分な素材からとりあえずの最適解を導き出しそれを適用し、実践から受け取った情報を複数の価値観から見定め調整を繰り返しながら、解決に向かい成果を上げているのだ。実務家教員には、そうやって得た実践的な知を、その形成過程まで含めて身をもって学生たちに伝え、深い理解へと導くことが期待されているのである。

1.2　実務家教員が求められる 4 つの現場

　日本において実務家教員が求められている現場は、大きく 4 つ挙げることができる。

　1 つ目に、専門職教育の現場。最初に「実務家教員」の配置が制度化されたのは、高度専門職人材を養成することを目的に 2003 年にスタートした専門職大学院、特に法科大学院であった。法曹の現場で活躍する弁護士や裁判官、検事たちが現職のまま教壇に立つことが設立の条件となったのである。法科大学院は設立後も各大学院がさまざまな改革・改善に取り組んでいるが、実務家教員の役割の重視という方針は一貫している。今では、多くの現職弁護士が、教員としてだけでなく、ティーチング・アシスタント（TA）やチューターといった形で後進の育成に関わるようになっている。

　2019 年にスタートした専門職大学においても、実務家教員の確保は認可

の条件となった。

　さらに、医療、福祉、会計、ビジネス、教職、ITなど、さまざまな分野の専門職教育に取り組む大学院、大学、専門学校においても、実務家教員が果たす役割は拡大している。

　変化が激しく、複数の価値観が衝突する実践の現場において真に「使える」知識やスキルを習得させるためには、実践の現場での当事者としての経験を伝え、学習者が主体的に学んでいけるよう指導することができる実務家教員の参画が必要になったのである。

　2つ目は、キャリア教育の現場だ。学生が主体的に自らのキャリアを切り拓いていくため、旧来の就職指導・進路指導や各種ノウハウの伝達にとどまらない、自らのキャリアを自らデザインするための知識・スキルを身につける必要性が高まった。そのための科目が多くの大学で開講され、その担い手として求められたのが、さまざまな業界でマネジメントや人材育成を担った経験を持つ実務家だったのである。私自身も、キャリア教育の科目そのものを担当しているわけではないが、このカテゴリーの実務家教員の一人である。

　3つ目は、リカレント教育の現場だ。ITや医療・福祉をはじめ、技術的な進歩・革新が頻繁に起こる一方で、新たな技術に関する教育・研修の余力のない企業・組織が増えているなか、これまで主にその役割を担ってきた民間教育機関だけでは、量的にも質的にも、対応は困難になってきた。そこで、大学や専門学校に、現職の社会人がより高度な知識・スキル・考え方を身につけるための教育を提供する役割が求められるようになったのである。また、人生100年時代の到来を背景に、ミドル・シニア層に向けた新たな教育プログラムのニーズも高まってきた。その両方において、実務家教員の果たす役割は拡大している。

　4つ目の現場は、これまでの3つとはカテゴリーを異にする。先に述べた教育改革の流れのなか、大学全体で「アクティブラーニング」を実施する科目が大幅に増加した。学生が企業や地域の課題の解決に実際に取り組む「プロジェクトベースドラーニング（PBL・課題解決型学習）」のように、実践を支援するスタッフを数多く必要とするケースも多い。実務家教員は、その担い手としても注目されているのである。

1.3 自らキャリアを開拓することが求められる実務家教員

「実務家教員」の定義は、公的に定められているわけではない。確かに、「専門職大学院設置基準」では「(概ね5年以上の)専攻分野における実務の経験を有し、かつ、高度の実務の能力を有する者」とされているが、これは全ての実務家教員をカバーする定義ではない。だから、実務家教員の育成を目的としたプログラムを選定した「持続的な産学共同人材育成システム構築事業」においては、事業の担い手である教育機関に対し、それぞれがどのような実務家教員を育成したいのか、それぞれが取り組む課題に応じて定義するよう求められた。

定義そのものがまだまだこれから定まる状況なのだから、定まったキャリアパスが存在しないのも当然である。実務家教員のキャリアは、実務家教員を志した個人個人が開拓していかなければならない。

しかしこのことは、制度の不備ではない。なぜなら、そもそもこの実務家教員という存在自体が、過去の教育体制のあり方に収まらない教育を実現するために構想されたものだからだ。これまでの体制の枠組みに押し込めてしまっては、その可能性を限定することになってしまう。所属する分野も、これまでの実績も、実現したいキャリアプランも異なる一人一人の実務家教員が、それぞれ自らの活躍の場を開拓していく、そのことで、実務家教員という存在の可能性が広がり、教育改革の推進に寄与することが期待されているのである。

逆に、決まったキャリアパスがないからこそ、自らの望む通りのあり方、働き方を実現することができると考えるべきであろう。限定された働き方で決まった業務に受動的に取り組むのではなく、自分から新たな価値を創造すべく能動的に活動できる存在。実務家教員に期待されているのは、そういう行動なのである。

1.4 大学教員が持つジョブ型雇用のメンタリティー

いったん採用されれば長くその雇用が保証され、組織からの指示に基づきさまざまな業務につき、内部で昇格・昇給を繰り返していく。そんな「メンバーシップ型」の雇用に慣れている人にとっては、こうした実務家教員のキャリアパスは特異なものに見えるかもしれない。

　しかし、大学教員という職種は、そもそも、職務ごとに採用される「ジョブ型」の性質が強い職種である。「いや、大学教員も、講師や助教から准教授、教授、学部長、というキャリアステップがあるではないか」と言われるかもしれない。しかし、それは違っている。確かに、ある教員が講師から准教授になったというと、企業人の目から見た時には「昇進」に見えるかもしれない。だが実際には、准教授という「ジョブ」に対し、学内・学外の応募者がその研究実績・教育実績を横一線で比較され、新たに採用されている。だから、大学教員の世界では、教授になるために別の大学に移る、ということが普通に起こる。また、報酬についても、基本的に「ジョブ」である担当授業の内容や数、担う役割によって決まる。常勤の場合は勤続年数による昇給もあるがその比重は小さく、非常勤であれば何年続けていたとしても同じ「ジョブ」なのだから、報酬は変わらない。だから大学教員は、キャリアは自ら切り拓いていくのが当然というメンタリティーを持っているのが普通だ。

　現在活躍している実務家教員や実務家出身の教員に、コンサルタントや外資系金融機関、独立した専門職としてのキャリアを持っている方がしばしばおられるのは、こうしたジョブ型雇用のメンタリティーに慣れ親しんでいるということも一因だろう。

2.　実務家教員のキャリアの「核」は何か

　実務家教員のキャリアに定まった形はない。では、実務家教員としてキャリアを歩んでいく個人にとって、そのよりどころになるような「核」はないだろうか。その点を考えてみよう。

2.1　「組織のためのキャリア」「成果のためのキャリア」「ミッションのためのキャリア」

　私はこれまで、キャリア専門誌の編集長として3,000人以上の社会人学習者のキャリアヒストリーを取り上げてきた。そのなかで、学習との関係に基づき、日本人のキャリアのあり方を図表4-1のような形で整理したことがある。それぞれ、そのキャリアの「核」となっているものを設定しており、実務家教員のキャリアの「核」を考えるのにも有用ではないかと考える。

	組織のためのキャリア	成果のためのキャリア	ミッションのためのキャリア
社会環境	大量生産・大量消費・効率化	情報化・グローバル化	知識集約・イノベーション重視
典型的キャリア	組織内ゼネラリスト	個人化したスペシャリスト	越境型プロフェッショナル
キャリアの場	所属組織	契約組織・家庭	複数の職場・家庭・サードプレイス
キャリアの主体	労働者を管理する組織	組織に保証されない個人	複数の役割を束ねる個人
コミットメント対象	組織へのコミットメント	成果へのコミットメント	仕事内容へのコミットメント
行動の際の価値基準	上司から何を命じられるか	組織から何を求められるか	世の中に対して何ができるか
働く目的	組織から認められるため	競争に勝つため	社会に価値をもたらすため
キャリアの核	**組織内での地位の上昇**	**客観的な成果・達成度・報酬**	**ミッション・やりがい・自己成長**
アイデンティティ	所属組織…主語は「わが社」	個人…主語は「私」	多様な自己…主語は場による
学ぶ目的	組織内でのキャリアアップ	エンプロイアビリティ拡大	他者への貢献・やりがい実現
学ぶ内容	職場に蓄積された知	普遍性の高い知識・スキル	対話で生成される新しい知
学び方	OJT・企業内研修	独学・集合型講義・e-learning	越境的学習・他者との対話

図表 4-1　3 種類のキャリアのあり方と学び方 [出典：筆者作成]

　「組織のためのキャリア」は、いわゆる日本企業におけるキャリアの形。キャリアデザインの主体は所属組織が担っており、組織内に蓄積された知を OJT や企業内研修によって労働者に身につけさせ、メンバーがどれだけ組織に対してコミットメントしてきたかに応じて昇進・昇格を行う。個人は組織に認められるために働き、家庭が多少犠牲になったとしても、会社の中で高い地位まで昇進することができれば、そのキャリアは「成功」とされる。「組織の中での地位の上昇」を核としたキャリア形成である。

　「成果のためのキャリア」は、情報化・グローバル化が進み日本に現れたキャリアの形だ。バブル崩壊後の長い不況で個人に対する組織からの保証が失われた一方で、グローバル企業で働く人が増加した。キャリアの主体となった個人が、高度な資格や学位を取得して自らのエンプロイアビリティを鍛え上げて成果を上げ、新たな職務に就き、高い報酬を獲得していく、それが成功のモデルである。特定の組織の価値基準ではなく、グローバルスタンダードな、客観的な価値基準に基づく成果・達成度・報酬がキャリアを形成

する核である。

　実務家教員として活躍していくことができる人は、そのどちらのキャリア
を歩んできた人だろうか。

　「組織のためのキャリア」を歩んできた人は、自らをその組織の持つ知の
体系に適応させてきた人である。ただ、その組織の中でどんなに高い地位に
上った人であったとしても、語れるのは所属した企業1社における成功体験
でしかない。学生たちがこれからの社会でそれを活用することはできない。
そのまま経験を語るだけであれば、ただの自慢話にすぎない。

　「成果のためのキャリア」を歩んできた人なら、複数の組織や課題に対す
る適応経験を語ることが可能だろう。彼または彼女が得てきた知識やスキル
は、客観的な基準に基づくもの。その専門が活用できる分野であれば、多く
の学生が活用していくことができよう。しかし、実務家教員がなぜ求められ
るのか、その背景を改めて思い返してみてほしい。客観的に確立された知識
やスキルを伝達し習得させるだけであれば、その担い手が実務家教員である
必要はない。客観的な基準が通用するのは、あくまで正解のある世界だから
だ。例えば法科大学院であれば、最速で正解にたどり着く受験技術を教え込
むだけなら、何も現職弁護士を招聘する必要はない。実際の法廷や契約の現
場で、複数の価値基準が交錯するなかで通用する創造的な実務能力を育成す
る必要があるからこそ、実務家教員が必要とされたのだ。

　「組織のためのキャリア」も「成果のためのキャリア」も、実務家教員の
キャリアとしてはふさわしくない。そこで注目したいのは、キャリアのもう
1つの形、「ミッションのためのキャリア」である。

　「ミッションのためのキャリア」を歩む人は、世界観の異なる複数の場に
所属し、その境界を日常的に乗り越えながら活躍する個人だ。その場は、所
属組織と家庭に加え、地域社会、複業・兼業先、ボランティア団体、学びの
場とさまざまだが、彼ら彼女らはそのそれぞれに対して当事者として主体的
に取り組んでいる。そして主体的に取り組んでいるからこそ、自分の中で、
それぞれの場の価値観が衝突を起こす。例えば、子どもの学校行事で役員を
やるかどうかという身近な問題。会社の価値観を優先し、その残りの部分で
母親の指示に従い育児に「参加」する父親なら葛藤はないだろうが、両方に
主体的に取り組む父親であれば、自分の中で2つの価値観がぶつかることに

なる。しかし彼ら彼女らにとっては、その調整の過程こそが、成長の機会だ。そして、葛藤とその調整を通じて自らが成長できることが分かっているから、「ホーム」の価値観が通用しない「アウェイ」の場に自ら踏み出していく。イノベーションや知識の創造が価値の源泉となるこれからの業界や企業において、理想とされるキャリアの形である。

　葛藤は、たとえそれを乗り越えると成長が得られると期待できたとしても、非常に面倒なことだ。でも、流さずに真正面から取り組むことができるのは原動力となるものがあるからだ。それが、キャリア論でいわれる「ミッション－使命」、マネジメント論でいう「パーパス」、つまり自分にとっての人生の目的、「思い」である。それがあるからこそ、彼ら彼女らは自己の中での軋轢や葛藤を恐れないでいられるし、解決へと前を向くことができる。

　この「ミッション」が、実務家教員のキャリアの核となるべきもの。私はそう考える。

2.2　Will、Can、そして Must

　キャリア論においては、「やりたいこと」「やれること」「やるべきこと」のバランスを考え、その3つが交わるように働くことで、満足のいくキャリアが得られるとされる。これは、マネジメントの現場ではよく、「Will」「Can」「Must」という言葉で語られるので、知る人も多いだろう。

　この「Must」は、しばしば、「所属組織の指示」「所属組織からのミッション」の意味合いで使われる。しかし、この考え方の源になった組織心理学者エドガー・シャイン（Edgar H. Schein）の考えは、それとは異なる。「Must」は、その人が譲れない価値や原則、「なにをやっている自分に意味や価値が感じられるのか」を示すのだ（シャイン 2003）。それは、天から与えられたと感じることができるような、自分だからこそやらねばならないこと。つまり、「やるべきこと」を与える主体は所属組織などではなく、「天」なのである（それにしても、組織が自らを「天」になぞらえてしまっているとは、ずいぶんと不遜なことのように感じてしまう）。「ミッションのためのキャリア」という言葉のなかの「ミッション」も、（神から命じられた）使命という元来の意味に近い形で使用している。この使い方は「当社のミッション」や「ミッションステートメント」といった言葉の場合と同様なの

で、お分かりいただきやすいだろう。

　「私のミッション」は何かという形で、自分を主語にして意識的に考えたことがある方はあまり多くはないだろう。しかし、これまで積み重ねた実務経験のなかで、「これは譲れない」「これを失っては世の中のためにならない」という原理原則をお持ちの方は多いのではないだろうか。その原理原則を、「これからこの道を歩む後進に伝えなければ」、そう考える人々こそが、実務家教員としてふさわしいのではないかと考える。「○○といった経験を通じ、○○のような能力を身につけた（天からそういう機会を与えられた）自分には、世の中のために、将来のプロフェッショナルを育てる責務がある」。こうした思いこそ、「ミッション」と言えるだろう。

2.3　なぜ「ミッション」が大切か

　繰り返しになるが、今教育に求められているのは、決まった内容を教える教員ではなく、学生に伝わるように工夫し、肚に落とし、生かせるようにしていくことだ。

　「ミッション」を持つ実務家教員なら、伝える内容を決められた時間の中で話し終わったとしても、それで仕事が終わったと思うことはない。仕事に対する判断基準は、ミッションに照らせば、伝わったかどうか、でなければならない。

　放っておいても伝わるほど、学生とのコミュニケーションは甘くない。学生たちからフィードバックを受ける機会をつくって現状を知り、じっくりと観察する。それをもとに、多様な学生に少しでも伝わるように表現方法を変え、アクティビティに工夫を加える。直前まで授業の中身に手を入れることもある。そして、一度十分伝わったと感じても、次の年はまた新しい学生が対象だ。授業の内容や方法は、常に更新する必要がある。

　ミッションに照らせば、目的は、授業の実施ではなく、学生の成長だ。だから、本気で関わろうとする。実務家教員の多くが、ただ話しっぱなしの授業ではなく、アクティブラーニング的な側面を持つ授業に関心があるのはそのためだろう。伝わらなければ自分のミッションが達成できないのだから、当然のことである。

　逆に言うと、この姿勢を持たぬ実務家になど価値はない。

そもそもこうした振る舞いは、現場で努力と工夫を重ねて結果を出してきたこれまでの実務での仕事の進め方と、何ら変わらない。自らのミッションの達成に直結する目標、そのために仕事をすることは、実務家教員にとって義務ではなく、権利といっていいかもしれない。

自らのミッションを果たすため、「90分授業を行うこと」よりも「伝えたいことが学生に伝わること」を目指して学生に向き合う。そういう仕事が期待できるからこそ、実務家教員が求められているのではないだろうか。

2.4　手ごたえ

ビジネススクールで教鞭をとるコンサルタントや法科大学院で教える弁護士のような実務家教員は、実際のところ、同じ時間を「本業」に取り組んだら何倍もの報酬が得られるだろう。それでも彼ら彼女らが実務家教員として時間を投じるのはなぜか。

お話を聞いてみると、実務家教員として働くメリットは報酬だけではない。

まずは実利的な側面。大学で教えているというと箔がつく、信用度が高まる、講演依頼から本業につながることもある。起業したばかりの時期には大きい。

次に、初学者である学生たちと接することは、新たな発見の源にもなる。実践家としてのキャリアが長いほど固定観念に染まりやすくなっている。だから「学びほぐし＝アンラーン」の機会は貴重だ。自分の業界では当たり前の専門用語や考え方は、ほぼ門外漢といっていい学生たちに伝わるのか？　外の世界での権威なんてお構いなしの学生たちから向けられたつまらなそうな顔つきを見れば、この言い方では伝わらない、ダメなのだということが分かる。また、信じられないようなトンチンカンな回答も、破たんしているようにしか見えない論理構成も、冷静に受け止めてみると、イノベーションのヒントになる。まさに、異文化の発想が得られる学びほぐしのチャンスである。

そして、自分のミッションの達成に、少しだけ、でも確実に、近づける手ごたえがある。

実務家としての活動を通して、「これは変えたい、なのに変えられない」、そんな課題意識がミッションの素である。もちろん、直接その課題の解決に

向かうこともできる。本業の利益に結びつかないのなら、ボランティアにせよ他者の支援にせよ、解決のために自分に何ができるか模索することになる。

その「できること」のなかに、後進を育てる、という手段、選択肢がある。

一緒に変えようと思ってくれる仲間を増やしたい。

一人でも多く、まっとうな考え方をしてくれる人を増やしたい。

自分の例で恐縮だが、私は、自分のミッションは「学び続ける社会人を一人でも多く増やしたい」という言葉で設定している。そこで、大学での担当科目においては、「学び続ける力を身につけてもらおう」という狙いで授業を作ってきた。うまくいかないことも多々あるものの、学生とのコミュニケーションのなかで、ときに、「伝わった」と感じられる瞬間がある。目の前の学生に伝えたかったことを伝えられたという手応えは、ほかの活動では得られない、実務家教員だからこそ味わえるものである。

2.5　1つのミッション、複数の舞台

実務家教員として仕事をする形は、1つではない。

大学で正規課程の科目やゼミを担当するだけではなく、基礎ゼミのような初年次教育の科目を担当する可能性もある。キャリア教育やリカレントプログラムといった非正規課程で、短期あるいは1回の講演やワークショップを行うこともできる。教授や講師という立場ではなく、ファシリテーターやチューター、ティーチング・アシスタント（TA）、コーディネーターといった役割を務めることも、IRやキャリアコンサルタントなど特定の実務を行う場合もある。大学や専門学校以外にも、民間の人材育成機関、企業内研修など人材ビジネスの舞台もある。

多くの現役の実務家教員は、これらを組み合わせ、複数の業務を行っている。

1つの身分に慣れている人にとっては、なぜそんなことができるか疑問に思うかもしれない。でも、「ミッション」を核としてキャリアを歩んでいる人なら当然のことだ。ミッションの実現のためであれば、形を問う必要はないからだ。

中高年女性のキャリア支援をミッションとするあるキャリアカウンセラーは、社会保険労務士としての実務を行いながら女子大で准教授としてゼミを

担当し、別の大学で非常勤講師を、またDV被害者支援のNPOでの活動も行っている。中小企業にデータに基づく戦略的経営を広げたいと考えているあるコンサルタントは、社会人向けの専門職大学院の准教授のほか、履修証明プログラムで何回かの授業を担当し、学部の地域連携プロジェクトのコーディネーターを担っている。

　そして、ミッションの実現を目指したとき、実務家としてよりも研究者としての志向が強まった方もいる。アカデミックなトレーニングを積み学位を取得して、論文や著書による普遍的なアウトプットをしていきたいという意欲が強くなり、研究者教員としてのキャリアに移行するケースだ。

　あるいは逆に、教育現場での経験を通じて新たな事業のアイデアが具体化したから、というような理由で、100％実務家としての活動に再び専念する方もいる。

　しかしどちらにせよ、ミッションそのものは動かない。その時の環境や課題の優先順位に従い、力を発揮する場が変わるだけ。キャリアの核としてミッションが据えられていることで、複数のキャリアをマネジメントすることが可能になるのである。

3.　行動の指針

3.1　実務家教員としての出発を目指して

　ミッションを実現するための手段なのだから、実務家教員として大学なり専門学校で職を得ることは、決してゴールではない。

　一方で、それまで教育の現場に立ったことがない実務家にとって、どんな形だとしても、実務家教員という未経験のキャリアをスタートさせることは重要なことである。

　しかし、この「実務家教員のなり方」には、決まった形がない。実務家教員が教員としてのキャリアを身につけるうえで何が鍵になったか、統計的なエビデンスも存在しない。そして、実務家教員になった方に直接聞くと、「偶然」や「縁」といった言葉が必ず登場する。たまたまの幸運に恵まれたからだ、と。それでは参考にならない。

　実は、2006年に編集長となり、社会人学習者のキャリアヒストリーを集

めて特集を組んだ際、同じ悩みに突き当たったことがある。「私がうまく
いったのは偶然のおかげ」「たまたま見つけたイベントがきっかけ」。取材し
た人の中に、そんなふうに語る人が続出したのである。このままでは、読者
が後を追えない。

　しかしキャリア論の世界には、このことを説明する理論がある。ジョン・
クランボルツ（John. D. Krumboltz）の「計画された偶発性」という理論
（クランボルツ／レヴィン 2005）だ。個人のキャリアの多くは予想していな
い偶発的なことによって決定される、だから、その予期せぬ偶然の出来事を
味方にすることができた人が、よりよいキャリアを形成していく、という考
え方だ（私は自分の担当授業で、学生たちに、「ラッキーはラッキーを呼ぶ
習慣を持つ人に訪れる」という言葉で紹介している）。

　『好きを仕事にする本』という情報誌で取材したあるパティシエールの例
を挙げよう。

　その女性は 4 年制大学を出てある大企業に勤めていた。ある日の帰宅時、
通勤電車の車窓から「たまたま」製菓の専門学校のイベントを目にする。
「そういえばずっとケーキ屋さんになりたかったんだったな」と思い立ち、
電車を降りて行ってみると制服姿があふれている。高校生向けのイベント
だったのだ。場違いかなと思いながら案内を見ていると学校の事務職員に声
をかけられ、先生をしているパティシエに話を聞くことになった。「その方
と出会えて人生が変わりました、学校に入って卒業後、先生のもとで修業し
て独立。いま毎日がとても充実しています！　私はラッキーです！」

　でも。

　どれだけの人が、行ってみようかという軽い気持ちしかないのに、電車を
降り、改札を出るだろうか？　高校生ばかりの光景を見て、それでも踵を返
さずにいられるだろうか？　先生に会っていけばという誘いに乗れるだろう
か？　そして、働きながら 2 年間の専門学校通学をやりとげられるだろう
か？　この方がラッキーを手にするのは、当然のことだったのである。

　クランボルツは、偶然を味方にすることができる行動指針を 5 つ掲げてい
る（クランボルツ／レヴィン 2005）。

1．好奇心　2．持続性　3．柔軟性　4．楽観性　5．冒険心

　好奇心に基づいて行動しているから、改札を出ることができる。柔軟性があるから、その場で先生の話が聞け、製菓の仕事へのキャリアチェンジが検討できる。冒険心があるから、リスクを取って決断できる。持続性があるから通い続けられる。そしてすべての根っこにある将来に対する楽観性が、それぞれの行動を促してくれる。

　持続性と柔軟性は一見矛盾するようだが、両立は可能だ。本論に結びつけていうなら、実務家教員として働く場は柔軟に選ぶと同時に、自分のミッションはぶらさずに持続させる、ということにある。

　もう1点、クランボルツは挙げていないが、私は、積極的な自己表現の習慣がないと言われることが多い日本人には、

6．自己開示

という行動指針を加える必要があると考えている。自分が何に興味があるか、何を大切にしているかを開示していることで、他者からの「偶然の」情報提供が得られるようになるからだ。

　実務家教員を目指す方なら、次のような行動指針となるだろうか。

　少し専門とは離れていても学会やセミナーに出席する／グループワークや懇親会で他者の話に興味を持ちしっかりと聞く／新しいプロジェクトに参加し、リスクを負って自らのスキルを発揮する／そして、さまざまな場で、自らの課題意識と実現したい社会のあり方＝自らのミッションを、臆せずに語る。

　新しい活躍の場を開拓しようとするためには、このような、偶然を味方にする行動が欠かせない。

3.2　実務家教員を目指すために必要な行動は何か

　大学教員の公募は、多くの場合、実務家教員の募集であったとしても、修士・博士の学位や研究実績、教育実績が必要だ。実績のない人が入り込むのは難しく見える。

　しかし、前節で掲げたように、教育という場で実践をスタートさせる機会

は公募教員だけとは限らない。では、チャンスを増やしていくためには、どのような行動が必要になるだろうか。教育機関の側に立って考えると、答えは出てくる。

「この人だから教えられる」そう思ってもらえることをつくり上げることである。

「この人だから教えられること」。それは、3つの要素の掛け合わせとして考えることができる。

> 「実務家としての経験の質および量」×「経験を言葉にする力」×「教える技術」

1）実務家としての経験の質および量

　まず、一番大切なのは、自らのミッションに直結する実務経験を磨くこと。もちろん、組織に所属している場合、全ての業務が自らのミッションに関わるわけではないだろう。その時はミッションに近い業務をできる限り担っていけるよう働きかけたい。また、異動などで担当業務が外れてしまった場合には、複業・兼業、あるいはそれが禁止されている場合などはボランティアの形でも、社外に機会を求めたい。

2）経験を言葉にする力

　自分の経験を他者に役立つこととして語るためには、普遍的な体系のなかにそれを位置づけ、客観的に他者に伝えられる状態にする必要がある。そのためには、内省し、言葉にしてさまざまな他者に向けて表現し、フィードバックを受ける機会を数多く持つしかない。学習の場を外に求める際には、こうした機会が得られるかどうかについても確認したい。

3）教える技術

　社内研修で教えた経験を豊富に持ち、高い評価を得てきたからといって、外の場所でもそれが通用すると考えるのは大きな間違いだ。教える側と学ぶ側が共通の価値体系を既に持っており、またその研修の意義について人材開発部門のスタッフが十分に下地をつくっている社内研修の場で必要になる技

術と、それらが全くない場所で成果を上げるための技術は、全く異なるものだからだ。教える技術、学びを促す技術、学びの環境を整える技術、それらは皆、学んで、実践して身につけていく技術である。学び続ける努力は欠かせない。

　最後に。

　繰り返すが、実務家教員には定まったキャリアパスなどない。

　しかし、実務のなかで課題意識を持ち、その解決を自らの「個人としてのミッション」として認識した実務家にとって、実務家教員という仕事は限りない可能性を持ったキャリア実現の手段である。

　それぞれの現場で頑張ってきた多くの実務家が、それぞれのミッションを持って、当事者として教育に携わっていくことは、この社会をよりよいものにしていくうえで大きな力となるに違いない。

　軽輩ながらこの章をまとめさせていただき、私自身、その思いを新たにした次第である。

参考文献

クランボルツ，J・D／A・S・レヴィン（2005）『その幸運は偶然ではないんです！』ダイヤモンド社.

シャイン，エドガー（2003）『キャリア・アンカー』白桃書房.

演習問題

1. あなたのキャリアの核となる「ミッション」とはどのようなもの
   でしょうか。対象となる業界や分野、そこで問題視されているこ
   と、あなた自身がその解決にどんな形で取り組んでいるのかを踏
   まえ、400字程度で文章にまとめてください。
   ※複数思いつくのであれば、それぞれについて文章化してみるこ
   　とを薦めます。
2. 実務家教員として活動することは、1でまとめた「ミッション」
   の実現に対し、どのように寄与しそうでしょうか。できるだけ具
   体的に想像し、200字程度の文章にまとめてください。
3. 実務家教員となることは、あなたのキャリアにとってどのような
   メリットをもたらすでしょうか。200字程度の文章にまとめてく
   ださい。

執筆者紹介

乾 喜一郎（いぬい きいちろう）
社会人学習研究家／白百合女子大学・淑徳大学兼任講師（実務家教員）
1992年東京大学教養学部卒。長年キャリア情報誌の編集・制作に携わり、2006
年社会人学習専門誌の編集長に就任（～2019年）。資格取得者や社会人大学院
生など、これまで取り上げてきた社会人学習者のライフヒストリーは3,000名以上に及ぶ。社
会人学習の専門家として、文部科学省などで各種有識者委員を歴任。GCDF-Japanキャリア
カウンセラー。

実務家教員への
長い雌伏の体験から思うこと

事業構想大学院大学特任教授

青山 忠靖

はじめに

　実務領域でのキャリアパスは極めて納得できるものが示されていると思う。特定された職位や職種に就くための能力や資格・適性、あるいはそれに至るまでのプロセスが明確化されているからだ。さらには報酬も予測できるだろう。それに対して実務家教員へのキャリアパスは複雑で予測不能ともいえる。あるいは千差万別で理解しにくい、とでもいうべきか。

　例えば、教員への転職を考えても、いろいろなパターンがある。非常勤講師あるいは客員教授としての雇用と正規教員としての雇用では、社会保険の有無や給与待遇面で雲泥の差があるように、企業間の転職と同様の価値観をベースに語ることはできない。採用プロセスに至ってはなおさら分かりにくい。書類提出と面接だけであっさり決まるケースもあれば、誰かからの紹介を通じていきなり成立してしまう場合もある。

　その一方で、何十回と応募書類を送り続けてもまるでリアクションが来ない、というつらい状況に陥る可能性だってあり得る。つまり、採用に向けて決められたタームなど存在しないに等しい。要は大学側の需要と自らの能力供給のバランスが一致するタイミングを、どうやって見極められるかが実務家教員に問われる資質なのだろう。おそらくそれは暗黙知であり、故に分かりにくい。本コラムでは、私の拙い過去を振り返りながら、キャリアパスに向けて誰もが体験するかもしれない雌伏の耐え方について話を進めていきたい。

迷走するキャリアパスの私的な事例

　さて、私の経験したキャリアパスから紹介してみよう。私はコンサルティング会社に勤務しながら社会人大学院で経営情報学の修士課程（博士課程前期）を修了した。2000年代初頭の頃である。その後に別の国立大学大学院の経済科学研究科博士後期課程の入学許可を得たが、コンサルティング業務との両立が困難となりやむなく断念した。

そんな矢先に、社会人大学院の同期生が某私立大学院の客員教授に就任したという情報が伝えられた。がぜん、対抗心が燃え上がってきた。「アイツに負けたくない」という心理である。最初の動機など、しょせんはこんなものなのだ。特段に構えたところで仕方がない。

　彼は理系の大学が新しく設立した経営工学系の大学院で、技術経営に関する講座を担当するという。私は大学院で、地域課題をビジネスとして解決する手法を研究するコミュニティビジネスを専攻していたので、自分の専攻分野に関する教員募集を取りあえず当たってみることにした。しかしながら結果は残念なものだった。関連する領域（地域創生）における大学院の募集は当時皆無で、該当する学部の募集は複数あったものの、どれもが東京に居住する私にとって通勤が不可能な地方に集中していたからだ。仮に採用されたとしても、会社を辞めて引っ越すことは経済的な理由からも不可能である。何しろ子ども２人が大学に通う身の上で、学部非常勤講師のアルバイト料金並みの報酬では生活が成り立たない。とある地方の私立大学からは面接の通知も頂いたが、悩んだ末に丁重に断りを入れた。「最初で最後のチャンスを逃したかな」という思いが心をよぎったと同時に、諦め切れないという思いも湧き上がる。

　今度は専門領域を広げてみることにした。私は大学卒業後、博報堂に17年間勤務した経験があるので、広告・マーケティングの領域で該当する首都圏の非常勤講師募集に片っ端から応募することにした。また、勤務するコンサルティング会社では戦略系コンサルタント職に就いていたので、経営学部系の募集にも応募をかけた。だが結果はさらに残念なものだった。応募数は２桁を超えていたのは確かだが、これらは面接の機会すら与えられることなく全滅した、というか書類審査の段階で秒殺だっただろう。教員経験がなく、マーケティングや企業経営戦略に関連する論文執筆の実績がゼロという状況ではいかんともしがたい、という現実を痛感した。広告会社やコンサルの実務経験など評価の対象外だったのである。

　嘆くより先に自分なりの敗因分析を行ってみた。やはり論文執筆の重要性を改めて認識した。研究論文は書くだけでは意味がない。発表の場があってこそ価値を生む。そのために、経営情報学会をはじめとしていくつかの研究学会に入会することにした。

　研究テーマもコミュニティビジネスと地域事業を軸としながら、マーケティングやメディアへと研究対象の領域を広げた。古巣である博報堂にも足を運

び、当時話題となっていたプロダクト・プレイスメント手法に関する考察など
を経営雑誌に投稿した。取材を重ねながら、実務に即した論文を執筆すること
が実務家の強みでもある。ありがたいことにそれが目に留まり、大学院時代の
指導教授との共著で書籍を執筆する機会にも恵まれた。このような活動をして
いるうちに風向きが変わってきた。構造改革特区による株式会社立大学が東京
都内で開校したのである。そうした大学では、アカデミックな教員経歴よりも
実務家出身の教員の採用を求める傾向が強かった。ようやく大学側が求めてい
るニーズと自分のリソースが合致する機会が訪れたという勘が働いた。実務家
教員を目指して3年が過ぎていた。

　私がターゲットとしたのはデジタルハリウッド大学とLEC東京リーガルマ
インド大学の2校だった。さっそく、職務経歴書と著書・学会論文集を抱えて
直接売り込みを行った。営業でいうならば飛び込み営業である。予想に反し
て、お堅い司法試験予備校を母体とするLEC東京リーガルマインド大学が非
常勤講師としての採用を検討してくれることになった。

　とにもかくにも、これが私の実務家教員（非常勤講師）に至る道である。

テキストを作成するという行為について

　私は広告・マーケティング系の実績（いくつかの論文）を基に、LEC東京
リーガルマインド大学に売り込みを図ったが、大学が私に要求したことは想定
外であった。そもそも法律系の専門大学にとって広告・マーケティングの講座
は専門対象外だったようで、たまたま売り込みにやって来た講師志望の男が、
面接しているうちに歴史に造詣が深い（単なる歴史オタクのレベルだが）らし
いということが講師採用の契機となったようだ。もしこれがウェブ上のやり取
りだけであったならば、先方の興味を引くこともなかっただろう。飛び込み営
業が功を奏したともいえる。数回にわたる協議の結果、「メディアと社会の変
遷史」が私の講義テーマとなった。私にとってかなり難易度の高い要求だった
が、これを逃す手はないと即座に引き受けた。ただし、講義開始までの半年間
で完全オリジナルの10万字前後のテキストを執筆すること、そしてそのテキ
ストの版権は全て大学に帰するという条件が付けられた。厳しい課題（特に
10万字のテキスト執筆）ではあったが、実際に講義がスタートしてみると思
いもよらぬ効果を生んでくれた。

　まず、完全なオリジナルテキストであったので、当たり前の話かもしれない

が内容を完璧に理解していた。これが他人のテキストであれば解釈の齟齬を来すおそれもあるが、こうした心配が全くない。当時のLEC東京リーガルマインド大学では、半期ごとに学生による教員への評価が実施されていたが、「テキストが平易な文章で書かれていて分かりやすい」という評価だけはいつも高かった。これには訳がある。

　私は大学院で「都市工学」の講座を受講したが、この時にテキストとして用いられていた横浜国立大学の高見沢実先生による『初学者のための都市工学入門』（高見沢 2000）が非常に読みやすかったので、高見沢先生の文体を参考にさせていただいた。もちろん専門とする分野は異なるが、文体や独特の語り口を採り入れることには何ら問題もない。

　テキスト作成など非効率で時間の無駄ではないか、パワーポイントで要点を押さえておけば十分ではないか、という批判もあるかもしれないが、自分の受け持つ講義をより体系化させていくためにも、実務家教員の初心者にとってテキストを書くという行為は重要だと私は思う。つまり、テキスト作成という行為は自分自身の暗黙知化された知識の棚卸しにもなり、形式知の自己最大化ともいえるだろう。論文は仮説を構築し、その仮説を論証していくことに力が注がれる。ある意味で一方的であり、1つの知性が不特定多数の知性に向けて、理屈の塗り重ねを繰り返していく説明の論理に陥りやすい。対してテキストは、教員と学生との間に介在する意志と知性のつなぎ役を果たす役割が求められる。分かりやすくまとめるならば、テキストとは教員の教えたいという意志と学生の学びたいという意志を、教員の知性を介して学生の知性に結びつけていくツールなのである。それ故に論文が有する問題提起の姿勢が、そのままテキストとしてふさわしいものになるのかは、疑わしい場合が多々ある。

　例えば、デザイナーが「デザイン」という概念を独特の切り口で論じていくことは比較的たやすいだろう。しかしそれをテキストに落とし込んでいくことは大変難しい。

　ところが大阪工業大学の妻木宜嗣先生は、『ことば・ロジック・デザイン』（妻木 2015）というテキストで、古典落語を皮切りにアニメから現代建築までを網羅しながら、サラリとそれをやってのけている。まさに、テキスト作成の至芸とも言える。テキストのサブタイトルは『デザイナー・クリエイターを目指す方々へ』である。興味のある人は、ぜひ目を通していただきたい。そして、恥じることなく貪欲に文体や構造特性をまねてもらいたい。野球でもスチール

（steal ＝塁を盗む）は正当にルール化されているのだから、知のスタイルをスチールすることは何らやましいことではないのである。構造を「まねる」「盗む」（泥棒行為を働くという意味ではない）という行為は、そのままクリエイティブにつながるものと考えよう。

実務家教員の本質は実践知の翻訳力にある

数年後、私は勤務するコンサルティング会社で、新しい事業部門であるイノベーションデザイン事業部を任されることになった。クライアント企業内の新規事業創出を支援する部門である。ここで異なる２つの実務経験をほぼ同時に得たことが、その後の私の実務家教員としての明確な立ち位置を築く基となった。

ある企業では社内リソースの精査を徹底的に行ったうえで、強みを有するリソースを用いて、その企業にとっては未経験である既存の市場に参入を試みた。これは言わば、イゴール・アンゾフ（Igor Ansoff）の戦略経営論（アンゾフ 2007）に沿ったコンサルティングの王道でもある。それでもわずか数年で撤退を余儀なくされた。結論を言えば、せっかくの新事業ではあったが、急速に進化したプラットフォーム化の潮流や、さらに巨大なエコシステム（ビジネス生態系）の連関の輪から弾き飛ばされたのである。

その一方で、あらゆるサイズや形状の段ボール箱をニーズに応じて可変生産できる技術を開発した中小企業は、それをアマゾンに供給することで、たちまち数百億円の利益を上げる企業に成長した。つまり、大きなエコシステムの連関内にニッチな生存システムを確立したのである。

この経験は多くの実践知を私に与えてくれた。ただ、それらを単なる経験として語ることは無意味だ。経験をいかに知に翻訳するか、それが実務家教員に課せられた役割であるからだ。私はどこかの大学院で事業創出という実践知を翻訳する機会をひたすら待つことにした。もちろん、この間にせっせと論文や考察を経営雑誌に投稿していた。

７年が経過した。満を持して、開校４年目を迎えた事業構想大学院大学の教員採用枠に応募した。応募書類の作法については、ここでは語らない。私が強調したいのは、自分のリソース（能力資源）を系統立てて、いかに面接者に納得してもらうかを心掛けてもらいたいという１点に集中する。知性と経験はひけらかすものではない。なぜならば、知と経験はその人間が有する純粋なもの

ではないからだ。誰であれ、知や経験は他者によってもたらされたものに過ぎない。フランスの哲学者ジャック・ランシエール（Jacques Rancière）は『無知な教師』という著書の中で、「理解する」とは物事を覆うヴェールを取る能力ではなく、翻訳する力なのである（ランシエール 2011: 95）といった主旨のことを述べている。これこそ言い得て妙である。実務家教員は採用の面接であれ、採用後の講義であれ、属人的な経験を語ってはならない。経験から得た実践知を体系化し、それを分かりやすく翻訳することが求められる本質であるからだ。経験談とは、経験をした者（経験によって成熟した者）と、未経験な者（未経験ゆえに未熟な者）の関係性によって成り立つ寓話にほかならない。これが教育だと考えるならば、それは単なる教育の愚鈍化である。

　一方で、書物（＝著名な著者）の権威をそのまま説明の明快さに置き換えるタイプの実務家教員志望者もいる。これは言うなれば、「直訳」である。直訳家と翻訳家の差異は、質問によって前者が底の浅さを露呈することで明らかになる。このタイプの欠点は、目を通す文献が権威者の著述に偏り過ぎていることだ。知に磨きをかけるためには、知の参考文献をできるだけ多ジャンルに求める姿勢が重要になる。「稼ぐに追いつく貧乏なし」は古くからの格言だそうだが、まさに「学ぶに追いつく愚者なし」を私は自分の銘としたい。

おわりに

　最後に要点をまとめてみる。キャリアパスはおそらく本人が思い描く通りに進まないはずだ。挫折を繰り返すことになるだろうが、くじけないことだ。教員を目指したいという思いがあるのならば、時間をかけて機会を狙うことを私は勧めたい。今後、国内には多くの高度な専門教育機関が生まれるだろうし、あらゆる学問領域の融合も進むことになる。知の翻訳へのニーズはそれによって高まることになる。そして、さらにその先には、人生というストーリーが必ず自分自身を主役にさせる瞬間が待ち構えているはずだ。それを信じ続けてもらいたい。長い雌伏の時は、人に真の成長を促す時期でもある。

参考文献
アンゾフ，H・イゴール（2007）『戦略経営論［新訳］』中央経済社.
ランシエール，ジャック（2011）『無知な教師―知性の解放について』法政大学出版局.
高見沢実（2000）『初学者のための都市工学入門』鹿島出版会.

妻木宜嗣（2015）『ことば・ロジック・デザイン―デザイナー・クリエイターを目指す方々
へ』清文堂.

執筆者紹介

青山 忠靖（あおやま ただやす）
事業構想大学院大学特任教授、公益社団法人兵庫県育才会理事長、株式会社
ジェムコ日本経営パートナーコンサルタント
東京都出身。地域デザインによる地域創生事業支援と人材教育・組織変革の視
点からのイノベーション創出を専門とする。博報堂に17年間勤務の後、同社の協働機関であ
るURBANE CREW, Inc.を起業。その後、LEC東京リーガルマインド大学講師、スコラコン
サルト、ジェムコ日本経営イノベーションデザイン事業部長コンサルタントを経て現職。
2012年には一般社団法人地域デザイン学会の立ち上げに参画する。また父祖縁の地でもある
兵庫県出身の大学生を支援するため、東京代々木で学生寮「尚志館」の運営にも従事してい
る。経営情報学修士（MBA）。専修大学経営学部で地域デザイン学会寄付講座を担当。農林
水産省「ランナーズ・ヴィレッジプロジェクト」（2017年）、内閣府「クールジャパン地域人
材育成プロジェクト」（2018年）、資源エネルギー庁「エネルギー構造高度化人材育成プロ
ジェクト」（2019年）などに携わる。

未来ある若者たちを支援したい
大学でのキャリア教育実践に挑む

　実務家教員の必要性の高まりを受けて、社会情報大学院大学では「実務家教員養成課程」を設置、2021年3月現在、既に第7期生までを輩出している。キャリアコンサルタントや研修講師として活躍する宮田陽子さんは、同課程を経て、学生の就労支援をしながら大学の非常勤講師という働き方を選択した。

昭和女子大学現代ビジネス研究所研究員
宮田 陽子

　宮田陽子さんは大手損害保険会社や航空会社勤務を経て、航空会社系大手研修会社の専属講師となり、その後独立。講師として現在まで約26年間、数多くの研修に登壇してきた （専門はビジネスマナーやCustomer Satisfaction＝顧客満足）。2013年から現在まで昭和女子大学現代ビジネス研究所の研究員として所属し、ノンバーバルについての研究活動にも取り組んでいる。

　仕事に必要な多くの資格を取得し、現在は行政機関で学生の就労支援、キャリア教育、企業の社員教育など、幅広く活躍している。

　そのキャリアを通じて、常に自分自身に必要な自己研鑽や「学び直し」に取り組んできた宮田さん。2018年10月〜2019年3月には、第一線級のキャリア支援者であり、かつキャリア支援者の育成・指導もできる人材を育てる筑波大学の「キャリア・プロフェッショナル養成講座」を修了。その時の友人に「実務家教員養成課程」という存在を教えられたという。

　　国の機関で複数の大学と連携し大学生の就職支援をしていました。将来は大学の講師を考えていました。ちょうど2019年3月に筑波大学の講座を修了し、4月から次のステップを考えていましたので、実務家教員の説明会で、そのニーズ拡大を知り4月生として実務家教員養成課程を受講しました。

実務家教員養成課程を受講

実務家教員養成課程は、実務家教員として活躍するための素養と競争力の双方を提供する教育プログラム。実務経験を生かしたカリキュラム・シラバスの作成、教育方法や研究指導方法の習得だけでなく、効果的な教員調書の作成指導や、新たな実践知を生み出すなどの実務家教員として必要な研究能力も養成する。

　　講座ではさまざまな知識を習得できましたが、特にシラバス作成の授業 演習や、現役の実務家教員を招いた「実践講義法」の授業は、講師のバラエティに富み、話も面白く、実践的で大変参考になりました。また、養成課程受講を通じての大きな財産は、優秀な講師陣からの講義と柔軟なサポートです。東京だけでなく大阪でも同時開講していたため、欠席した講義は、自費で大阪まで行き受講しました。大阪校は東京校とは違い、こじんまりした教室で、かつ少人数でしたが、それも新鮮でした。何より大阪の受講生と交流できたことで、東京だけでは得られなかった経験と友を得ることができました。

人との縁を大切にしてきた宮田さんだが、大学の非常勤講師として採用が決まったのも、もともとは人との縁がきっかけだった。

　　以前に講座で出会った先生が声をかけて下さいました。講座はキャリア教育の中の「マナーの科目」を担当しています。

キャリア教育・支援の醍醐味、生涯現役を目指す

現在、多くの大学がキャリア教育およびキャリア支援・就職支援を強化している。日本学生支援機構の『大学等における学生支援の取組状況に関する調査（2017年度）』によれば、大学の62%が全学もしくは学部・学科単位でキャリア教育科目を必修科目として設定しているという。

大学では、全学科専攻の学生が履修可能な「キャリア形成」という授業科目を開講し、芸術学部では1年生から3年生前期まで、短期大学部では1年生から2年生の前期までに継続的に履修できるようにしており、キャリア支援センターでの個別支援にも注力している。

宮田さんは言う。

　これまでも私は、企業研修や、高校や大学でのキャリア教育・就職支援に携わってきましたが、やはり、未来ある若者たちへのキャリア支援には大きなやりがいを感じます。特に、大学生を対象としたキャリア教育・就職支援は、若者が初めて社会に踏み出す人生の大きなターニングポイントに立ち会える機会でもあります。

　就職活動というのは、自己と向き合い、自分自身を分析し、自分の生き方を考え、仕事とは何か、働く意味とは何かを考え、また多くの挫折も味わう、人生で最も成長できる機会ともいえます。学生の悩みに寄り添い、最初はゴツゴツのジャガイモのような学生が、成長し、社会人として踏み出していく機会に触れることができるのはこの仕事冥利につきます。

　私の仕事は、就職するまでの支援だけではなく、「定着支援」といって、就職後に悩んでいることはないか、困っていることはないか、職場に訪問し、本人や上司の方の話をヒアリングして相談に乗るという職務もあります。学生時代は幼かった子が、立派な社会人となって働いている姿を見ると、その成長ぶりが嬉しいです。

宮田さんは、大学でキャリア教育に関われることに大きな喜びと期待を感じているという。

2020年は予期せぬ緊急事態宣言が発令され、教育の現場にも大きな影響があった。もちろん宮田さんの担当講座も例外ではない。

　大学構内も入構禁止になり、講義は全てオンライン。対面の授業とはまた違うスキルが求められました。学生を飽きさせないように動画制作（撮影し編集）なども行いました。全てが新しい試みです。学生からのアンケートは「分かりやすかった」「非常に良かった」というものが大半であったことが何よりの励みです。これからもオンライン授業が続きます。学生により分かりやすく効果的な講義になるよう日々チャレンジと改善の繰り返しです。

当面はキャリアコンサルタントとして活動しながら非常勤講師として大学教

育に関わっていくが、「将来的には常勤の大学教員を目指したい」と言う。そのために教育者としてのスキルアップや研究活動にも取り組んでいく。

　　生涯現役です。生涯現役とは、「健康」で「自立」し、生き生きと「社会に参画」し、活躍することです。人生の折り返し地点に立ち、今まで自分が経験してきたことを、これから社会に羽ばたく若者へ向け、何らかの役に立つアウトプットをしていきたいと思っています。近い将来、大学で実務家教員として働くことを目標に、これからも自己研鑽を重ね、１つ１つ丁寧に進んでいきたいと思います。

宮田さんはそう力強く語った。

（『月刊先端教育』2020年6月号より編集・再掲）

第 2 部
実務家教員に求められる教育指導力

　第5章から第10章では、学生を教育するために必須となる、教育指導に関する知識・技能に関する内容を取り上げる。これらは、実務家教員だけに必要ということではなく、全ての大学教員が理解しておくべき内容である。

　各章では、内容理解の一助とすべく、近年の政策動向や実践事例などを含め、概念的な話から実際の現場で利活用できる実践事例の紹介もある。また、これらの内容は、個別の章で完結するものではなく、相互補完的な関係にあることを念頭において読み進めていただきたい。

到達目標

- 教育・研究指導の目的や到達目標に合わせた指導法を選択することができる。
- シラバスの作成を通じて、学習者本位の授業設計をすることができる。
- 授業科目の到達目標に合わせた教材の作成や評価基準・方法を設定することができる。

シラバスと授業デザイン

1. シラバスとは

1.1 シラバスの定義

　2012年の中央教育審議会答申「新たな未来を築くための大学教育の質的転換に向けて」（質的転換答申）の中にある用語集では、シラバスについて次のように説明されている。

　　各授業科目の詳細な授業計画。一般に、大学の授業名、担当教員名、講義目的、各回ごとの授業内容、成績評価方法・基準、準備学習等についての具体的な指示、教科書・参考文献、履修条件等が記されており、学生が各授業科目の準備学習等を進めるための基本となるもの。

　日本では、大学ごとの様式に従って作成し、大学のホームページなどで学内外に公開されるシラバス（以下、ウェブ版シラバス）が一般的であるが、「学生が各授業科目の準備学習等を進めるための」情報という意味では、教員が初回の授業で配布する、より詳細な記述を含むシラバス（以下、詳細シラバス）が効果的である。また、担当する授業の準備をする際、詳細シラバスを作成することが、授業を緻密に設計することにつながる。ここでは、特に断らない限り、詳細シラバスをシラバスと呼ぶことにする。

1.2 シラバスの役割

　佐藤編（2010）によれば、シラバスには、

① 授業選択ガイドとして
② 契約書として
③ 学習効果を高める文章として

④　教員と学生の人間関係づくりのツールとして
⑤　授業の雰囲気を伝える文書として
⑥　授業全体をデザインする文章として
⑦　学科・課程・専修・コースのカリキュラム全体に一貫性を持たせる
　　資料として

の役割がある。①②⑦はウェブ版シラバスとしての役割が強い。⑥について
は既に述べた。④と⑤の具体例として例えば、初回の授業で、学生がシラバ
スを読む活動を通して、授業内で実施するアクティブラーニングの手法（例
えば、シンク・シェア・ペア）を体験させることができる。また、受講生間
の良好な関係性や雰囲気をつくることの足掛かりが可能になり、学生の授業
への関与を高めることもできる。③に関して例えば、毎回の授業外学習課
題、試験実施日やレポート提出日があらかじめ明示されることで、学生が学
期を通してシラバスを参照し、学期を通した学びを自己管理しやすくなり、
結果として学習効果を高めることにつながる。

1.3　シラバスの記載項目

　ウェブ版シラバスの記載項目は大学ごとに多少異なるが、初回の授業で配
布するシラバスの記載項目も、ウェブ版シラバスの記載項目を矛盾なく含ん
でいれば科目ごとに異なってよい。図表 5 − 1 のチェックリストは、シラバ
スに記載される項目を網羅的にまとめたものだが、これらの情報を全て記載
しなければならないというものではない。

2.　授業の目的と到達目標の書き方

2.1　授業の目的

　シラバスにおいて授業の目的は、その授業が開講される理由や存在意義、
その授業のカリキュラムの中での位置づけを説明する項目である。佐藤編
（2010）によれば、授業の目的で用いられる動詞は、以下のような総括的な
概念を持つ動詞がよく使われる。

基本情報	・大学名、開講学期、配当年次 ・科目名、科目番号、単位数 ・教員氏名、TA氏名 ・教員・TAへの連絡方法（研究室の場所、電話番号、メールアドレス、電話・メールのうち教員に都合の良い連絡方法、対面オフィスアワーの場所・時間、オンラインオフィスアワーの時間・アクセス方法など） ・教員に関係するウェブサイト ・授業に関するウェブサイト ・授業参加者のためのメーリングリスト情報 ・教員の自己紹介（研究内容、授業内容と研究内容の関係など） ・教員の教育に対する考え方（ティーチング・フィロソフィー）
授業概要	・履修要件（前提科目、前提知識、履修要件を満たさない場合の事前相談方法） ・授業に必要な道具類の説明（ノートPC、ソフトウェア、LMSなど） ・授業の概要（授業の目的・存在意義、主な学習内容とカリキュラムでのそれらの位置づけ、受講を想定する学生像、この授業を学ぶ必要性） ・学生の到達目標 ・授業で用いる教育方法（講義、議論、グループ活動、フィールドワーク、実験など） ・標準的な学習時間量（文献講読に要する時間、課題やプロジェクトに要する時間）
教材	・教科書・必須文献の情報（書誌情報、価格、図書館蔵書番号など） ・論文リスト・参考文献リスト ・参考ウェブサイトやデータベースへのリンク ・必要な学習道具の一覧（実験・実習・実技に必要な道具の一覧、ソフトウェアの入手方法など）
課題	・試験・小テストに関する情報（頻度、内容、選択式・記述式などの問題形式、持ち込み可能などの解答条件、日付・場所・実施時間などの情報） ・レポート課題・プロジェクト課題に関する情報（課題内容・様式・期限・分量などの提出要件、課題の評価基準、印刷物やオンラインなどの提出方法）
評価の方針	・評価の方法の説明（相対・絶対の別、各課題の評価配分、期限を過ぎた提出への対応方針、成績に不服がある場合の問い合わせ方法） ・出席の取り扱い方法 ・授業への参加の評価方法 ・試験を欠席した場合・課題を提出しなかった場合の対応方法 ・不正行為への対応方法 ・過去の授業の成績分布
授業計画	・毎回の授業日・内容・事前課題など ・試験の実施日や重要な課題の締め切り日 ・フィールドワーク、実習、実演、展示など特別な授業日 ・履修取り下げ申請の期限となる日 ・授業全体の見取り図（グラフィックシラバス）
資料	・初回の授業のための導入教材 ・学習アドバイス（文献の読み方、時間管理の仕方、この授業でのノートの取り方、試験勉強の方法など） ・過去の試験問題、過去の優秀レポートの例 ・授業中に扱う専門用語の解説集、公式集など ・レポートの書き方などの学習資源へのリンク集 ・過去の授業のプロジェクトの様子を表す写真など ・学内の学習サポートサービスの紹介 ・授業に関連するテレビ番組や映画の紹介
特別な対応	・心身に障害を持つ学生への対応方針（代替課題や代替活動の内容など） ・社会人学生や勤労学生などへの対応方針（遅刻や欠席の代替学習など） ・クラブ活動の大会やコンクールなどによる欠席への対応方針
授業評価	・授業評価の実施方針・実施方法 ・過去の授業の授業評価の結果と教員の対応
学生との約束	・教員・学生双方に学問の自由を保障し尊重する宣言 ・大学が定めたルールを遵守する宣言 ・著作権の保護や学術ルールを遵守する宣言
安全確保	・実験科目などの場合、緊急時の手続き ・実習科目などの場合、天災などの場合の対応行動
シラバスの変更	・シラバスの内容を変更する際の手続きの説明

図表5-1　シラバス作成のためのチェックリスト　[出典：中島編 2016: 58、原典 Davis 2009: 28-31]

知る	認識する	理解する	感ずる	判断する
価値を認める	評価する	位置づける	考察する	使用する
実施する	適用する	示す	創造する	身につける

　例えば、筆者が担当する工学部開講の「微分・積分」の授業では、次のような授業の目的をシラバスで示している。

　　工学部で学ぶ学生にとって微分積分と線形代数は、科学・技術を学ぶために必要不可欠、かつ最も基本的な世界共通の「言語」です。この講義の目的は、微分積分の分野の「言語」を積み上げ式にしっかり学び、この「言語」で表現された本質的内容を理解し、言葉や文章として使えるようこの「言語」を身につけることです。

2.2　到達目標

　授業の到達目標は、授業終了後に到達している状況を学生がイメージできるように書く。その際、学生を主語とした文章にし、「……できる」などの観察可能な行動形式で、1つの文章に1つの目標を書く。到達目標は知識、技能、態度・習慣の3つの領域に分類されることが多く、それぞれ認知的領域、精神運動的領域、情意的領域と呼ばれる（梶田 2010: 36）。

　　認知的領域：知識の習得と理解および知的諸能力の発達に関する諸目標
　　　　　　　　から成る領域
　　精神運動的領域：手先の技能や運動技能に関する諸目標から成る領域
　　情意的領域：興味や態度・価値観の形成と正しい判断力や適応性の発達
　　　　　　　　に関する諸目標から成る領域

　また、これら3領域の目標の水準を分類するものとしてベンジャミン・ブルーム（Benjamin S. Bloom）の教育目標分類がある（図表5-2）。
　例えば認知的領域であれば、記憶したことを再生できる知識の水準から、知識を整理し解釈できる理解の水準、知識を使って具体的な場面に適用できる応用の水準というように、6つの水準で分類される（図表5-3）。

6	評価		
5	総合	個性化	自然化
4	分析	組織化	分節化
3	応用	価値づけ	精密化
2	理解	反応	巧妙化
1	知識	受け入れ	模倣
段階	認知的領域	情意的領域	精神運動的領域

図表5-2　ブルームの教育目標分類［出典：梶田（1983, 2010）］

	水準	定義	目標の例
1	知識	・用語や事実についての知識を持っている。 ・具体的なものを扱う方法や手段についての知識を持っている。 ・原理や構造についての知識を持っている。	・ニュートンの運動の3法則を述べられる。 ・主要なシュルレアリスム画家を挙げることができる。
2	理解	・学習内容を別の言葉で正しく言い換えられる。 ・学習内容同士の関係を説明、要約できる。 ・学習内容の条件を判別して、意味や結果を推論できる。	・代謝メカニズムを図にできる。 ・回路図の抵抗値を求める計算式を書ける。 ・金利の低下が経済に及ぼす影響を説明できる。
3	応用	・抽象的な概念を新しい具体的な場面に適用できる。	・光合成反応における光量の影響を調べる実験を設計できる。 ・金利が変動した際のローン返済計画を設計できる。
4	分析	・学習内容に含まれる要素を見出して説明できる。 ・学習内容の中に因果関係を見出し、誤った推論を指摘できる。 ・学習内容間を統一する原理やメカニズムを見出して説明できる。	・人間のクローンを作ることに対する是非を列挙できる。 ・与えられた実験計画の中から、重要でないものを削除できる。 ・作品における登場人物の関係を図示して、象徴的な表現とその効果を説明できる。
5	統合	・要素や部分をまとめて新しい構造やパターンを構成するように統合できる。 ・異なる意見をまとめて解決策を示せる。 ・手元のデータから仮説を立てられる。 ・仮説を検証する手順や方法を提案できる。	・ヘリウムネオンレーザーの射出装置を制作できる。 ・自殺幇助支持者に対する反論を論理的にまとめることができる。
6	評価	・一定の目的に対する、内容の正確さ、採用された方法の妥当性、論理の整合性・一貫性を評価できる。	・統計分析によって結論の妥当性を評価できる。 ・直近の経営指標から投資判断の妥当性を批評できる。

図表5-3　認知的領域の目標水準と目標の例［出典：中島編 2016: 26、原典 Nilson 2007: 23］

94

　到達目標と評価方法の整合性を考えていけばいくほど、到達目標は下位目標へと細分化される。学習内容をいくつかの小さな単位に分解し、初歩的な内容から難しい内容へ少しずつ学んでいくことは、学生の学びに効果的である一方で、「全ての学びが連続的・直線的に進んでいくのではない」「細分化された学習は学ぶ知識が断片化される」などの批判もある。そのような不安がある場合には、より高次の水準の到達目標に変えることができないかを考えたり、その授業での本質的な問いを目標の中に取り入れたりすることを考えるとよい。

　佐藤編（2010）によれば、各領域で到達目標に用いられることの多い動詞は以下である。

【知識（認知的領域）】

列記する	列挙する	述べる	具体的に述べる	説明する
分類する	比較する	例を挙げる	類別する	関係づける
解釈する	予測する	選択する	同定する	弁別する
推論する	公式化する	一般化する	使用する	応用する
適用する	演繹する	結論する	批判する	評価する

【技能（精神運動的領域）】

感ずる	始める	模倣する	熟練する	工夫する	実施する
行う	創造する	操作する	動かす	手術する	触れる
触診する	調べる	準備する	測定する		

【態度・習慣（情意的領域）】

行う	尋ねる	助ける	コミュニケーションする		
寄与する	協調する	示す	見せる	表現する	始める
相互に作用する		系統立てる	参加する	反応する	応える
配慮する					

　章末に、到達目標の修正に関する演習問題があるので、到達目標を書く際の参考にするとよい。

2.3　科目の位置づけの確認

　各大学・学部などの掲げるディプロマ・ポリシーでは、「知識、技能、態度・習慣」の3つの領域に関する能力について言及している。ディプロマ・ポリシーに言及された能力を学生が修得できるように一連の授業科目が設定されているので、シラバス作成前に、担当する授業の到達目標と対応するディプロマ・ポリシーについて確認が必要である。さらには、担当する授業を履修するための前提となる授業科目や、その後に履修が期待される授業科目についても、それらの到達目標を確認する必要がある。また、全ての学生に到達させることを目標とする最低限の能力水準・修得内容を示すコアカリキュラムが提唱されている分野では、その内容も参考にすることができる。

3.　評価方法の書き方

3.1　学習評価の基本

　シラバスに記載する到達目標が確定したら、目標の到達を確認するための学習評価の方法と基準を定める。これにより、目標・評価・授業内容の整合性を確保しやすくなる。学習評価は、授業の開始時に行う「診断的評価」、授業の進行中に行う「形成的評価」、授業の終了時に到達目標に達したかを確認するために行う「総括的評価」に大別される。総括的評価は学生の学習成果の質を保証する1つの指標と捉えることができ、形成的評価は学生の学習状況を把握し、今後の学習の進め方を示す機会と捉えることができる。最終的な成績判定を行うことは授業担当教員の責任だが、ティーチング・アシスタント（TA）や受講学生に形成的評価に参加してもらうことで、評価の効率性を高めることもできる。

3.2　評価方法

　評価方法は、到達目標に学生が到達したかを確認する方法を示し、到達目標に合わせて選択する。例えば、知識の定着を確認するには記述テスト、技能の定着を確認するには実演を観察、関心・意欲を確認するには授業中の行動を観察するなどの方法がある。授業への出席が到達目標に直接的に関係ないのであれば、いわゆる「出席点」を評価に加えることは適切ではない。そ

	知識・理解	思考・判断	技能	関心・意欲	態度
客観テスト	◎	○			
記述テスト	○	◎			
レポート	○	◎	○	○	◎
観察法	○	○	◎	◎	○
口頭（面接）	◎	◎		◎	○
質問紙法				◎	○
実演		○	◎	○	○
ポートフォリオ			○	○	○

◎：適している、○：適しているが工夫が必要

図表5-4　目標に対応した評価方法の選択［出典：中島 2016: 36、原典 梶田 2010: 164-166］

の代わりに、到達目標に沿う形のミニッツペーパーや小テストを課すことが考えられる。授業内で実施した学習評価結果の全てを成績に反映する必要はないが、成績に反映しない学習評価に関わる学生の学習を担保するためにも、実施する意図や取り組み方について事前に説明する必要がある。

　評価方法を設定したら、それぞれの方法から成績判定をどのように決めるかを示す。この方法には、「各評価方法の重みづけを示す方法」と「各評価方法による素点を積み上げる方法」の2つがある。重みづけを示す方法は、評価方法ごとの成績全体における割合を「小テストの合計点（5点×14回＝70点満点）を30％、2回の中間レポートの合計点（15点×2回＝30点満点）を20％、期末テストの点数（100点満点）を40％、ラーニングポートフォリオの評価を10％」のように示す。素点を積み上げる方法は、「中間テスト（40点満点）、中間レポート（20点満点）、期末テスト（30点満点）、ミニッツペーパー（10点満点）」のように示す。成績全体に占める割合が極端に大きな評価機会は、学生の継続的な学習につながらないだけでなく、不正行為を引き起こしやすくなるので注意が必要である。ルーブリック評価表やチェックリストがあるものは、事前に提示することで学生の学習を促進することができる。

　最近はウェブ版シラバスに、図表5-5のような、到達目標と評価方法の対応別の成績全体における割合を示す大学も増えてきている。

到達目標	小テスト	中間報告	レポート	最終発表
(1) …について説明できる。	10%	5%	10%	10%
(2) …について適用できる。	10%	5%	10%	10%
(3) …を実施できる。		5%		10%
(4) …に参加し、協調することができる。		5%		10%

図表5-5　到達目標と評価方法の対応別の成績全体における割合の提示例［出典：筆者作成］

3.3　単位認定方法の確認

　単位認定をする際，授業を提供する機関の成績評価が絶対評価・相対評価いずれを採用しているのかを確認する必要がある。絶対評価とは学生が到達目標の各水準に達したかのみで成績評価を決める方法、相対評価とは集団の中での相対的位置によって学生の成績評価を決める方法である。絶対評価であれば、成績段階ごとの学生数の割合を考える必要がなく、受講生全員が最高水準に達したら受講生全員に最高の評価を与えることもできる。しかし、科目の目的によっては、到達目標の水準やその根拠となる課題を次年度以降に見直す必要があり得る。相対評価であれば、受講生全員が到達目標に掲げる能力を十分に修得したと認められる場合でも、受講生全員に最高の評価を与えることはできず、機関ごとに前もって定められた割合に基づいて成績評価を決定しなければならない。それ故、相対評価で成績評価を行う場合には、授業内で実施するテストやレポートなどの評価結果に十分なばらつきが出るよう設計する必要がある。多くの大学では、図表5-6のような成績評価基準を定めているので、成績評価に用いる課題も60点を基準として設計することになる。

S (or A+)	90点以上	達成目標の水準を超えて、際立って優れている	単位認定
A	80〜89点	達成目標の水準を超えて優れている	
B	70〜79点	達成目標の水準に達し、良好である	
C	60〜69点	達成目標の最低限の水準に達している	
F	59点以下	達成目標の最低限の水準に達していない	不認定

図表5-6　大学が定める成績評価基準の例［出典：筆者作成］

4. 授業計画と授業外学習課題

4.1 学生の学習を促す授業計画

　シラバスに示す授業計画には、毎回の授業日時・内容・課題などを提示する。特に、試験の実施日や重要な課題の締め切り日、フィールドワーク・実習などの特別な授業日を示すことで、学生の学習を促すことができる。また、ウェブ版シラバスでは「第○回」の授業といった表示をされることが多いが、詳細シラバスで具体的な月日を明示することで、学生がその学期に履修している授業で課される課題全体の学習計画を立てやすくなる。

　授業計画を作る際、到達目標に掲げる能力を学生が効果的に修得できるような順序で学習内容が並んでいることが望まれる。内田（2005）によれば、以下の原則が効果的であるといわれている。

　　簡単→複雑　既知→未知　個別→一般　具体的→抽象的　結論→理由
　　過去→現在→未来　全体→詳細→全体

　ただし、これは教員による一方向的な説明を基本とする学習順序であり、教員・学生の双方向の活動を基本とする学習順序もある。例えば、「ETA・EAT・TEAの原理」は、Experience（経験・事例）とTheory（理論・知識）とAwareness（振り返り・気づき）のうちどれを先にして並べるかという学習順序である（中村・パイク 2018: 60）。

　　ETA（Experience：経験・事例→Theory：理論・知識→Awareness：
　　振り返り・気づき）
　　EAT（Experience：経験・事例→Awareness：振り返り・気づき
　　→Theory：理論・知識）
　　TEA（Theory：理論・知識→Experience：経験・事例→Awareness：
　　振り返り・気づき）

　授業計画を作る際は、使用する教科書や既存の授業の順序にとらわれず、対象学生や科目特性を考慮に入れて計画する必要がある。

　授業計画だけでなく、授業の目的、毎回の到達目標などを1つの図にまとめて示したものをグラフィックシラバスという（栗田編 2017: 79-84）。キーワードを中心概念から放射状に関連づけ、視覚的に外面化したものをコンセプトマップあるいは概念地図というが、それをシラバスに応用したものがグラフィックシラバスである。各回の学習内容が授業全体の到達目標に対してどのような位置にあり、今後の学習とどのように関連しているかについての理解を促すことができる。

4.2　学生の学習を促す課題設定

　大学設置基準には「一単位の授業科目を四十五時間の学習を必要とする内容をもつて構成する」と定義されている。半期2単位・週1回の講義形式の授業の場合は90時間の学習が必要であり、標準的な15回の授業が実施されるとすれば、30時間の授業時間と60時間の授業外の予習・復習時間が必要となる。ただし、ここでいう「時間」は「単位時間」の意味であり、多くの大学では慣習として45分を1単位時間として計算している。

　日本の大学生の学習時間の短さが問題として指摘され、単位の実質化が求められるようになったことで、多くの大学のウェブ版シラバスでは授業時間外の学習内容を明示している（図表5-7）。一方、ウェブ版シラバスで授業回ごとの授業外学習時間を明示する大学はまだ少数派であるが、遠隔授業が急速に普及しつつあるなか、授業担当者は、授業外学習課題を実施するために必要な標準的時間を認識したうえで、授業外学習課題を設計する必要がある。

回数	日付	内容 （ページ数は教科書該当部分）	授業外学習課題	時間の目安（分）
1	4/15	シラバスを用いたオリエンテーション、同時双方向授業システムに慣れる 直線・平面の方程式（別途プリント）	配布したシラバスを読む 配布プリント問題1〜5 2回目予習課題	30 120 60
2	4/22	行列の演算、行列の分割 (pp.1-14)	教科書p.10. 1〜5、p.14. 1, 2, 5 3回目予習課題	120 60

図表5-7　シラバスの授業計画提示例 [出典：筆者作成]

　授業外学習課題は、到達目標に掲げる能力を学生が修得するための一環として課されるが、提示しただけでは学生の学習は担保されない。授業外学習課題を設定した場合、授業時間内にその課題を活用する活動を行うことで学生の学習が促進される。例えば、以下のような方法が実践されている。

- ・授業で学んだ内容に関連する演習問題に取り組むよう指導し、次回の授業開始直後に確認テストを行う。
- ・次回の授業の内容に関連する予習課題に取り組むよう指導し、それを前提とした議論や学び合いをする。
- ・授業で学んだ内容をA4・1ページにまとめるよう指導し、その集積を期末試験で持ち込み可とする。
- ・授業の内容に関連する新聞・雑誌記事を事前に集めさせ、授業中にその内容を解説させる。
- ・到達目標に沿った問題・解答を作成させ、提出された全問題の中から期末試験問題を出題する。

4.3　フィードバックと学びの自己管理

　授業外学習課題については、授業時間内にその課題を活用するだけでなく、課題に関する学びを改善する情報を迅速にフィードバックすることでも学生の学習が促進される。このことは授業内で実施する小テストやミニッツペーパーなどについても該当する。西岡・石井・田中（2015）によれば、効果的なフィードバックは次のような特徴を持っている。

- ・評価基準や模範解答との比較が行われる。
- ・頻繁で継続的に行われる。
- ・評価基準に沿った評価であることを学生が理解できる。
- ・現実の生活や職業で求められる水準との比較が行われる。
- ・学生の自己評価を促すものである。

　学生の学習成果とフィードバックをラーニングポートフォリオとして集積させ、それをもとに学びの振り返りをさせ、教員や他の学生と共有する機会

を設けることで、学生自身に学びの自己管理を促し、主体的な学びにつなげることができる。一方、課題を放棄したり、期限を大幅に遅れて課題を提出したりする学生もいる。これらを評価対象から外すのは簡単だが、ペナルティをつけて課題を提出してもらう、遅れた日数だけ一定の割合で減点する、などの対応をすることで、このような学生の学習も促進することができる。課題の評価に対する異議については、「返却された課題の評価については、その授業内で必ず確認し、異議がある場合にはその場で申し出てください。後日の異議は一切認めませんので注意してください」のように記載するとよい。

5. 授業を円滑に進めるための情報

5.1　授業形態や授業の流れ

　各大学・学部などの掲げるディプロマ・ポリシーには、いわゆる汎用的能力といわれる能力も含まれている。山田（2013）によれば、汎用的能力育成とアクティブラーニングの親和性が高いことが分かっており、高等学校の授業の中でアクティブラーニングを経験した学生も徐々に増えてきている。一方、アクティブラーニングに慣れていない学生や好みでない学生も一定数存在するので、初めのうちはシンク・ペア・シェアなどの簡単な活動から始め、少しずつ学生主体の活動量を増やしていくとよい。

　シラバスで典型的な授業の流れをあらかじめ説明し、授業内の活動をルーティン化することで、学生の緊張感をいくらかでも取り除くことができる。以下は、シラバスに記載する授業の流れの一例である。

（1）授業が始まるまでに、教室前部の入り口付近に置いた配布資料、前回の採点済み答案、本日の答案用紙などを受け取り、隣り合わせにならないように早めに席に着いて下さい。大学が出欠状況を確認するため、カードリーダーに学生証を必ずかざして下さい。

（2）授業の最初に小テストを10分程度実施します。計算中心の復習宿題を出すので、それに関する問題をやってもらいます。授業終了後、次の授業までに、復習宿題は必ず自分で取り組んで下さい。

授業開始時間に遅れて来た学生は、この小テストを受ける権利がなくなります。

（3）この答案を学生同士で交換してもらい、解説を聞きながらチェックしてもらいます。そのため、必ず色つきのペンを持ってきて下さい。細かなチェックは私が後からしますので、自分の署名と間違った部分のチェックだけを記入して下さい。

（4）その後、予習宿題で下調べした内容を基にして、本日の内容に関する発問・学生間での考察と議論・解説をします。予習宿題は授業までに必ず自分で取り組んで下さい。

（5）その後、例題の説明、教え合い、簡単な演習などを行います。

（6）最後に、本日の内容に関する簡単な確認テストをやってもらいます。確認テストの解答が書いてある答案用紙を提出したら退出して構いません。

5.2　履修条件や受講ルール

　履修条件はウェブ版シラバスに記載する。例えば、「『線形代数2』履修前に『線形代数1』を履修しておくこと（履修しておくことが望ましい）」のように記載する。ただし、ウェブ版シラバスに履修条件を記載することと、履修登録システム上の制限が行われることは別であることが多いので確認が必要である。

　授業の出席回数について「3分の2以上の出席が必要」としている大学は多い。遅刻・欠席・早退に関する大学としての定義や運用方法があればそれに従い、なければシラバスで明確にしておく。例えば、「授業開始時刻までにカードリーダーに学生証をかざした場合に出席、授業開始時刻以降にかざした場合に遅刻となる」「授業最初の小テストを受験しない場合に遅刻、授業最後の確認テストを受験しない場合に早退となる」「2回の遅刻・早退で欠席1回とみなす」のように示す。加えて、交通機関の遅延、病気・怪我、課外活動への参加、忌引きなどによる欠席・遅刻への対応も、シラバスであらかじめ明確にしておくとよい。

　受講マナーについては、教員と学生の認識の違いが起こりやすく、トラブルになりやすい。モバイル端末の使用、飲食、着帽、教室への出入りなどの

可否について、シラバスであらかじめ明確にしておくとよい。

5.3　教科書・参考情報、教員とのコンタクトの取り方

　指定教科書、参考文献、参考URLなどがある場合には、シラバスであらかじめ示す。特に指定教科書を示す場合、絶版になっていないか、予想される受講生数に見合う冊数が確保されているかを必ず確認する。教科書を使用せず、各回で資料を配布する場合は、その旨を記載する。授業中に使用しない書籍を指定する場合、その使用法を明記する。

　学生が授業に関する質問や相談をできるように、オフィスアワーを明記する。休み時間を含めた具体的な時間を最低1つは指定し、「事前にメールで予約してほしい」などの要望があればメールアドレスとともに示す。

5.4　詳細シラバスの具体例

　ウェブ版シラバスの多くは閲覧可能だが、詳細シラバスで公開されているものは少ない。詳細シラバスの具体例については、中島編（2016: 148-178）を参照するとよい。

参考文献

Davis, Barbara G.（2009）*Tools for Teaching, 2nd Edition*, Jossey-Bass.
梶田叡一（2010）『教育評価（第2版補訂2版）』有斐閣.
栗田佳代子編（2017）『インタラクティブ・ティーチング』河合出版.
中島英博編（2016）『授業設計』玉川大学出版部.
中村文子／パイク，ボブ（2018）『研修デザインハンドブック』日本能率協会マネジメントセンター.
Nilson, Linda B.（2016）*Teaching at its Best, 4th Edition*, Jossey-Bass.
西岡加名恵・石井英真・田中耕治編（2015）『新しい教育評価入門』有斐閣.
佐藤浩章編（2010）『大学教員のための授業方法とデザイン』玉川大学出版部.
内田実（2005）『実践インストラクショナルデザイン』東京電機大学出版局.
山田剛史（2013）「教員の教育力向上と学生の学習の連関に関する探索的検討—教員・学生の『学習観』に着目して」『大学教育学会誌』35（1）: 62-66.

演習問題

1．次の到達目標について、問題点を示し、書き直してみましょう。
　　1）微分積分の基礎をマスターさせる。
　　2）機械部品をスケッチできる。
　　3）技術者として、他者との議論を楽しむことができる。
2．実際に授業を行う科目を想定し、半期15回分の授業設計を考えて
　　みましょう。また、授業回ごとの適切な事前事後学習を考えてみ
　　ましょう。

執筆者紹介

榊原 暢久（さかきばら のぶひさ）
芝浦工業大学教育イノベーション推進センター教授
北海道大学大学院理学研究科博士課程数学専攻単位取得退学。博士（理学）。専
門は高等教育開発。旭川工業高等専門学校助手、茨城大学工学部講師などを経
て現職。日本高等教育開発協会理事。ファカルティデベロッパー、SDコーディネーターとし
て、「理工学教育共同利用拠点」（芝浦工業大学・教育イノベーション推進センター）の企画・
運営や、他大学への相談対応、研修講師派遣も行っている。主な著書として『授業設計』
(2016、玉川大学出版、共著)。

第 6 章

教授法

1. 教授法の基礎

1.1 教授法とは

　授業の設計において重要なことは3つある。それは、①学習目標（学生が到達すべき目標は何か）、②学習の内容と方法（学生がどのように目標に到達するのか）、③評価の方法（学生が到達目標に到達したかどうかをどのように確認するか）である（中島 2016）。このうち、②の学習の方法と対になっているものが教授法である。つまり、学生がどのように学ぶのかという学習法（learning method）は、教員がどのように教えるのかという教授法（teaching method）と対のものとして考えることができる。

　本章では、教授法を「学生を学習目標に到達させるために、教員が用いる教育方法」と定義する。本章の目的は、大学の授業に適した教授法にはどのようなものがあるのか、それらの教授法を実際にどのように用いたらよいのかについて理解することである。

1.2 大学における教授法の歴史

　中世ヨーロッパに大学が誕生した頃の教授法は、スコラ学と呼ばれるものであった（シャルルほか 2009; 坂井ほか 2019）。スコラ学による教育とは、講義法（講読）と討論からなるものであった。当時は活版印刷技術がなかったため、学生は大学教員が講義（講読）する貴重本の内容を聴き、それを暗記することで学習していた。そして、そこで記憶した内容をもとに、学生同士が議論を行う討論が行われていた。

　16世紀から18世紀にかけて、大学教育の形骸化や学生数の減少に伴い、大学は厳しい批判にさらされていくが、その頃に教育効果の高い教授法を模索する動きが現れる。例えば、18世紀のドイツの大学では、スコラ学による教授法に代わって、少人数による研究指導によって教育を行うゼミナール

という方法が生み出された（シャルルほか 2009）。

1960年代に入り、世界各国において大学への進学率上昇とともに、大学がエリートのための教育機関から、大衆化された教育機関へとその性質を変化させていくに伴い、教授法改革の動きが再び盛んになる。講義法や討論のティップスを学ぶ研修や教科書も誕生し始める。1980年代に入ると、米国の大学を中心に、アクティブラーニングという用語が生まれ、学生の学習への参加を促すさまざまな教授法が開発され、普及していった。

2000年代に入ると、ICT（情報コミュニケーション技術）の進展により、教室内外でインターネットを使って学ぶ環境が整備され、ICTツールを使って行われる授業も増加してきた。北米圏の大学を中心に、MOOCs（Massive Open Online Courses）と呼ばれる、インターネット上で誰もが無料で受講できる公開授業が配信され始めたのもこの頃である。その代表的なプラットフォームである「Coursera」「edX」などでは、多くのオンライン授業が全世界に向けて配信されている。

しかしながら、2010年代に入っても多くの大学では、伝統的な対面による教授法が主流であった。その理由は、教員がICTツールの使い方に習熟していなかったこと、大学がそれらのインフラ整備に十分な投資を行っていなかったこと、学生が使用するICT端末が高額であったことなどである。

そのような状況を一変させたのが、2020年に世界規模で起きた新型コロナウイルスの感染拡大である。これによって、世界各国の大学はキャンパス内での対面授業の中止を余儀なくされ、わずか数カ月のうちにオンラインによる教授法が世界規模で展開されるようになった。

1.3 授業形式

大学での授業形式の分類法には、さまざまなものがある。伝統的には、知識の方向性という観点から「一方向／双方向」に分ける方法がある。つまり、教員が知識を一方的に伝える講義法と、教員が学生と双方向のやり取りをしながら知識を記憶させたり、思考させたりするアクティブラーニングを促す教育技法に分けるというものである。あるいは、クラス規模の観点から「大人数／少人数」に分けることもできるだろう。しかし、新型コロナウイルス感染拡大以降、大学教員にとって、オンラインでの教授法は選択肢の1

	対面 （場所共有）	遠隔 （場所非共有）
同期 （時間共有）	同期×対面 （例：教室での講義、実験・実習、個別指導）	同期×遠隔 （例：オンライン会議システムによる講義）
非同期 （時間非共有）		非同期×遠隔 （例：動画配信や教科書・教材配信）

図表6-1　授業形式分類［出典：筆者作成］

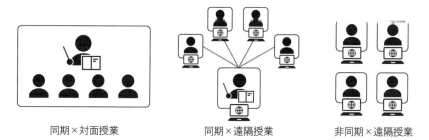

　　　同期×対面授業　　　　　　同期×遠隔授業　　　　非同期×遠隔授業

図表6-2　授業形式の種類［出典：筆者作成］

つではなく、誰もが教えることができなければならない標準的な教授法になった。こうした状況を踏まえて、本章では、「対面／遠隔」と「同期／非同期」の2軸で授業形式を分類する（図表6-1、図表6-2）。

　横軸は、「対面（face to face）」と「遠隔（distance）」による分類である。これは、場所を共有しているかどうかで分類したものである。「対面」とは、教員と学生が同じ場所で、顔を突き合わせて教育・学習を行っている状況である。その反対に、「遠隔」とは、教員と学生が同じ場所にいない状況、つまり非対面で教育・学習が行われている状況である。

　縦軸は、「同期（synchronous）」と「非同期（asynchronous）」による分類である。これは、時間を共有しているかどうかで分類したものである。「同期」とは、教員と学生が同じ時間帯に教育・学習を行っている状況である。その反対に、「非同期」とは、教員と学生が異なる時間帯に、つまり時間差で教育・学習を行っている状況である。

　この2軸を使うと、「同期×対面」「同期×遠隔」「非同期×遠隔」という

3種類の授業形式に分類できる。なお、「非同期×対面」の実例を見いだすことは難しいため、形式には分類していない。

「同期×対面」授業とは、一般的にイメージされる大学の授業である。教室で行われる講義やグループワーク、実験室での実験、実習先での実習、調査先でのフィールドワーク、研究室における個別指導などがこれに当たる。

「同期×遠隔」授業とは、オンライン会議システムなどを利用した授業のことである。かつては、この形式の授業を実施するためには、衛星通信やテレビ会議システムが使われていた。しかし、端末数が限られていたり、本体や維持費が高額であったりしたため、教員が気軽に実施することは難しかった。現在は、教員・学生双方の機器と通信環境さえ整備されていれば、かつてより安価でこの形式の授業を実施することができる。Zoom、Teams、Webex、Hangout、LINE、Skypeなどの会議用や教育用に開発されたソフトウェアを使えば、教員個人のパソコンで配信も可能である。

「非同期×遠隔」授業の中で最も想起しやすいのは、伝統的な通信教育である。大学から学生宛に教材が郵送され、その教材を読んでテストに回答したり、レポートを記述したりして、返送するというものである。現在は、これをオンライン上で行う方が一般的である。郵送の代わりに電子メールを使えば、やり取りに必要な時間や経費を削減することができる。各大学が導入しているLMS（Learning Management System：学習管理システム）を使用すれば、教材や動画をオンライン上に保存し、学生が自由にダウンロードすることもできる。これにより、教員の教材印刷・配布・回収といった一連の作業負荷を削減できる。また、システム上に学習履歴が残るため、いつ、どのくらいの時間をかけて学習を行っているのかを把握することもできる。自動採点ができるテスト機能もあるので、テスト受験・採点・結果のフィードバックを自動化することもできる。

1.4 授業形式の組合せ

1）ハイブリッド（ブレンディッド）授業

3つの授業形式を紹介したが、それぞれメリット、デメリットがある（図表6-3）。そのため、それらを組み合わせることによって相互補完を行う授業形式のことを、ハイブリッドもしくはブレンディッド授業と呼ぶ。ハイブ

リッド授業は以下のような特徴を持っている。

> 正式な教育課程において、学習の少なくとも一部をオンラインで実施
> し、時間、場所、方法または進行速度について生徒が自己管理する。か
> つ少なくとも一部は自宅以外の監督された校舎において授業を受ける。
> コースまたは科目ごとの各生徒の学習は、組み合わされて一つの統合さ
> れた学習体験となる（ホーン／ステイカー 2017）

　例えば、時間割に定められた授業を「同期×対面」で行い、予習・復習を
「非同期×遠隔」で行う場合がこれにあたる。この際、従来教室の中で行わ
れていた学習と、授業外学習とを入れ替えた教授法を「反転授業（flipped
classroom）」と呼ぶ（バーグマン／サムズ 2014）。例えば、講義動画を宿題
として視聴させ、教室では知識を定着させるためにテストを受けさせたり、
その知識を活用してグループディスカッションをさせたり、協同学習などを
行わせたりする。反転授業により、知識修得型の学習は、学生個人に最適な
進度と回数で行わせることができる。そして、知識創造型の学習は、多様な
他者とともに協同して行わせることができる。
　ハイブリッドの授業形式は、①「同期×対面」×「同期×遠隔」、②「同
期×対面」×「非同期×遠隔」の2種類が想定される。その授業の目的・目
標、内容の専門分野、学生の学習状況、時間割、施設・設備などの学習環境
といった要素によって、最適な組み合わせはどれかを判断する必要がある。

2）ハイフレックス授業

　ハイフレックスとは、ハイブリッド（Hybrid）とフレキシブル（Flexible）
を合わせた用語であり、新型コロナウイルス感染拡大以降、注目されている
授業形式である（木原 2020）。ハイフレックスの授業形式は、ハイブリッド
授業同様に、「同期×対面」「同期×遠隔」「非同期×遠隔」を組み合わせて
構成されるが、これらの授業形式を学生が週ごと、あるいはトピックごとに
選択できるのが特徴である。つまり、教員はICTツールを活用して3つの
授業形式を準備しておき、学生は教室で授業を受けるのか、あるいは自宅で
学習するのかを、自らの意志で選択できる。これによって、学生個人の学習

	学習時間	学生からの質問など	メリット	デメリット
同期×対面授業	学生・教員が同時に参加（同時双方向）	リアルタイムまたは後日（メール、オフィスアワーなど）	・出席している学生を確認できる ・グループワークを実施しやすい ・学習の習慣づけがしやすい ・実験・実習などが可能	・非常時には実施できない（悪天候、災害、感染症など） ・繰り返しの学習ができない
同期×遠隔授業	学生・教員が同時に参加（同時双方向）	リアルタイムまたは後日（メールなど）	・出席している学生を確認できる ・グループワークを実施しやすい ・学習の習慣づけがしやすい	・通信環境の影響を大きく受けてしまう（回線の切断など） ・繰り返しの学習ができない
非同期×遠隔授業	学生は各自のペースで参加（オンデマンド）	その都度、掲示板やメールなどで	・自動採点の小テストなどを利用しやすい ・理解度に応じて、繰り返しの学習が可能	・学習の習慣づけがしにくい ・グループワークを実施しにくい ・全くアクセスしない学生の支援（学修意欲の持続）などが必要

図表6-3　各授業形式の特徴［出典：淺田（2020）を一部修正］

スタイルや環境に合わせた授業が展開できる。また、諸事情でいずれかの授業形式での授業が実施できなくなったとしても、ほかの授業形式を選択することで教育・学習を止めずに継続することができる。

　ハイフレックス授業については課題も多い。学生が教室での受講を希望したとしても、教室定員数に制限がある場合、希望が通らない可能性もある。希望する学生のうち、実際に教室で受講できる学生をどのように選別するのかが課題となる。

　また、公平性の観点から、学生がどの形式の授業を選択したとしても、その学習の質が等価であるように設計されなければならない。それを実現するためには、「授業内のリアルタイム授業の手助け（例えば、ティーチング・アシスタント（TA）やオンライン上の学生を管理するための授業アシスタ

ント）や、意図的にデザインされた教室環境、そして学生と教員両方から多大な忍耐」が必要となる（Maloney and Kim 2020）。そして、これらにかかる経費は、一時的には多額になることが予想される。

　現段階では、ハイフレックス授業の実践例も少なく、その教育効果についても明らかにはなっていない。

2.　教授法と学習目標

2.1　学習法に対応した教授法の分類

　前項では、「対面×非対面」「同期×非同期」という2軸で分類した3つの授業形式を紹介した。ここからは、各授業形式で使用されている教授法を紹介する。大学で使用されている教授法は多様であり、その全てを網羅することはできないため、典型的な教授法のみを取り上げる。

　既に、本章では教授法を「学生が学習目標に到達するための教育方法」と定義した。これに沿って、学習目標に対応させて教授法の分類を行った。学習目標は、認知領域、技能領域、情意領域の3つに分類されることが一般的である（梶田 2010）。認知領域とは、知識の記憶、理解、応用、創造に関わる目標群のことである。技能領域とは、身体を使った技能の習得に関わる目標群のことである。そして、情意領域とは、感情や価値観の習得に関わる目標群のことである。それぞれの目標群ごとに、典型的に使われる教授法を整理したのが図表6-4である。

2.2　講義法

　大学における教授法で最も古典的であり、最もよく使われているものは講義法である。対面、遠隔のいずれでも使用されている。講義法とは、「学習者の知識定着を目的として、教育者が必要に応じて視聴覚メディアを使いながら口頭で知識を伝達する教育技法」のことである（佐藤編 2017）。そのため、講義法を効果的に活用するためには、学習者がどのように知識を理解し、記憶するのかという認知メカニズムの理解が必要である。例えば、新規情報は、脳内で既有知と結びつけられて理解され、一時的に短期記憶に保存される。その後、何もしなければその情報は忘却されてしまうが、復唱を行

教授法＼学習目標	認知領域	技能領域	情意領域
講義法	○	△	△
発問法	○	○	○
アクティブラーニング	○	○	○
トレーニング技法	△	○	○

※○はよく使われることが多いことを意味している。△は部分的に使われることを意味している。

図表6-4　学習目標に対応した教授法［出典：筆者作成］

うことで長期記憶として保存が可能となる。こうしたことを踏まえて講義を行うことで、分かりやすく、記憶に残る授業ができるようになる。

　また知識を効果的に伝達するための知識とスキルも必要である。これは伝統的にパブリック・スピーチ、あるいはパブリック・スピーキングと呼ばれる分野で教えられてきたものである。例えば、声の出し方、抑揚のつけ方、効果的な「間」の使い方、目線の向け方、ボディランゲージの使い方などである。

　そして、遠隔で講義法を使用することを想定して、視聴覚メディアの使い方に関する知識とスキルも身につける必要がある。視聴覚メディアを使用するスキルとは、教室内でパワーポイントや映像教材を提示するという基本的なスキルは当然のことながら、自らの講義を撮影し、編集し、配信するスキルも求められる。

　ところで、全ての内容について自らが講義を行う必要はない。一部の内容については、ゲストスピーカーを招聘して講義をしてもらったり、テレビやインターネット映像を見せたりすることもできる。著作物をオンラインで提供する場合は、著作権法を遵守することが求められる。

2.3　発問法

　講義法と併せて使われることが多いのが発問法である。学習者に問いを与えながら考えを深めさせる場合に使用する。答えを知らない人が知っている人に尋ねるのが「質問」であるのに対し、答えを知っているにもかかわらず教育上の目的のために尋ねるのが「発問」である（中井編 2015）。発問には、学習意欲を喚起する、重要な問題に対峙させる、思考を焦点化させる、思考

名　称	特　徴
オープン・クエスチョン	WH/H で始まる問いや単語 1 つでは答えられない問いのこと。学習者にとっては答えにくく、回答にかかる時間が長い。予期せぬ回答が返ってくる可能性がある。
クローズド・クエスチョン	YES/NO や単語 1 つで答えられる問いのこと。学習者にとっては答えやすく、回答にかかる時間が短い。回答を事前に予測しやすい。
全体質問	学習者全体への問いのこと。全員が思考するが、回答が返ってくる可能性は低い。
指名質問	特定個人に対する問いのこと。特定個人のみが思考するが、回答が返ってくる可能性は高い。
チャンクダウン質問	抽象度の高い質問を行った後に、具体的な質問をする方法。
チャンクアップ質問	具体的な質問を行った後に、抽象度の高い質問をする方法。
リレー質問	質問者の問いに対して、自らが答えるのではなく、別な他者に答えを求める方法。
リターン質問	質問者に答えを求める方法。いずれも自らが直接質問に答えずに、全員に思考させることを目的としている。

図表 6-5　問いの種類 ［出典：筆者作成］

を拡張させる、学生に問いをつくらせる、学生の学習状況を把握するといった目的がある。認知領域の学習目標だけでなく、スキルの習得を確認するような技能領域や、価値を問うような情意領域の学習目標を達成させるためにも効果的な教授法である。

　発問をする際には、問いの種類、効果的な問いかけ方法、回答しやすい雰囲気づくりの方法を理解しておく必要がある。たとえば、問いにもさまざまな種類がある。学習者の持つ既有知識、人数、授業内容によってこれらを使い分ける必要がある（図表 6-5）。

2.4　アクティブラーニング

　知識を一方的に伝達する講義法に対して、教員・学生が双方向に知識をやり取りしながら思考を深めていく方法として、アクティブラーニングを促す教育技法がある。文部科学省や大学の方針で実施が推奨されていることもあり、最近では「講義」に位置づけられている授業においても、アクティブラーニングを取り入れることが多くなっている。

　アクティブラーニングとは、「一方向的な知識伝達型講義を聴くという

名　称	説　明
シンク・ペア・シェア	考える、2人組、共有の順序で段階的に議論させる技法。
バズ学習	小グループごとに議論させる技法。あるテーマについて6人のグループで6分間の議論を行った後、全体としての結論にまとめていく。
ワールドカフェ	グループ内の議論の成果をほかのグループとの間でも共有する技法。グループ内で一定時間議論をした後、一人を除いたほかのメンバーがそれぞれ別のグループの議論を聞きに行く。
ミニッツペーパー	授業終了時に学生にコメントを書かせる技法。
ピア・インストラクション	教員が提示した課題について、学生同士で解答を考え出させる技法。

図表6-6　アクティブラーニングを促す教育技法例［出典：中井編（2015）を参照して筆者作成］

・質問をする	・発言の少ないメンバーを引き入れる
・掘り下げる	・異なる意見を歓迎する
・わかりやすくいいかえる	・視点を変える
・質問や発言の方向を転換する	・要約する
・すでに出た意見やアイデアを振り返る	・橋渡しをする
・応援する	

図表6-7　ファシリテーターの基本スキル［出典：リース（2002）］

（受動的）学習を乗り越える意味での、あらゆる能動的な学習のこと。能動的な学習には、書く・話す・発表するなどの活動への関与と、そこで生じる認知プロセスの外化を伴う」（溝上 2014）と定義される。ここで言う、認知プロセスとは、知覚・記憶・言語・思考といった情報処理のプロセスのことである。

　アクティブラーニングを促す教育技法は多様に存在している。まずはその種類を理解し、自らの授業において設定した目標に学生が到達するのに効果的なものを選択することから始める。最初のうちは、簡単なものを1つだけ取り入れることから始め、徐々に難易度の高いものにチャレンジしていくとよい（図表6-6）。

　次に、アクティブラーニングを実際の授業で使用するためには、事前の準備をしておく。例えば、入念にシミュレーションを行っておく、その進め方について丁寧に学生に説明し、指示する資料を作成する、分単位でスケ

ジュールを立てておく。そして、学生がアクティブラーニングを行っている最中には、ファシリテーションを行う。ファシリテーションとは、学生の効果的な学習を促すために教員が取り得る言動のことである（図表6-7）。

2.5　トレーニング技法

　講義法やファシリテーション技法は、主に認知領域の目標を学生に到達させたい場合に有効な教授法である。一方で、技能領域の目標の場合は、トレーニング技法が有効である。職場においてはOJT（On the Job Training）と呼ばれる、業務を通しながら上司が部下に必要な知識や技能を教えていくトレーニング技法がある。大学の授業においても、「演習」「実験・実習」に位置づけられる授業では、主に調査手法や機器や施設の使い方などの技能トレーニングを目的としている。「講義」に位置づけられる授業であっても、論文やプレゼンテーションの指導場面では技能トレーニングを行っている。

　最も分かりやすい例は、卒業論文、修士論文、博士論文を書かせるという研究指導である。研究指導において行われている教授法は、徒弟制として表現される（近田編 2018; 山田 2019）。しかし、職場における徒弟制がそうで

ステップ	教員の行為
①教員による準備	・作業の主要ステップ、キーポイント、理由を文書化する ・学生が作業について既に知っていることを調べる
②作業を見せる	・作業を説明する ・学生が作業について学ぶ興味を持たせる ・学生が教員の作業を観察しやすい位置に立たせる ・作業を3回やってみせる（説明は分かりやすく、完全に、そして辛抱強く。主要ステップ、キーポイント、理由を説明する）
③やらせてみる	・学生に作業を4回やらせてみる（最初は、学生に作業を黙ってやらせて、間違いを正す。作業をしながら、主要ステップ、キーポイント、理由を説明させる） ・学生が完全に作業を理解したと確信するまで作業を続けさせる
④フォローアップ	・学生に自分で作業させるが常時観察する ・学生が困ったときに相談に行く担当者を決めておく（常時観察はしない） ・質問するのを奨励する ・必要に応じて指導し、徐々にフォローアップを減らしていく

図表6-8　トレーニングの基本的なステップ［出典：ライカー／マイヤー（2008）を参考に筆者作成］

あるように、大学での研究指導においてどのような教育が行われているのか、その効果的な方法はどのようなものかについては必ずしも明らかになっていない。そこで、ここでは企業で特定の作業を教える際に使用されているトレーニングの技法を参考にして説明する。

　トレーニングの基本的なステップは、①教員による準備、②作業を見せる、③やらせてみる、④フォローアップ、の4つである。それぞれに必要な教員の行為については図表6-8に整理した。

3.　教授法の実施

3.1　実施の際の条件と制約

　これまで大学で使用するのに適した教授法について説明してきた。ここからは、それらの教授法を実際にどのように用いたらよいのかについて説明する。

　まずは、条件と制約を理解する必要がある。どの教授法を使用するのかについては、各教員が決定の裁量を持っていることが一般的であるが、その場合であっても条件と制約が存在している。所轄省庁の法令、所属大学・部局の方針によっては教授法が定められている場合がある。また、非常事態が発生した際には、各教員に教授法の選択の余地がなくなることも起こり得る。

　例えば、大学設置基準では、通学制大学の場合、卒業に必要な124単位数のうちメディア授業により修得可能な単位数は60単位までとなっている。そのため、各教員が自由に自分の授業を対面にするか遠隔にするかを判断した結果、学生が卒業に必要な単位数を修得できない可能性が生じる。

　また、教員が特定の教授法で教えたいと考えても、教育・学習環境が整備されていないために、実施できないこともある。対面授業に関して言えば、教室のサイズ（収容定員数）、形態（横長か縦長かなど）、機能（講義室なのか実習室なのか）、施設・設備（固定机か可動机か、スクリーンやディスプレイの有無や大きさ）、教材・教具の有無、ティーチング・アシスタント（TA）の配置の有無によって制約を受ける。また、遠隔授業に関して言えば、学生・教員の機器、通信環境、大学が導入しているLMS（学習管理システム）の有無や機能によって制約を受ける。

　さらに、開講時期や時間割によって制約を受けることもある。例えば、休日に学生を現場に連れてフィールドワークを行うことができるかどうかは大学によって異なる。

3.2　授業案の作成

　これらの条件や制約を踏まえて、まずは授業案を作成する。授業案とは、1回分の授業をどのように進行するかについての計画のことである。毎回の授業で作成する必要はないものの、新規に授業を担当する場合や教授法を変更する場合には、作成することが推奨される。

　授業案作成にあたって理解しておかなければならないのが単位制である。大学設置基準では、1単位を45時間と定めている。そのうち、講義形式の授業の場合は、15時間を授業、30時間を授業時間外学習に充てるのが一般的である。よって、2単位の対面授業を半期担当する場合、90時間（1単位45時間×2）の学習を想定する必要がある。その内訳は、30時間の授業時間と60時間の授業外の予習・復習時間となる。

　ここで言う90時間とは、単位時間（単位制上の計算時間）であり、実時間とは異なる。本来であれば60分を1単位時間として見なすのが分かりやすいが、そうではなく45分（実時間）を1単位時間として計算することが大学の慣習となっている。よって、120分（単位時間）が必要なところを90分（実時間）に短縮して、2単位時間と見なしているのである。

　1回分の授業で言えば、「同期×対面」の授業の場合、90分の授業時間と180分の予習・復習時間を想定する必要がある。「非同期×遠隔」の授業の場合、授業時間と授業外学習時間の区別がなくなるので、合計270分の学習時間を確保するように設計する必要がある。図表6-9に、1回分の授業の具体的な設計例を示す。

　なお、このように各教授法を配置する際には、学生が学習活動を行うために、どのくらいの時間が必要かという推定必要時間を計算する必要がある。推定必要時間を設定していなかったり、その計算が間違っていたりした場合、単位制で設定されているものとは異なる学習時間数となる。そのようなことがないように事前に入念に計算を行う必要がある。その方法は3つある（Starenko 2017）。

同期型対面教育と非同期型遠隔教育のハイブリッド型教育における1回分の授業案例

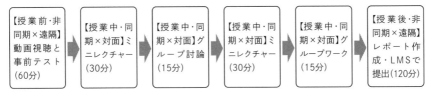

非同期型遠隔教育における1回分の授業案例

図表6-9　1回分の授業の設計例［出典：筆者作成］

①実験法：

　　授業の各学習内容を達成するにあたって、平均して学生が必要とする時間・労力を、教員自らの経験をもとにして計算する。

②近似法：

　　教員ないし授業設計者が、その課題を完了するのにかかる時間を出し、この数値に係数を掛けて計算する。

③調査法：

　　さまざまな課題を行っている学生を調査して、どのくらい時間がかかったかを尋ね、このデータを使って計算する。

3.3　教授法の実際と改善

　教授法を授業で使用する際、教員には柔軟性が求められる。授業案を準備したとしても、実際にはそれ通りには進まないこともある。例えば、教員が想定とは異なる進度で授業を進めてしまった結果、早く終わってしまったり、授業時間内に終わらなかったりということが生じる。そのようなことが起きても、非同期授業の場合は教材を作成し直すことが可能であるが、同期授業の場合は修正ができない。とりわけ初回担当時や教授法を変更した場合には、このような事態が発生することを予測し、対処法を事前に考えておく

必要がある。

　また、同期授業の場合、学生の予期せぬ反応から予定通りに進行しないこともある。質問への回答に想定以上の時間がかかったり、多くの学生が回答できなかったりした場合は、先に進まず再度説明を行うといった柔軟な対応が求められる。

　そして、教授法には、絶え間ない改善が必要である。「同期×対面」授業の場合、学生の反応から興味・関心や集中度の度合いを判断しやすいが、「同期×遠隔」授業の場合、学生が音声や画像をオフにしていることもあるため、その判断はしにくくなる。小まめに、学生に問いを発信してその出来を確認したり、文字入力（チャット）機能を使って常時質問を受けたりする工夫が必要である。授業中に、教授法の改善点に気づいた場合は、メモを取るなどして保存しておくとよい。

　学期途中や終了後に授業アンケートをとったり、授業前後に学生に直接インタビューしたりすれば、学生からの量的・質的なフィードバックを得ることができる。同僚との会話の機会は教授法を改善するヒントを得る上で有効である。大学での教授法に関する教科書や動画教材も入手しやすくなっている。大学内外では、教授法に関わるFD研修会も開催されている。これらを通して得られたデータやアイデアを参考にして、教授法の改善に日々努めることが大学教員には求められる。

参考文献

淺田義和（2020）「『遠隔教育』の区分とツールの選択」『週刊医学界新聞』第3374号（2020年6月8日）.

バーグマン，ジョナサン／アーロン・サムズ（2014）『反転授業』オデッセイコミュニケーションズ.

シャルル，クリストフ／ジャック・ヴェルジェ（2009）『大学の歴史』白水社.

Custers, Eugène J. F. M. and Olle ten Cate (2018) "The History of Medical Education in Europe and the United States, With Respect to Time and Proficiency," *Academic Medicine*, 93 (3): 49-54.

ホーン，マイケル・B／ヘザー・ステイカー（2017）『ブレンディッド・ラーニングの衝撃』教育開発研究所.

梶田叡一（2010）『教育評価（第2版補訂2版）』有斐閣.

木原由貴（2020）「広がるハイフレックス教育—コロナ時代のアメリカ高等教育」『教育学術新聞』第2809号（2020年7月8日）.

近田政博編（2018）『研究指導―シリーズ大学の教授法5』玉川大学出版部.

ライカー，ジェフリー・K／デイビッド・P・マイヤー（2008）『トヨタ経営大全1―人材開発（上）』日経BP社.

Maloney, Edward and Joshua Kim（2020）"15 Fall Scenarios: Higher Education in a Time of Social Distancing," *Inside Higher Ed*.

溝上慎一（2014）『アクティブラーニングと教授学習パラダイムの転換』東信堂.

中井俊樹（2015）『アクティブラーニング―シリーズ大学の教授法3』玉川大学出版部.

中島英博編（2016）『授業設計―シリーズ大学の教授法1』玉川大学出版部.

リース，フラン（2002）『ファシリテーター型リーダーの時代』プレジデント社.

坂井建雄・永島剛・町泉寿郎・海原亮（2019）『医学教育の歴史―古今と東西』法政大学出版局.

佐藤浩章編（2017）『講義法―シリーズ大学の教授法2』玉川大学出版部.

Starenko, Michael（2017）"Time on Task in Online Courses" ロチェスター大学イノベーティブラーニング研究所HP　https://www.rit.edu/academicaffairs/tls/course-design/online-courses/time-task

Turner, T.（2005）"Student Workload in the Online Course: Balancing on a Rule-of-thumb," *Educator's Voice*, 6（3）.

山田嘉徳（2019）『大学卒業研究ゼミの質的研究』ナカニシヤ出版.

演習問題

1．あなたがこれまでに受けた授業のなかで、印象に残っている教授法はどのようなものだったか考えてみましょう。

2．あなたの授業のシラバスのうち、任意の1回分の授業案を、予習と復習を含めて考えてみましょう。

3．その授業で新たにどのような教授法を追加すると効果的か、考えてみましょう。

執筆者紹介

佐藤 浩章（さとう ひろあき）

大阪大学全学教育推進機構教育学習支援部准教授

1997年北海道大学大学院教育学研究科・修士課程修了、2002年同研究科・博士後期課程単位取得退学。博士（教育学）。2002年4月より愛媛大学大学教育総合センター教育システム開発部講師・准教授、教育・学生支援機構教育企画室准教授・副室長を経て、2013年10月より現職。この間、ポートランド州立大学客員研究員、キングスカレッジロンドン客員研究フェローなどを歴任。専門は、高等教育開発。

予備校講師のキャリアを生かした
私の実践講義法①

社会情報大学院大学特任教授
廣政 愁一

1. はじめに

　講義法とは「学習者の知識定着を目的として、教育者が必要に応じて視聴覚メディアを使いながら口頭で知識を伝達する教育技法」（第6章）と定義づけされている。ここでは、多様な講義法のうち、教員から学生への一方向性を中心としたスピーチによる講義法について考えることとする。

　また、ここでの「実践」とは何であるかも定義しておきたい。

　理論と実践とよく言われるが、「理論家」とは、調査・研究などで体系的な理論を組み立てる人である。例えば、どのような講義をすれば学生があるべき場所に到達するのかの道筋を考える人が理論家である。一方、講義に関する「実践家」とは、その理論を踏まえて学生に講義をする人である。実践とはまさに現場のことを指す。そこで本コラムでは、実務家教員の現場での「講義」で何が求められているのかを、かなり踏み込んで議論していく。

2. 人前で「話す」ことの基本

　「何を言うかではなく、誰が言うのか」と言われるが、発信する側のわれわれは、その「誰」になるのかがとても大切である。それを講義設計にまで組み込むことで、伝達力を大きく上げることができる。

　もし、「発信さえできれば何でもいい」のなら、電子音声でもいいし、原稿を事務員が読むだけでもいいし、そもそもペーパーで事足りる。

　講義の実践家であるところの実務家教員は、「学生が聞く気になる先生」にならなくてはならない。

　そのためには、バックグラウンドの経歴だけではなく、先生の「見た目」「声」「立ち居振る舞い」といった、学生の本能に訴えかける部分に気を使う必要がある。自分を客観視する能力は、社会へ出て仕事をする際に非常に重要なスキルの1つだが、多くの学生に見られる教員という仕事こそ、自身を客観的に認知する能力（メタ認知）が求められる。

2.1　見た目

　清潔さは最低限必要であるが、最高の武器でもある。

　サッカー日本女子代表の佐々木則夫元監督は、なでしこジャパンを世界の頂点にまで押し上げた。しかし、佐々木氏はサッカーでは無名選手。しかも代表経験もない人が代表監督を務めるのは異例だ。そんな佐々木氏が選手の心をつかめたのは、妻の淳子さんのアドバイスが大きいという。「どんなに仕事ができる人でも、鼻毛1つ出ているだけで女性社員の信頼と尊敬を失ってしまう」と淳子さんに言われ、身だしなみを整えるのが日課になったという。おしゃれでなくても、散髪、アイロンのかかったシャツ、ジャケットくらいは気を使うべきである。

　クールビズとはいえ、くたくたのTシャツにスニーカー姿の営業マンからモノを買うことはないし、ダボダボの服を着ている店員から服の提案をされたくない。たとえ、清潔であっても普段着で接客する飲食店店員に食事をサーブされたくはない。

　実務家教員も同様である。実務家教員として何を教えるかまでの一貫性を考えて、学生から求められている見た目は何かを自らで考えていくことから、既に講義は始まっている。

> ┌ **ポイント** ─
> ・清潔感がベース。
> ・サイズの合ったものを身に着ける。
> ・伝えたいメッセージと学生から求められている外見を模索する。

2.2　声

　声そのものは変えられないけれども、声の大きさと話す速さは変えられる。

　マイクの使用にかかわらず、小さい声よりも大きな声の方がいい。大きな声でマイクの音量を小さくした方が説得力も迫力も伝わる。たいていの人は、自分が思っているよりもずっと小さな声しか出ていない。また、自信がない部分やあやふやなところに差し掛かると声が小さくなる人も多く、その時、聴衆は敏感にその不安部分を嗅ぎ取っていく。声色だけで一気に信頼感を失いかねないので、むしろ、自信がない部分に差し掛かった時ほど、堂々と大きな声ではっきりと語っていくこともテクニックの1つである。

　また、語尾がよく聞こえなくなる話し方も見受けられる。日本語は最後の部分で肯定か否定かが分かれる言語であるため、語尾をはっきりとしゃべることを意識する。

　速さに関しては、速いよりも遅いほうがいい。遅いというと語弊があるが、落ち着いた話し方の方が信頼感を生む。早口で2回言うよりも、1回はっきりと落ち着いて話すことで理解も深まる。特に、講義内容が多過ぎて時間が迫っていると早口になりがちだが、そんな時ほどゆっくりと落ち着いて1回で話し、内容自体を削った方が講義としての完成度は高い。

ポイント

・大きな声で話す。
・語尾をはっきり発音する。
・落ち着いて話す。

2.3　身振り

　座って講義するよりも立って講義した方が説得力が増す。特に黒板や教壇、教卓が用意されていればなおさら、それを道具にしながら権威づけのために使うこと。

　江戸時代の寺子屋と明治時代の義務教育における学校との違いは、黒板の登場で教師が書いたものに注目させながら学習させる一斉授業スタイルへの変更や、学び舎の塀や門の有無だと言われている。また、「掛図」という地図や図版を掲げて教師が説明するスタイルは、今のプロジェクター投影につながっている。

　　学校には校門が設けられ、周辺は塀で囲まれ、さながら非日常的な空間そのものであった。門と塀で囲まれた近代建築を見ると、刑務所と軍隊がある。まさに、子どもは学校という空間に取り込まれて管理されてゆく（沖田 2017: 171）

　学生は幼い頃から黒板と先生がセットという認識が植えつけられているので、聴く姿勢になりやすい。一方、ホワイトボードはそうした認識がないために、対等の関係が意識されがちである。その対等という特徴を生かして、英会

話教室で利用されることが多い。先生と生徒の英会話が促進されるためである。会社で「ブレスト」を行う時にもホワイトボードが有効であるが、仮に誰かが先生役で黒板を背景にしていたら、アイデアも出てこないし、議論も進まないであろう。小道具の使い方も「誰」になるかの実現の道である。小道具も生かして堂々としていることが大切である。

┌ ポイント

・立って堂々と教室を支配する。

2.4　どう見えているか（メタ認知）

　自分がどう見えているかをはっきりとさせるのが、「講義の録画」である。自分で講義力を上げる方法はこれに尽きる。世の中には受けたくない講義などいくらでもあるけれども、最も見たくない講義は自身の講義動画である。それを90分飛ばさずに、早送りせず見ること。自分では完璧な講義ができたと思っていても、実は想像しているよりもはるかに低いレベルの講義力であったことに愕然とすることだろう。

　「アゴを上げてしゃべっている」「視点が一定になっていない」「口癖が気になる」「『要は〜』『つまり〜』『基本的に〜』『変な話〜』『ぶっちゃけて言うと』などと言いながら係り受けができていない」「動き回っていて落ち着かない」などなど、無数のダメ出しを自ら行えるはずだ。自分の講義を自身で受けることが、自分の講義を聴く学生の気持ちになれる唯一の方法である。もちろん、生の講義を見てもらってほかの教員からのアドバイスを受けるのも有効だが、もし、アドバイスをもらうなら録画を一緒に見ながらにする方が、自身を客観的に見られるので納得感が得やすい。しかし、決して学生にアドバイスを求めてはならない。自信のある先生という立場を崩してはならないからだ。

┌ ポイント

・自分の講義を録画し、自身でダメ出しする。
・「教える（講師）→教わる（学生）」の関係を大切にする。

2.5　教える内容を熟知していること

　話し方に関する書籍としては、徳川夢生の『話術』（2018、新潮社）とD・

カーネギーの『話し方入門（新装版）』（2000、創元社）が私のお勧めである。これはテクニックも満載なので勉強になることが多い。大胆に解釈すると、この2冊に共通していることは「話す内容をどれだけ熟知しているかが話し方を決める」ということ。堂々と、朗々と、楽しそうに講義する教員の姿は、講義のテクニックが多少足りなくても、学生側の安心感や信頼感につながる。借り物ではない自身の経験に裏打ちされた講義内容であることが、実務家教員にとっての大きな強みになる。

> **ポイント**
> ・経験に裏打ちされた内容の講義をする。そのために、十分な予習をしておく。

3. 実務家教員の実践講義法とは

　スピーチによる講義法は、大まかにいって、「プレゼンテーション」「講演」「セミナー」「講義」「研修」に分けられる。私はそれぞれの講義法の特徴を次のように考えている。

3.1　プレゼンテーション

　自分の意見を聴衆に「伝える」ことが主眼にある。聴衆がどのようにインプットやアウトプットをしたのかではなく、聴衆が発話者の意見を聞くこと自体に狙いがある。

3.2　講演

　プレゼンテーションの狙いに加えて、感情を揺さぶることも重要になる。長時間のものが多い。スポーツ選手や芸能人などがするように、話す内容自体よりも、話を通じて聴衆にどのような「感動」を与えるかを狙いとする。

3.3　セミナー

　あるテーマを設定して、そのテーマに興味がある人を集めて実施するもの。テーマが絞り込まれているうえにしばしば有料であるため、聴衆の関心が高く、アンケートの結果はよくなりやすい。逆にテーマが漠然としていたり、関

心の低い人が無料で集まっていたりすると、アンケートの結果は悪くなる傾向にある。

3.4　講義

知識のインプットが主な目的。「0」を「1」にする情報伝達だといえる。映画1本分の時間を使ってインプットのために話すと捉えれば、講義はつまらなくなりやすい構造を持っている。

3.5　研修

ある程度の知識を前提にそれを使いこなす、あるいはアップデートすることが狙いとなる。「1」を「2〜10」にするものといえる。ほとんどの研修は自らの意志ではなく、会社の義務教育として受けさせられるものであるから、役に立つのは分かるがモチベーションが上がらない。アンケートの結果も悪くなる傾向にある。

実務家教員による講義法について、川山竜二は、次のように述べている。

> 実務家教員は自身の実務経験を振り返り、実践の理論を構築する必要がある。これまでの実務経験を単に振り返るだけでは、ただの持論や昔話になってしまう。そうではなく、実務を省察し論理を構築し、持論から実践の理論へと昇華させる必要がある。こうした実践の理論が生成される中で、従来の専門知と実践知の融合という新たな知識生産が社会から求められており、それらを実現するのに一役買うのが実務家教員なのである。（川山 2020: 41）

これを、先ほどのスピーチによる講義法についての私なりの整理を踏まえていえば、実務家教員による実践講義法とは、講義と研修を兼ね備えていながら、講演の要素の「感動」を取り入れるものが理想だということができる。「感動」とは「心を震わす」ことであるから、理解しやすいインプットとは違った切り口を用意する必要がある。

講義というアカデミックな部分と研修という実務的な部分を融和させて、さらにそこへ「感動」を織り込んでいく。学生の心を震わす必要性はその科目へ

の「動機づけ」を強くすることとなる。しかし、簡単に学生を感動させてやる気にさせるのはとても難しい話だと思われるだろう。それでもなお、それに挑戦しなくてはならない。「動機づけ」なくして生の講義などは何の意味もない。

> **ポイント**
> ・「講義」と「研修」を合わせて、「講演」の要素を入れることが実践講義である。

参考文献

沖田行司（2017）『日本国民をつくった教育』ミネルヴァ書房.

川山竜二（2020）「実務家教員とは何か」実務家教員COEプロジェクト編『実務家教員への招待――人生100年時代の新しい「知」の創造』社会情報大学院大学出版部，16-53.

執筆者紹介

廣政 愁一（ひろまさ しゅういち）

株式会社学びエイド代表取締役社長・社会情報大学院大学客員教授。

東進ハイスクール・河合塾講師（担当科目：英語）を経て、1997年に日本初の学校内予備校「RGBサリヴァン」を立ち上げ。2015年にはオンライン教育動画サービス「学びエイド」の運営を開始する。予備校講師や学校教員に勉強法を指導する「先生の先生」としても活躍中。著書に『勉強がしたくてたまらなくなる本』（2014、講談社）ほか。

教材研究

1. 教材および教材研究とは何か

　「授業」として思い浮かべているのは、どのような形態だろうか。教卓から教師が話し、学生がそれを聴講する「講義」だろうか。あるいは、何らかの「演習」を伴うものだろうか。「実験」「実技」や「実習」だろうか。また、教師と学生は同じ教室にいる状況を想定しているだろうか。それとも、遠隔授業や動画視聴、通信添削によって進めるだろうか。これらは全て、授業の形態としてあり得るものである。授業をどのような形態で進めるか、という議論も重要であるが、いずれの場合も、学生は何をもとに学ぶのかといえば、それは「教材」である。例えば、典型的な講義では、テキストやスライドをもとに、教師は学生に何らかの情報を伝えようとするわけだが、そこで使用するテキストをどれにするか、スライドをどのようにつくるか、といったことを教師は考える。このように、授業には教材が不可欠であり、何を教材として用いるかがその授業の質と量に大きく影響するのである。本章では、授業づくりのベースにある教材研究を取り上げ、その理論と実践上の留意点について解説する。

1.1　教材とは何か

　授業で使用する教材は、テキストやスライドばかりではない。学習者に何らかの作業を要求するワークシート、研究雑誌に掲載されている論文、新聞記事の抜粋などさまざまなものがあり得る。それでは、教材とは何か。新井（2016）は、これまでになされてきた教材の定義は一定ではないことを指摘しつつ、次のような定義づけを試みた。

　　　教育の目的・目標を達成するための内容を、教育の対象者に理解させるために制作・選択された図書その他の素材。広義には、教えるための道

具としての教具を含む。(新井 2016:
9)

　教材についてもう少し具体的に考える
ために、図表7-1の写真をご覧いただき
たい。この写真は教材といえるだろうか。
　授業中にこの写真を示すと、おそらく
学習者はその授業に何らかの関連がある
教材として見るはずである。しかしなが
ら、この写真ははじめから明確に教材と

図表7-1　これは教材といえるだろうか。

してあるのではない。ただ単に写真をスライドで投影した時点では、学習者
に対してその写真は視覚情報として目に映るが、それによって何を学ぶのか
が分からない。つまり、最初はただの写真である。ところが、教師が次のよ
うな発言を加えるとどうだろうか(ここでは、説明のために1文ごとに丸数
字の番号を付けて記述する)。①図表7-1の写真は、エダマメの苗の写真で
ある。②エダマメは、双子葉類である。③エダマメを育てるためのポイント
は何か。④エダマメに付いている虫は何か。⑤エダマメにはどのような品種
があるか。⑥エダマメの苗の適正価格を考えなさい。⑦エダマメの苗をモ
チーフにしたキャラクターを考えなさい。
　上記の①から⑦のような説明を加えることによって、その写真は単なる写
真ではなく、教材になる。しかも、同じ写真であっても、まったく別の意味
を持たせた教材にすることができるのである。すなわち、例えば、上記の説
明の①では、さまざまな種類の苗からエダマメの苗を選ぶという文脈で、②
では、植物の分類を学ぶ文脈で、③では、エダマメの育て方を学ぶ文脈で、
④では、エダマメそのものではなく、エダマメを好む虫について学ぶ文脈
で、⑤では、エダマメの品種を学ぶ文脈で、⑥では、エダマメの苗の生産に
ついて学ぶ文脈で、⑦では、芸術の分野でキャラクターづくりを学ぶ文脈
で、それぞれ教材としての意味を持たせることができる。

1.2　教材研究と関係概念としての教材・教具

　このことから分かるように、教材は、はじめからそこに「ある」のではな

く、何らかの教育的意味を持つことによって教材に「なる」のである。教材学の分野では、教材が「ある」ものなのか、教材と「なる」ものなのか、という論争が繰り返されてきたものの、小笠原（2013）が言うように、教材とは「何かの内容と学習者の認識とを関係づける概念」であり、「教材は確かに学習者において『なる』ものである」と考えてよい。この指摘にあるように、あくまで教材は「学習者において『なる』」ことに注意したい。結局のところ、教材は、学習の主体である学習者自身が何らかの意味を持たせて解釈するものである。そこで究極的には、教材は、学習者一人一人にとって違った意味を持つことになる。ところが、「それは、私秘的に主観的になることを意味しない。なぜなら、それは言語を用いて一定の社会的文脈と教師の適切な介在の場において生起するから」（小笠原 2013: 23）であり、ここに、学習者にとって教師の存在意義があると捉えられる。したがって、教師は、「教育目標を達成するために、何かの内容と学習者の認識を『教材』という概念で適切に関係づけようとする」（宮本 2013: 20）のである。この営為こそが「教材研究」である。

　ところで、先述の新井（2016）の定義では、「広義には教具を含む」とある。教具とは、それ自体に教育的な意味を持たないものの、授業をはじめとする教育行為に必要な道具のことである。例えば、スライドを投影するのに用いるプロジェクターは、プロジェクターの仕組みや操作方法など、プロジェクターそのものに関することを教育の目的にしていれば教材になるが、ただの道具として用いる場合には、教具となる。また、プロジェクターをある企画のプレゼンテーションのために用いる場合や、映画の上映などに用いる場合は、教具とはならない。このように、教具も「何かの物理的なモノを学習者の認識と関係づける働きの概念」（小笠原 2013: 23）であるが、それ自体が教育内容となっているかどうかによって教材と教具は区別可能と見ることができる。

　いずれにしても、ある素材を教材化して、それが教材として適切であるかどうかを判断しようとする場合、教材のもととなる素材のみによって議論することはできない。教材は、学習内容と学習者をつなぐ関係概念であるからこそ、必ず、教育目的や教育内容との対応のもとで、教材としての適切性を議論しなければならない。そして、「教材化する」という行為は、教育目的

や教育内容のみならず、授業展開や発問の仕方などの教育方法を検討することと同時に行われる必要がある。なぜなら、同じ教材であっても、提示の仕方によっては、意味合いが異なったり、学習者は教師が意図していなかった理解あるいは誤解を生み出したりするからである。そのため、実際に教材研究を行う場合には、教材だけではなく教具を含めて検討することになるはずである。

2.　教材研究の原理と高等教育における教材

　授業で用いる教材を研究するにあたり、いったい何を考える必要があるだろうか。いうまでもなく、その授業が取り上げる専門分野や授業の形態に応じて、適切な教材としての特徴があるはずである。本章でその全てを網羅することは不可能であるが、一方で、多くの場合に共通する視点を見いだすこともできる。例えば、教材研究の手順としては、まず、授業の目的・目標を設定した上で、取り上げようとする内容とそれに関連する教材そのものを分析し、次に、教育的効果が期待できる教材を選択し、そして、授業の中で教材を順序よく構成していく、という流れになるだろう。以下では、教材研究の際に共通して検討するべきポイントを、日本教材学会編『教材事典』での長谷川（2013）による整理、および長谷川（2008）の議論に依拠しつつ、高等教育での具体的な留意点を付け加えながら解説する。

2.1　教材の分析

　教材研究のはじめに行う「教材の分析」に関して、長谷川（2013）は、次の3つの視点を取り上げる。すなわち、人間の生活を念頭に置いて教材を分析する「一般的分析」、教材として取り上げる内容を専門的に分析する「専門的分析」、子どもの現実の関心や知識や能力を明らかにして、教材による子どもの成長の方向を分析する「教育的分析」である。これらの分析視点を、高等教育における教材に当てはめて考えてみよう。

　1つ目の観点である「一般的分析」については、教材として取り上げる内容が、現実的な場面でどのように機能するのかを分析する、ということである。すなわち、日常の場面や社会、自然における事物、現象などとして生起

する具体的な状況を想定するということであり、実学的な視点からその教材を分析するということである。そうした分析においては、実務経験に基づく事例を教材として関連づけることが有効になるだろう。

　2つ目の観点である「専門的分析」は、高等教育において特に重視すべきである。この観点は、教材として取り上げる内容を、専門科学的な知見をもとに分析し、学問体系の中に位置づける、という視点を指している。その際、問題解決や探究の結果としての知識のみならず、その知識が生成された過程についても位置づける必要がある。ただし、教師自身の何らかの経験によって得られた実践知を教材として体系化する場合、その作業を自己の経験の振り返りのみによって行うというのでは不十分である。その分野での既知の科学的知見や関連分野からも、専門的な内容や方法などを吟味しなければならない。

　3つ目の観点である「教育的分析」に関しては、長谷川（2013）による先の説明での「子ども」を「学習者」一般に置き換えて考えることができる。この観点は、学習者の興味や関心を持つような教材であるか、あるいは、学習者の知識や能力に合った教材であるか、という分析視点である。こうした視点は、高等教育ではついつい軽視されやすい傾向があるように思われる。教師からすれば、「勉強しない学生が悪い」と見る向きもあり、確かにそうした一面もあることは否定できない。ただ、学生の興味や学力レベルとかけ離れた教材を使い続けてしまうと、学生の勉学意欲喪失につながるおそれがある。自分の学生時代はこうだった、ではなく、受講している学生のレベルを意識しつつ、「勉強しよう」と思わせる教材が必要なのである。

　いずれにせよ、現実的な問題としては、中央教育審議会の答申「2040年に向けた高等教育のグランドデザイン」（グランドデザイン答申）でも国立教育政策研究所の調査をもとに指摘されているように、わが国の「大学1、2年生の授業出席時間の平均は1週間当たり約20時間、予習・復習の時間の平均は約5時間にとどまっており、授業以外の学修時間が非常に短い」（「グランドデザイン答申」p. 27）状況にある。確かに、経済的な理由でアルバイトに多くの時間を費やさざるを得ない学生もいるし、専攻する分野によってはより多くの時間を学修に当てている学生もいるため、一概には言えないものの、この平均学修時間は、あまりにも少ないのではないか。学生の

学習意欲をかき立てる意味でも、教材分析の際には、「教育的分析」の視点を忘れることなく、教師自身の強みを生かしながら、経験知を形式知化し、専門科学に接続する「一般的分析」や「専門的分析」を丁寧に行いたい。

2.2　教材の選択

　実際に授業で使用する教材は、分析した教材の全てではない。分析した教材から精選して使用することになるのである。長谷川（2008, 2013）は、エッガースドルファーによる教材選択の原理的観点を3つ挙げる。それは、この教材ならば学習目標が達成できる、もしくは学習目標に接近できそうであると想定される教材を求める「目標論的観点」、学習者の興味や関心を引き起こし、疑問や問題を喚起させる教材を求める「心理学的観点」、学習内容として学習者にとって重要な意義があると認められる教材を求める「価値論的観点」である。

　1つ目の「目標論的観点」は、そもそもの教育目標をどのように設定するか、ということに関連しており、その授業における当該教材の存在価値を問う第一義的な視点であるといえる。高等教育においても、科目全体の到達目標を含むシラバスに基づき、各回の授業の目標と内容が位置づけられるはずである。そこで、教材を選択する際、科目全体、あるいはその回の授業の目標達成に資するものであるか、という観点が極めて重要である。

　2つ目の「心理学的観点」は、教材分析の視点における「教育的分析」に関係している、といえるだろう。教材を選択するうえでも、学習者の興味や関心を引き起こし、主体的な学びが生まれるような視点を重視したい。

　3つ目の「価値論的観点」は、教材分析の視点における「専門的分析」に関連している。その教材は学習者にとって重要な内容を含んでいるか、というのは、学習者がその授業を受けた後、さらに専門的な内容を学んだり実践に生かしたりするうえでどうか、といったことを考える視点である。授業の時間は限られているため、科目全体の中で、あれもこれもと教材を盛り込むのではなく、本当に価値ある教材であるか、という視点から優先順位をつけて、選択する必要がある。

2.3　教材の構成

　教材分析と教材選択の観点をもとに、使用する教材の見通しがある程度立ってきたら、その教材をどのような順序で構成していくかを考えなければならない。これは、授業の構成を検討することに直接関わることであり、授業を構造化し、体系的に展開するための方法を検討することにほかならない。

　長谷川（2008, 2013）は、教材構成の方法として、次の３つにまとめている。第一には「演繹的構成」、第二には「帰納的構成」、第三には「発生的構成」である。

　１つ目の「演繹的構成」は、一般的・本質的内容から具体的・特殊的内容へと展開していく方法とされる。簡単な例として、花のつくりを理解させようとする場合を考えてみよう。演繹的構成の方法では、まず、アサガオを花の典型例として説明し、それによって、一般的な花のつくり（おしべ、めしべ、花弁、がく）を提示する。その後に、サクラ、アブラナ、チューリップを観察して、同じような花のつくりの例を広げて確認していく。この方法は、ややもすると、結論ありきの授業展開になってしまう。しかしながら、ここで挙げた例で言えば、具体的に観察を広げることによって、花弁がくっついているものとそうでないものがあるという、新たな発見を生み出すことも可能である。

　２つ目の「帰納的構成」は、具体的・特殊的内容から、一般的・本質的内容に迫っていく方法とされる。再び花のつくりの事例で考えてみよう。帰納的方法では、アサガオ、サクラ、アブラナ、チューリップなどいくつかの花を観察させ、そのあと、共通する花のつくりを見いだしたり説明したりする、という展開になる。別の例としては、「持続可能な開発」の概念を理解させることを目標に設定したとして、はじめから「持続可能な開発とは」と解説をするのではなく、例えば、まずは、海洋プラスチックの問題を具体的に取り上げる。その後、海洋プラスチックはどうして問題になるのかや、その他の地球規模の問題を探っていき、最終的に「持続可能な開発とは」という問題にたどり着く、といった方法が挙げられる。この方法は、授業のはじめに学習者の興味を引きやすいという利点がある。逆にいうと、最初に提示する問いかけや取り上げる具体例によって、学習者の関心の度合いや教師の意図する目標にたどり着けるかどうかが大きく変わってくるため、授業の導

入の場面における教材の選択が重要である。

　3つ目の「発生的構成」は、「これはどのようにして生まれてきたか」という物事の発生源を尋ねる方法とされる。長谷川（2008）では、ヴァーゲンシャインによる教授法の事例が紹介されている。それは、ピタゴラスの定理の証明を理解させるために、ピタゴラス以前の科学史的出発点（発生源）に戻って証明の方法を考察していくような方法である。また、長谷川（2008）は、桂・桂山（1996）による教育実践も紹介している。その授業は、大昔の音楽の謎に迫るべく、「遺跡から出てきた『弥生の土笛』をもとに、実際に土笛を粘土で作り、これを野焼きして、作成した土笛を自然の中の林で吹いて、大昔の音楽の音の発生を体験する」ものであった。このような「これはどのようにして生まれてきたか」という視点から教材を構成する方法は、高等教育においても有効だろう。

　それでは結局、どのように教材を構成していくのが理想的なのか、という問いが出てくるかもしれない。しかし、何にでも効果がある万能薬のような教材はあり得ない。教材研究は、学習者の実態を冷静に受け止めつつ、教育目標を達成するための教材になっているかを絶えず意識し、以上で述べた視点を手がかりに行うしかないのである。ただ、1つ付け加えるとするならば、その教育現場で教えた経験がある方のアドバイスや、同じ分野の授業の経験がある方のアドバイス、そして何より学習者の声や反応をもとに、教材を作成し修正を重ねていくことが、よりよい教材研究への近道になるだろう。

2.4　教材作成上の実践的な留意点

　高等教育で使用する教材の形式としては、テキスト、スライド資料、板書のほか、図書・論文・新聞記事の抜粋、各種データ、法規資料、省庁資料、ワークシートなどの配付資料、実習や実験の教材など、さまざまなものが考えられる。ここでは、特に使用頻度の高い、テキスト、スライド資料、板書、ならびに配付資料のうちのワークシートについて、留意点を簡単に解説する。

　まずは、テキストである。一般に、シラバスには、教科書として掲載するテキストと参考書を分けて書くようになっている。多くの場合、教科書として指定するテキストは、学生が必ず購入するが、参考書の場合はそうではない、という違いがある。そのため、テキストを数多く指定すればよいわけで

はない。学生はいくつもの授業を履修するので、教科書購入のための経済的負担を強いられることになる。そうした意味でも、そして授業内容を構造化する意味でも、教科書として指定するテキストは、精選されるべきである。ただし、資格の認定を受けている課程については、関連する教科書を指定しなければならない場合があるので注意したい。

スライド資料と板書については、それぞれにメリット・デメリットがあるため、これらを適切に組み合わせて授業を展開していきたい。例えば、スライド資料は、板書に比べてどうしても情報量が多くなりがちであり、学習者が理解するペースを大きく上回る内容を盛り込んでしまうことがある。一方の板書は、学習者の理解のペースに合わせた情報量にはなるものの、色使いやデザイン、図表やデータの提示などの面から見ると限界がある。スライドか板書かという、どちらかのみに頼るのではなく、柔軟に組み合わせて対応したい。

ワークシートは、受講者が自分で書き込むなど、学習のための作業を行わせることが意図された配付資料である。例えば、キーワードの穴埋めや記述形式で書き込むものや、ワークシート中の資料を読み取るもの、探究課題を見いだしたり成果を表現したりするもの、ディスカッションの際にメモを取るためのもの、観察、実験、実習、調査などを進める補助となるもの、ラーニングポートフォリオなど、さまざまな用途が考えられる。受講者はノートを取るはずなので、ワークシートは必須とは言えないものの、例えば、受講者全体でディスカッションしたい場合は、共通の項目立てをしておいた方が便利である。ワークシートによって、教師が意図した展開のもとで授業を進めやすくなることが多いため、活用してみたい。

3. 教材作成と著作権

3.1 著作権を持つ著作物

著作権法[1] では、著作物を次のように定義している。

著作物　思想又は感情を創作的に表現したものであつて、文芸、学術、美術又は音楽の範囲に属するものをいう。（第2条第1項第1号）

教材を作成する際、さまざまな資料を参照して、引用や複製を行いながら利用することになる。その際、利用する資料に対する著作権に留意する必要がある。著作権は、知的財産権の１つであるが、申請や登録を行わないと権利が発生しない産業財産権など（例えば、特許権など）とは異なり、著作者がその権利を取得するための申請や登録を行う必要はない。「著作物が創られた時点で『自動的』に付与するのが国際的なルール」（文化庁著作権課2019: 1）となっている。したがって、基本的には、全ての資料に著作権が付されている（＝著作物である）と捉えた上で、例外に当てはまるかどうかを検討する、という手順をとった方が分かりやすいと思われる。

著作権法第10条には、以下のような著作物が例示されている。

- ・小説、脚本、論文、講演その他の言語の著作物
- ・音楽の著作物
- ・舞踊又は無言劇の著作物
- ・絵画、版画、彫刻その他の美術の著作物
- ・建築の著作物
- ・地図又は学術的な性質を有する図面、図表、模型その他の図形の著作物
- ・映画の著作物
- ・写真の著作物
- ・プログラムの著作物

これらの著作物はいずれも、教材として利用する可能性があるものであり、教材作成の際には、著作権に留意する必要があることが分かる。ただ、例えば大学で、１つ１つの授業で用いられる教材について、著作権の観点から第三者がチェックした後に授業に臨むというのは、作業量の問題から、多くの場合、現実的ではない。したがって、教師一人一人が、著作権について理解した上で、責任を持って教材を作成する必要がある。著作権の処理は一見難しく感じるかもしれないが、そもそも著作権は著作者の権利を保護する観点に立ったものである、という前提に立てば、自ずとポイントが見えてくるはずである。

　なお、著作権について学ぶ資料としては、例えば文化庁著作権課（2019）『著作権テキスト―初めて学ぶ人のために』がある。ポイントがよくまとめられているため、参照されたい。

3.2　教育機関における著作物の利用

　さて、それでは、教材作成にあたっての著作権の留意事項をもう少し考えてみよう。おそらく、読者の多くは、著作物を教育的な目的のために利用するのであれば例外規定が適用される、という理解をお持ちのことと思われる。このことに最も関連する条文は、次に示す著作権法第35条である。

> 　学校その他の教育機関（営利を目的として設置されているものを除く。）において教育を担任する者及び授業を受ける者は、その授業の過程における利用に供することを目的とする場合には、その必要と認められる限度において、公表された著作物を複製し、若しくは公衆送信（自動公衆送信の場合にあつては、送信可能化を含む。以下この条において同じ。）を行い、又は公表された著作物であつて公衆送信されるものを受信装置を用いて公に伝達することができる。ただし、当該著作物の種類及び用途並びに当該複製の部数及び当該複製、公衆送信又は伝達の態様に照らし著作権者の利益を不当に害することとなる場合は、この限りでない。（第1項）

　上記の第35条により、確かに、教育的な目的のためであれば、著作権者の了解なしに「公表された著作物」を複製することが認められているように見える。しかし、「教育目的です」といえば何でもありというわけにはいかない。第35条を詳しく見てみると、まず、この条文が適用されるのは、営利を目的としていない学校その他の教育機関であるということが前提と分かる。ただし、そうした機関で利用するのであればどのような場合であっても複製が認められるか、と問われれば、それは否である。複製してよいのは教育を担任する者及び授業を受ける者であり、つまり、教師または受講者ということになる（ただし、ティーチング・アシスタント（TA）などのように、指示に従って作業してくれる人に頼むことは認められる）。そして、あくま

で複製が認められるのは、その授業の過程における利用に限られる。そのため、具体的には、例えば学校内での教職員の会議や保護者会、あるいはオープンキャンパスなど、授業以外で利用する場合は、著作権者の了解を得る必要がある。また、必要と認められる限度において、とする制限とただし書きにより、基本的に、複製が認められるのは受講者の人数に応じた部数までであり、複製の範囲も、授業に必要な範囲のみであり、著作物の大部分の複製とならないようにしなければならない。

　ここまでは、「授業である」ことを前提に考えればおおよそ理解できることであるが、特に見落としがちなのが、ただし書きの内容「当該著作物の種類及び用途」によって「著作権者の利益を不当に害することとなる場合」である。例えば、ドリルやワークブックに代表される問題集のように、利用しようとしている著作物が、個々の受講者自らが購入することを想定して販売されている場合、それを複製して受講者に配付してしまう行為は、著作権者の利益を不当に害することとなる。したがって、ある問題集を用いて受講者に問題演習させたい場合には、その問題集を受講者に購入させる必要がある。

　なお、インターネット上の動画などを教材として利用する際は、それが、著作権を侵害した形で違法にアップロードされている動画などでないことを確認するべきである。

3.3　出所の明示

　著作権法第35条第1項の条件を満たした上で著作物を複製する場合に、関連してもう1つ注意が必要なのは、第48条の「出所の明示」である。第48条では、第35条第1項の規定により著作物を利用する場合に、出所を明示する慣行があるときは、出所を明示しなければならない、とされている。そのため原則として、教材を作成する際は、著作者、タイトル、出版社名、発行年などの情報を明示しておきたい。出所の明示は、著作者の持つ権利を保護するだけではなく、教材作成上、次の2つの意味でも必要である。

　第一は、受講者に対する著作権教育のためである。教師が、著作権に配慮しながら教材を作成、提示することによって、その授業の受講者に対し、著作権に配慮する習慣づけを行うことができる。毎回、著作権に配慮して引用している、ということを教師が話さなくとも、受講者に対して暗に伝えられ

るのである。逆に、出所の明示が不十分である場合、教師が意図していな
かったとしても、受講者に対して、著作権の保護をなおざりにする習慣づけ
をしてしまうかもしれない。このように、授業は、教師の考え方や習慣に
よって、潜在的に、暗黙のうちに何らかのことを受講者に伝える機能（潜在
的カリキュラム）があることに十分留意する必要がある。

　第二は、授業を行う教師が、自身の資料の出所をすぐにたどれるようにし
ておくためである。例えば、ある年に授業で使用したスライドを、次の年に
アップデートしたいと考え、スライドを修正しようと考えた。スライドで
は、ある文献を複製や引用していたが、それだけでは受講者に伝わりにくい
ので、その続きを加えたいと思った。しかし、そのとき、出所が不明確であ
ると、どの資料をたどればよいのか分からなくなってしまうのである。これ
は、授業のスライドを別の機会に流用する場合も同様である。さらに致命的
なのは、時間が経って、それが複製による資料なのか、教師自身の資料なの
かが分からなくなってしまい、複製元と自身の見解が混ざった資料になって
しまうことである。もはやこうなると、教師が気づかないうちに、盗用して
いることになってしまう。こうした事態を防ぐためにも、教師も受講者も分
かるように出所を明示する必要がある。

　なお、教育機関における複製に関する第35条の規定にかかわらず、第32
条には引用に関する規定がある。これにより、主従関係や引用部分が明確に
なっているなどの諸条件を満たしていれば、出所の明示をした上で引用する
ことができる。

3.4　遠隔授業における著作権

　以上の内容は、基本的に、面接授業（対面授業）または主会場の授業を副
会場に向けて同時中継する授業に対して適用されるものである。一方、ICT
を活用して教育を行う中で、オンデマンド授業やスタジオ型のリアルタイム
配信授業など、主副会場の同時中継ではない方式で遠隔授業を行う場合も想
定される。そうなると、以前の著作権法では、遠隔授業での著作物利用にあ
たって個別に権利者から許諾を得る必要があったため、手続きが煩雑になる
などの問題があった。そこで、2018年の著作権法改正により、指定管理団
体に一定の補償金を支払うことにより、個別に著作者の許諾を得ることな

く、授業の過程で著作物を利用することが可能となった。当該教育機関がこの制度を利用することで、例えば、オンデマンド授業やスタジオ型のリアルタイム配信の授業での教材、授業の予習・復習のためにメール配信する教材に、著作物を複製して利用することができる、というものである。

　この法改正は、特に、教育におけるICT活用を促進するとともに、授業形態の多様化に対応することが念頭にあったわけであるが、2020年に流行した新型コロナウイルス感染症（COVID-19）対策としての授業の対応にも効力を発揮した。全国各地で遠隔授業が行われる状況となり、その際の教材の著作権が問題となるところであったが、上記改正の内容が2020年4月から早期施行かつ2020年度に限り無償（2021年度以降は有償）で利用できることとなり、著作権の問題を円滑に処理しながら遠隔授業を展開できるようになった。

注
1）本章での著作権法に関する記述は、平成30年7月13日公布（平成30年法律第72号）改正、令和2年4月28日施行の内容に基づく。

参考文献
新井郁男（2016）「第1章 教材とは」日本教材学会編『教材学概論』図書文化.
文化庁著作権課（2019）『著作権テキスト―初めて学ぶ人のために（2019年度版）』.
長谷川榮（2008）『教育方法学』協同出版.
長谷川榮（2013）「教材の構成」日本教材学会編『教材事典』東京堂出版，28-30.
桂直美・桂山美奈子（1996）「『大昔の謎』の授業―発生的音楽教育 法の検討」『三重大学教育実践研究指導センター紀要』16: 51-64.
宮本友弘（2013）「教材研究」日本教材学会編『教材事典』東京堂出版，20-21.
小笠原喜康（2013）「教材の概念」日本教材学会編『教材事典』東京堂出版，22-23.

演習問題

1．実際に授業を行う科目を想定し、その授業の第 1 回で使用する
　　ワークシートを作成しましょう。
2．また、そのワークシートについて、当該授業の目標、および本章
　　で触れた教材研究の各視点についての検討内容を説明しましょう。
3．オンラインで授業を実施するにあたって、資料作成の仕方で対面
　　授業と変わる点は何でしょうか。考えてみましょう。

執筆者紹介

石﨑 友規（いしざき とものり）
常磐大学人間科学部准教授・社会情報大学院大学先端教育研究所兼任講師
筑波大学大学院博士後期課程人間総合科学研究科学校教育学専攻単位取得満期
退学。日本学術振興会特別研究員（DC2）、常磐大学人間科学部助教などを経て
現職。主な研究テーマは、理科における探究学習に関する研究。著書に『理科教育基礎論研
究』（2017、協同出版、共著）、主要論文に「探究学習における『ディスカッション』の意義」
（2013、『理科教育学研究』）、ほか。

第8章

研究指導

1. 研究指導とは

　本章で扱う研究指導とは、学生自らが問いを設定し、研究課題の探究に取り組むことができるようにするための、教員による継続的な指導・助言・支援を指す。本章は、卒業論文や卒業研究での指導や、研究室・演習（ゼミ）単位での指導を念頭に置き、その要点を解説する。なお、本章で取り上げる研究指導の発想法は、学生による課題探索を重視する演習や実習、PBL（課題解決型学習）型授業にも応用可能である。

　卒業論文や卒業研究、研究室・演習（ゼミ）単位での研究指導が授業を通じた教育指導と異なるのは、①課題探究が学生自身による問いの設定を通じて展開することに主眼があり、教員の役割はそのためのフィードバックにあること、②比較的長期的な関わりのなかで指導が行われること、③教員－学生間の関係性のみならず、学生間の関係性のなかでも学びがあること、である。

　学生が主体的に取り組むことができるよう、教員は、適度に介入しつつも、学生を見守る姿勢が求められる。

2. 研究指導のプロセス

　研究指導は、学生の研究課題への取り組み状況に即して進められる。その過程は、①研究計画の立案、②先行研究や事例の探索、③調査方法／実践手法の検討・実践、④論文／報告書の作成に大別される。そしてその各段階で、研究内容に関する発表や討論を行うこととなる。すなわち研究指導は、自ら行う論文執筆（第13章参照）のノウハウを、学生が遂行できるよう言語化、伝達していくことと言い換えることができる。

　本節では、各プロセスにおける研究指導の要点を見ていく。

2.1　研究計画の立案

　学生自らが研究課題の探究に取り組むにあたって、最初に求められるのは、研究テーマに対して適切な問いを設定し、研究の見通しを立てることである。適切な問いの設定にあたっては、やりたいこと・やる価値のあること・やれることのバランスを取ることが重要である（近田編 2018: 23-27）。

　問いの設定の第一段階で行うことは、学生の持つ問題関心を言語化してやりたいことを明確化することである。だが、単に言語化しただけでは、問いを設定できたとはいえない。

　なぜなら、研究課題を探究するにあたっては、理念的には、その課題が学術的な新規性を持つことが必要であるからである（新規性がないのであれば、先行研究を調べるだけでその課題に解は与えられてしまうはずである）。そこまで要求するものではないとしても、研究課題は少なくとも、探究する学生自身にとって、探究する価値のあるものであることが求められるだろう。

　また、時間・費用・能力などの制約に照らして、実行可能な問いのサイズを設定することも必要である。例えば卒業論文であれば、本格的な研究活動に初めて取り組むという状況のなか、1 年間という期間のなかで、多くの場合就職活動に取り組む期間を含みつつ、研究課題の探究を行うことになる。そうした制約に照らして、実行可能な問いになっているかどうかを検討する必要がある。これは、課題探究の難易度が高く、あまりに難しいものとなり過ぎてはいけないということであるが、他方で、難易度が低く、あまりに容易／時間がかからないという事態も望ましくない。

　すなわち教員は、学生自身が探究したいと思う問題関心を起点に、やる価値があるかどうか、種々の制約に照らしてやれるかどうかを勘案しながら、学生が適切な問いを設定できるよう支援していくこととなる。そしてその支援は、個別相談の時間を設けたり、演習の時間に集団で個別の学生の課題を検討したりする形で行うことが考えられる。

　具体的には、例えば、次のような方法が考えられる。

　　・研究計画を記すための様式を用意して、学生自身の問題関心の言語化を促す
　　・関連する先行研究を紹介してそれとの異同を問うことで、研究課題の

学術的な位置づけを検討する
・論文や報告書の執筆など、研究課題の完成までのスケジュールを段階別に立て、研究課題の完成のために求められる時間やスキルを検討する

　いずれにしても重要なのは、教員が学生にとって適切な問いを用意するのではなく、学生自身が適切な問いを設定できるよう支援することである。学生自身に考えてもらったうえで、学生自身が見えていないと思われる点や見込みが過剰になっている点などを指摘する、あるいは、学生の考えを教員の専門領域における発想法に置き換えてまとめ直してみることで、学生自らが納得できるような問いの設定を促すことが、教員には求められる。

　研究計画や問いは、一度設定してしまえば研究の最後まで一貫しているわけではない。むしろ、進行状況に応じて絶えず見直されるものと考えたほうが現実に即している。先行研究に触れたり調査をしたり論文を執筆したりするなかで、学生の持つ関心が当初考えていたものとはずれていくことは、しばしばある。問いをさらに焦点化・具体化していく必要があったり、反対に、一般化・普遍化していく必要があると判断されたりする。そのように問いが変更された結果、研究の手法や進め方の見直しを行うこともある。立案された研究計画は、絶えず見直し、修正されるべきものなのである。

　問いや研究の方法が当初とは変化してきていないか、変化しているのであれば、研究計画はどのように見直されるべきなのかは、演習や個別相談における研究内容の検討と同時に検討されるものだといえる。そのような見直しを円滑に進めるためにも、研究計画は、研究課題探究の当初に一度しっかりと立案される必要があるだろう。計画がなくては、学生が今どのような状況に置かれているのかを判断する術を、教員のみならず学生も持てなくなってしまうからである。

　研究計画の改善についても、学生自身で考えられるようになることが望ましい。教員は、学生の進行状況を見守りつつ、場合によっては辛抱強く見守り、場合によっては改善のきっかけとなるような問いを発するといった対応を取ることが求められる。

2.2　読み・書き・調査

１）先行研究を読む

　研究計画の立案に伴って、また研究課題の探究にあたって学生が着手することになるのは、１つに、研究課題に関連する先行研究を読むことである。先行研究を読むのは、単に知識を身につけるためだけではない。次のように読むことによって、論文の書き方を学ぶために読むという側面も持っている。

　　　・研究課題をめぐって、多様な立場・主張・解釈があることを認識したうえでそれを批判的に読み解く
　　　・研究課題についての実証的な研究の遂行手段・方法を学習する
　　　・論文や報告書を書くにあたっての論証の方法を学ぶ
　　　・自身の調査研究の社会的位置づけ／学術的位置づけを明らかにする
　　　・調査方法や分析枠組みの組み立て方、論理展開の手法を学ぶ

　その意味では、読書ノートの作成の仕方を指南したり、文献講読型の演習の機会を設けたりして、書籍や論文の読み方やまとめ方について指南することも重要となるだろう。

　また、学生に先行研究として提示する書籍や論文は、直接的な先行研究に限られない。先輩にあたる学生が書いた卒業論文や報告書のバックナンバーは身近な目標やお手本になる。新聞記事や新書は、入手が比較的容易で読みやすく、読書を進めていくための入門として適しているといえる。また、研究課題をめぐる基本的な理論や事項を押さえるためには、専門分野における入門書や「古典」と呼ばれる定評のある研究書を読むことも有益である。

　さらに、読書を進めるにあたっては、次に読むべき書籍や論文を見つける術を身につけることも重要となる。読んだ書籍や論文の参考文献リストに記載されている書籍や論文を手繰ったり、図書館の蔵書検索システムやCiNiiなどの論文検索システムを使った検索の方法やコツを伝えていくことも有益である。

２）調査に取り組む

　調査や研究の計画が定まれば、学生は具体的な調査に取り組むこととなる。

　問いに応じた適切な調査手法を選択することができているか、計画に照らして進捗状況はどうかを学生の報告のタイミングで確認し、適宜アドバイスをしていくこととなる。具体的な手法は、専門領域によって多様であるが、調査についての方法論的な検討をする書籍や論文は分野ごとに豊富にあるため、それらを手がかりとして指導にあたることが考えられる。

　学生の問いに応じた適切な調査手法を選択することになるため、その手法や鍵となる概念は、指導にあたる教員と同じものになるとは限らない。そのため、教員自身が学生の選択する調査手法や鍵となる概念に必ずしも習熟していないということも実践の場面では生じ得る。その場合には、学生の進捗に応じて、教員自身がその領域について先回りして学習していくということもあるだろう。自身の持つ知識や経験をもとに手がかりとなる参考文献を探索し、そこから主要な議論を押さえていくということになる。なお、自身の研究や実務の領域からあまりにもかけ離れる場合には、ほかの教員に助言を求めたり、あるいは、指導教員を変更するかどうかを検討することも考えられる。

　聞き取り調査や調査票調査など、第三者の協力を仰いで調査を実施する場合には、協力してくれる調査対象者への配慮が欠かせない。そのような配慮や調査倫理について伝達することも、教員の役割となる。

　調査対象者への配慮として想定されるのは、人権の尊重、プライバシーの保護、調査対象者が被り得る不利益の想定やそれへの配慮、生命倫理や安全に関する法令などの遵守である。所属大学や専門領域の主要学会が定める研究倫理綱領や調査倫理に関する議論を参考に、調査時の対象者への十分な説明と合意を得るための方法、入手したデータの扱い方など、具体的な事例をもとに指導をしていくことが重要となる。

3）論文や報告書を書く

　論文や報告書は、研究計画に基づく調査研究の成果として書かれるものである。その意味で、論文や報告書は、研究期間の最後に書かれるようにイメージされやすい。

　しかしながら、実際のところ、論文や報告書は、研究期間の初期の段階から書かれるべきものである。それは、論文を書き進めようとすることによっ

て、論理的な思考が深まったり、あるいは欠けている資料や論点が何かを明らかにする効果があるからである。学生には折に触れて書くことを求めるべきだといえる。

　学術論文は、専攻分野によって違いがあるとはいえ、①序論、②方法、③結果、④考察、⑤結論といった形で、ある程度記述の様式が定まっている。こうした様式は、論理的な文章を構成する一助となるため、様式を手がかりに構成を組み立てることを促すことは、指導方法の1つとなり得る。

　また、学術論文や卒業論文は、フォントや文字の大きさ、1ページあたりの文字数、ページ番号の挿入など、形式や体裁上の決まりが定められていることも多い。執筆の最終段階で整える余裕がなくなってしまうことも多いため、体裁については、調査研究期間の当初から習慣として身につけるよう伝え、演習などでの報告でも同じ様式を使うよう求めることがよいといえる。

　ここまで、研究計画の立案・先行研究の検討・調査の実施・論文や報告書の執筆について、順を追って取り上げてきたが、実際の調査・研究は、その順番通りに進むわけではない。論文や報告書を書くなかで、リサーチ・クエスチョン（RQ）を見直し、別の先行研究にあたって調査にあたり直すというように、同時並行的・再帰的なプロセスをたどることが多い（近田編 2018: 31）。計画通りにならない可能性を教員・学生とも認識しつつ、調査研究に取り組むことが重要性を持つ。例えば、研究期間の中間地点で、最終的に求められる分量の半分を書き上げて報告会を開くなど、執筆に関する課題を締切を伴って設定することも考えられる。

2.3　報告とディスカッション

　研究計画や進捗に対する指導は、多くの場合、演習や個別指導での学生からの報告を通じて行われる。

　研究課題について報告を行い、質問やコメントに応じることは、学生にとって、研究が評価されるポイントや課題を整理するためのよい機会となる。また、あらかじめ指定された日に報告を行うことは、研究課題を前に進めるための大きな原動力となる。

　具体的な報告の方法は、報告の狙いに応じて選択することとなる。フル

ペーパーの文章を読み上げる報告形式は、文章構成や内容の正確性を厳密に検討するのに適しているが、単に文章の棒読みになってしまったり、時間がかかり過ぎてしまったりするおそれがある。全体の構造や関係性の把握には、詳細な文章のチェックよりも、内容を要約したレジュメ形式での報告が適している。図表などが多い場合には、スライド形式の報告を選択することとなる。スライド形式の場合、文字色やアニメーションなどの装飾の多用によって、かえって報告が分かりづらくなる可能性がある点に注意が必要である。

　報告時間も、報告の狙いによって検討する必要がある。例えば1人あたり15分以内などの時間制限を設けることは、限られた時間内で必要な内容を整理するための訓練につながり、学会報告や成果報告会での報告など、学外での報告のための練習の機会となる。他方で、調査研究の遂行にあたっての課題をいわば棚卸ししたり、書かれたものの論理的整合性を検討していったりする場合には、時間を制限しないで発表・議論をすることも考えられる。

　報告について質問やコメントのやりとりをする議論の時間を持つことは、調査研究について学生が気づきを得るための最も重要な要素である。議論の時間については、できるだけ長くとることが望ましい。

　報告者に対する指導は、報告の内容のほか、声の大きさ、スピード、間の取り方など、報告での話し方が適切であるか、聞き手にとって読みやすいように報告ツールが使われているかといった点も対象となる。

　割り当てられた報告を無断でキャンセルしたり、直前に休んだりしないといった基本的なルールについては、あらかじめ学生全員に伝えると効果的である。学生の報告を議論の起点とする授業は、報告がなされなければそもそも成り立たないことを伝えるとともに、報告は、報告時点での進捗状況を共有して困っていることや迷っていることを相談する場であって、報告結果だけの評価を行う場ではないことを伝えることが重要である。困っていたり進んでいなかったりするからこそ相談したくなく、締切を守れないからこそ連絡をしたくないと思う傾向の学生もいるなかで、それに先回りして解を与えておくということである。

　なお、報告と議論は、報告者の存在だけで成り立つものではない。聞き手との相互作用によってつくり上げていく性質を持つものであり、聞き手の側

の指導も重要となる。

　聞き手への指導のポイントは、報告者の言いたいことに沿って報告を聞き、その意図がよりよく伝わるような示唆を与えるような内在的なコメントを心がけるということである（上野 2018）。質問やコメントは、報告者が言語化できていなかったことや気づいていなかったことへの気づきをもたらすためにあるのであって、報告者を論破したり困らせたりするものではないという点については、あらかじめ伝え、共通理解を持っておくことが重要である。なお、議論の時間で発言する以外に、報告者に渡すコメントカードを用意して、報告と議論の時間に聞き手に書かせるという方法もある。

　また、他者の報告のよい点や、指摘されている点について、自分の調査研究に当てはめるとどうかという観点から学んでいくことを促すことも重要である。

3.　研究指導の場面

　具体的な研究指導の場面は、大きく分けて、演習（ゼミ）・研究室での集合形式での指導と、教員 − 学生間での個別面談からなる。ここでは、それぞれの場面での指導の要点を解説する。

3.1　演習（ゼミ）・研究室

　ゼミと呼ばれる演習形式の授業は、文献講読や研究報告、プロジェクト活動に取り組み、ブレインストーミングやピア・レビュー、ディベートといった手法を用いて、教員 − 学生間のみならず学生間での相互作用を通じた学びを促す点に特徴がある。授業計画の骨子は教員の責任で立てるにしても、ゼミで学び、教える主役は学生であることを学生・教員とも共通理解をもって、授業に臨むようしかけていくことが重要である。

　また、分野によっては、授業科目としてのゼミの枠を超えて、教員と研究課題を同じくする学生からなる研究室単位で活動を行うこともある。研究課題について授業時間外に検討する時間をグループミーティングのような形で持ったり、コアタイムが設けられていたり、ティータイムがあったりすることもある（近田編 2018: 73–74）。また、合宿や OB・OG 会などのレクリエー

ションを設定することもあるだろう。このようなタイプの研究室では、年度末や年度当初には、研究室に所属する学生募集を行ったり、研究室での活動についてのオリエンテーションが実施されることとなる（近田編 2018: 103）。学生同士の結びつきを適度に強め、相互に切磋琢磨して学び合う環境を、学生主導でつくり上げていくことがポイントとなる。

　なお、ゼミや研究室の運営にあたって、教員はその責任を負う立場にあることには注意を要する。考えられるリスクは、大別して、安全に関するリスクと、人間関係上のリスクである（近田編 2018: 79–81）。

　安全に関するリスクとして挙げられるのは、設備品の破損や汚損、研究室での事故である。研究室での活動にあっては、教員のみならず学生にも危険が生じ得る物品を扱う可能性があることから、運用規則の整備と徹底を行い、事故が起きた際の対処法を確認しておくことが重要となる。

　人間関係上のリスクとして挙げられるのは、研究室のメンバー間での感情的な対立が発生することや、研究室で発生する作業が特定のメンバーに偏り、他方でほとんど何もしないフリーライダーが発生することである。こうした事態に対して教員は、基本的にはメンバー全体に注意を促したうえで、当事者となるメンバーに対して個別指導を行うこととなる。

3.2　個別面談

　卒業論文などの指導にあたっては、授業時間以外にも、研究室などで学生と個別に研究課題について相談に乗ったり指導にあたったりすることがある。学生との関係形成にあたってポイントとなるのは、次の諸点である（近田編 2018: 83–85）。

- ・約束した時間を守る
- ・1回あたりの面談時間は長くとも1時間までに収める
- ・学生の話を聞くことを優先し、問題関心や進捗状況、基礎学力などの把握に努める
- ・学生のタイプに応じて、課題を小刻みに出したりまとまった大きさの課題を与えたりするなど、最適な面談ペースを確認する

　個別面談を具体的に実施していくにあたっては、学生の話をよく聞き、置かれている状況についてよく判断したうえで問いかけをし、目標を明確化したり、目標にたどりつくための道筋を明らかにしたりしていくことが求められる。

　問いかけやアドバイスの中身の適切さは、学生の研究課題遂行上の自立度や理解度による。どのようにやるのかを実際に教員自身がやってみせてそれをまねするように指導するという方法もあれば、学生が調べてきた内容をもとにした議論のなかで新たな課題を探し、その解決を促すということもあり得る。

　個別面談での指導には、企業の現場で上司が部下に行うコーチングのスキルを応用することができるといえる。コーチング・スキルとは、「他者の能力を引き出すことに優れた人のコミュニケーションを体系的にまとめたもの」（本間・松瀬 2015: 12）を指すが、その典型的な進め方にGROWモデルがある。GROWモデルは、①Goals（目標の明確化）、②Reality（現状の把握）、③Resource（資源の発見）、④Options（選択肢の創造）、⑤Will（意志の確認、計画の策定）の5つのステップからなるが（本間・松瀬 2015: 125–150）、企業における上司－部下の関係のみならず、研究課題への取り組みにおける教員－学生間の関係にも応用できるものといえる。各パートについて学生が何をどこまで考えているのかを傾聴によって確認しつつ、課題を明確化する問いかけや承認をしていく手がかりとされたい。

4.　研究指導を通じた規範意識や能力の醸成

　これまで見てきたように、研究指導における教員の役割は、主として、学生が自ら問いを立てて研究課題を遂行できるよう支援することである。

　これに付随して教員に求められる役割もある。1つは、研究課題の遂行にあたって求められる研究倫理についての指導であり、いまひとつは、学士力ないし社会人基礎力の醸成である。

4.1　研究倫理
　研究倫理は、学術的成果の発表や利用に関する知識の適切な扱い方を指南

するものである。そしてそれは、研究者教員に限らず、実務家教員や学生を含む学術研究に取り組む者全てが守るべき規範としての認識をもち、それに基づく行動を行うべきものである。

　研究倫理の要点は、研究不正の防止と研究公正の追求である。研究不正の防止としては、捏造や改ざん、盗用を行わないこと、研究費の不適切な使用をしないことなどが挙げられ、研究公正の追求としては、調査対象者のプライバシーへの配慮、調査研究で得られた情報の適切な管理などが挙げられる。

　所属大学や学協会が定める倫理綱領に目を通し、それに基づいて学生に研究倫理についての考え方を伝えていくことになるが、要点として挙げられるのは、研究コミュニティへのリスペクトを持ち、その社会的信頼を失わせたりコミュニケーション・コストを増大させたりするようなことを厳に慎むこと、さらに、調査研究で関わることとなる人々の人格への配慮を十分にすることである。

　研究倫理に関する指導は、学生の進捗状況に合わせて、調査を実施する段階においては調査対象者についての配慮に関する確認を行い、論文を執筆する段階においては出典の明記について指導を行うなど、具体的な場面に基づいた指導をしていくことが重要である。研究ノートの記録や保存の方法、オリジナルデータの保管方法などに決まりのある分野である場合には、その記載の方法についても示していくとよいと思われる。

　また、指導という観点からは、完全に不正あるいは配慮を欠くとはいえない可能性があっても、疑わしいケースについては積極的に介入して学生の意図を把握していく必要がある（近田編 2018: 57）。そのうえで、それがはたから見るとどのように映るのか、どのような対応が求められるのかについての指導を行い、研究倫理に背くような行動が生じることを未然に防ぐように対応していくことが肝要だといえる。

4.2　学士力／社会人基礎力

　大学教育を通じて学生が身につけることが期待される能力をまとめたものに、「学士力」や「社会人基礎力」といったものがある。「学士力」とは、2008年の文部科学省中央教育審議会答申「学士課程教育の構築に向けて」（学士課程答申）で、大学教育に共通する学習成果に関する参考指針として

示された能力である。①知識・理解、②汎用的技能、③態度・志向性、④統合的な学習経験と創造的思考力という4つの柱からなる。また、「社会人基礎力」とは、経済産業省が2006年に提唱した、「職場や地域社会で多様な人々と仕事をしていくために必要な基礎的な力」を指す。①「前に踏み出す力」、②「考え抜く力」、③「チームで働く力」の3つの能力からなる。

　これらの能力は、大学教育全体を通じて醸成していくことが期待されている能力だが、卒業論文や卒業研究などの課題探究への取り組みは、実践を伴って総合的にこれらの能力を身につけていくための格好の機会となる。踏み込んで言うならば、卒業論文や卒業研究などへの取り組みは、大学での学びと社会での能力発揮の橋渡しの役割を担っているといえる。実際の学生への指導にあたっては、必ずしもこうした側面を強調しなくてもよいが、頭の片隅に置いておくとよいだろう。

5. 研究指導に関するリスクと注意点

　研究指導は、教員−学生間での人間関係形成を伴って展開する。そこには、教員と学生の関係が構造的に非対称性を内包することに起因するアカデミック・ハラスメントが発生するリスクがある。また他方で、研究指導の範囲を超え出るような学生支援への関与が求められる可能性もある。

　本節では、研究指導に関するリスクや学生支援に関する発想法について検討する。

5.1　ハラスメント

　教員−学生間の人間関係は、学生の研究成果を評価して、学位審査や卒業判定を行う権限を教員が持つがゆえに、構造的な非対称性を内包する。そのため、教員の意図としては親切心から行ったことであっても、場合によっては、学生には威圧や強制と受け止められ、研究教育の場における権力を利用した嫌がらせとしてのアカデミック・ハラスメントと見なされるおそれがある。

　教員としては、教員−学生間でいかにフラットな関係性を築こうとしても、学生側には構造的な非対称性が認識されやすい点に常に留意したうえ

で、大きな認識の齟齬が生じないような対応策を考えたい。

　最も重要なのは、学生を感情を持った人格的存在と捉え、学生の特性に応じた人格的配慮を欠かさないということである。そのうえで、研究課題に関する問題の指摘は研究内容に特化して行い、人格的評価とは切り離すということである。自身の成果物に対する評価は、自身の人格的評価と結びつけて捉えられやすいことから、この点は、教員が心がけるのみならず、学生に対して折に触れて明示的に伝え、評価の捉え方についての認識を共有しておくべきだと思われる。

　さらに、個別指導を密室化しないことも考えたい。面談記録を残したり、ほかの演習や研究室の教員にも指導を仰げるような体制を築いたりして、第三者の視線の入る余地を残しておくことが考えられる（近田編 2018: 90-91）。

　なお、ハラスメントについては、ほかの教員との関係で学生から相談を受けることもあり得る。その場合には、まずは学生の話によく耳を傾け、そのうえでただちに関係窓口と相談できる体制を築くこととなる。各大学にハラスメント相談窓口やハラスメント対応についてのマニュアルがあるため、あらかじめ確認しておきたい。

5.2　学生生活支援

　研究指導にあたる教員は、学生との距離が近く、接触の頻度が高いことから、研究指導にとどまらない学生からの相談を受ける最初の窓口となることがしばしばある。そうした相談を受ける姿勢として重要なのは、学生の話をよく聞いて、その置かれている状況をよく知ることであるが、この際、学生の個人情報を守ることに留意しつつも、研究以外の相談は学内の学生相談窓口につないで、集団的に対応していくことを念頭に置きたい。心身の不調の相談、ハラスメントの相談、留学生支援、障害学生支援、経済支援については、多くの大学で相談窓口を有しているので、着任時点でどのようなサポート体制がとられているのか、あらかじめ確認しておきたい。

　なお、研究指導や研究室の運営にあたっては、留学生や障害を持つ学生、経済的に余裕のない学生、多様なセクシュアリティを有する学生など、さまざまな学生がいることを念頭に置くことが重要である。この際、研究成果の

完成という到達目標に至るために必要な個別対応は当該学生の必要に応じて実施することになるが、全体の運営上の工夫や配慮次第で解消したり問題が軽減したりすることが考えられる部分については、そのような形で対処していくことも検討したい。

6.　おわりに

　これまで述べてきた研究指導の要点をまとめるならば、研究課題に取り組む主役がほかならぬ学生自身であることを意識して支援を行うということである。そのためには、学生の話をよく聞くことが重要となるのであり、そのための環境づくりとして、研究室や演習・個別相談の場を困ったことの相談の場として位置づけておく必要がある。

　教員の役割はまた、研究や実践に没頭することの楽しさを、その取り組み姿勢を含めて伝えることにある。研究指導の実践の場面においては、学生が関心を持つことを教員があらかじめ十分に知っているわけではないということもあり得る。それはただちに問題となるわけではない。むしろ、それが自身の専門領域に関連する領域であるならば、学生とともに学んでいく姿勢を見せることこそが重要となる。学生に対して常に超越的な立場を維持するというよりもむしろ、同じ領域で関連する研究課題に取り組む一員として、切磋琢磨していく環境をつくり上げることを意識したい。

　あまり気負い過ぎず、学生との議論を楽しみながら、自らの研究や実践にも役立てられる余裕を持つことや、学生の一挙手一投足に一喜一憂するのではなく、学生の研究期間の全体を俯瞰して捉えたうえで、適度に状況確認をしつつも、見守ることのできる場面はできる限り見守る姿勢を持つことが、よい環境で研究指導を行うためのポイントとなるだろう。

参考文献
本間正人・松瀬理保（2015）『コーチング入門〈第2版〉』日本経済新聞出版社.
近田政博編（2018）『研究指導』玉川大学出版部.
上野千鶴子（2018）『情報生産者になる』筑摩書房.

演習問題

1. あなたの専門分野を理解するために適した入門書や定評のある研究書を、3冊以上リストアップしてみましょう。
2. あなたが学生に勧める、調査についての方法論を紹介した書籍を1冊挙げ、それがお勧めである理由を考えてみましょう。
3. 「学士力」について調べ、各項目について、あなた自身が運営するゼミでは具体的にどのような能力が身につくのか、文章化してみましょう。

執筆者紹介

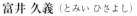

富井 久義（とみい ひさよし）
社会情報大学院大学准教授
筑波大学大学院人文社会科学研究科博士課程修了。博士（社会学）。日本学術振興会特別研究員（DC2）、茨城大学社会連携センター社会連携コーディネーター、事業構想大学院大学准教授を経て現職。専門はボランティア論・市民社会論・環境社会学。主な研究業績に「森林ボランティアの社会的意義の語られ方」（2017、『環境社会学研究』）、「先端教育と『学習機会の保障』社会構想から逆算し支援策の検討を」（2020、『月刊先端教育』）など。

第 9 章

学習評価法

1. 学習評価とは

1.1 学習評価とは

　「評価」という言葉から連想されるイメージとしてどのようなものが思いつくだろうか。「評価する側・される側がいる」「結果が点数で示される」「結果に納得感がない」「自己評価と他者評価では差があることが多い」といったものが代表的だろう。評価は、教育現場だけでなく、企業などにおける人事考課などでも行われており、その結果は被評価者に大きな影響を与えるものである。

　大学ではさまざまな評価が行われている。授業ごとにつけられる成績評価をはじめ、学生の学習時間と学習成果の関係分析、学生による授業評価アンケートなどが挙げられる。本章では、大学で行われている評価のうち、学生の学習活動に対する評価を取り上げる。実務家教員（だけではないが）を目指す際に押さえておきたい重要なポイントとなるため、しっかり学んでいただきたい。

1.2 学習評価の意義

　評価結果は被評価者に対して大きな影響を与えるものであることは前述の通りである。だからこそ評価は公平・公正、厳密に行われる必要がある。では、教員が一方的に評価することだけが評価であろうか。そうではない。佐藤編（2010）は、評価は教員が学生の理解度を確認するだけでなく、次の機能があるとまとめている。

　　・学生自身が復習をし、授業で学んだことを整理する機会
　　・学生が自分の理解度を確認するための機会
　　・学生がさらに学ぶ機会を獲得する機会

つまり、「評価は、学生がその結果をもとに行動を起こすために実施されるものであり、その後の学習を促進するために行われるもの」であって、「教員と学生のコミュニケーションの場でもある」のである（佐藤編 2010）。

また、教育学者のジョージ・ブラウン（George Brown）は、「学生の学習を変えたいと思うなら、評価の方法を変えなさい」（Brown et al. 1997）と述べている。そのくらい学習活動における評価には重要な意義があるということであり、学生の学習に大きな影響を与えるということである。

1.3　なぜ学習を評価するのか

学生の学習を評価するのはなぜか。最大の理由は、「学生の理解度を確認するため」である。しかし、「理解度」とは何の理解度なのか。「理解度」とは、狭義では、当該の授業科目で設定された「到達目標の到達度」のことである。だからこそ、学生との「契約書」であるシラバスで提示した「到達目標」と「評価」の整合性が重要なのである。広義では、大学・学部・学科単位で定められているディプロマ・ポリシーの到達度と捉えることもできる。

ちなみに、前述の「当該授業科目における到達目標の到達度」を点数やS・A・B・Cのような評定で評価することが「成績評価」であり、その評価結果が「成績」である。

大学を設置するための最低基準を定めている「大学設置基準」では、成績評価について次のように定められている。

（成績評価基準等の明示等）
第二十五条の二　大学は、学生に対して、授業の方法及び内容並びに一年間の授業の計画をあらかじめ明示するものとする。
2　大学は、学修の成果に係る評価及び卒業の認定に当たつては、客観性及び厳格性を確保するため、学生に対してその基準をあらかじめ明示するとともに、当該基準にしたがつて適切に行うものとする。

この条文が意味するのは、第1項は「授業方法や内容をシラバスで提示する」、第2項は「単位を付与することになる授業科目の成績評価やその積み上げの結果として行われる卒業認定の基準はシラバスや履修規定等で提示

し、評価や認定はそれらの基準に基づいてしっかり行う」ことが求められている、ということである。これは、シラバスが学生との「契約書」であることを鑑みれば至極当然であることは自明だろう。

　しかし、評価とは、単に理解度を確認するだけが目的ではない。以下、学習評価の目的と意義を5つの点から確認する。

1）学生の学習の質を上げるため

　事前・事後学習を含め、授業を通して学生に期待されるのは、「質の高い学習経験」である。学習における高い質とは、単に成功体験だけではない。場合によっては、成功体験よりも（大き過ぎない）失敗経験から得るものの方が大きいこともある。これらを質の高い学習につなげられるかどうかは、もちろん学生自身によるところが大きいのだが、教員による評価がその一端を担うことにつながっていることも意識したい。学生にとっては、成績評価は非常に関心の高い項目であり、シラバスに書かれている成績の評価方法や評価割合などは、学生の学習動機にプラスにもマイナスにも大きな影響を与えるものである。以上の点も含め、評価が大きなポイントとなることを理解する必要がある。

2）学生の意欲を向上させるため

　学生にとって、学習成果が納得のいく形で評価されれば、学習の意欲が増すし、より意欲的な学習につながることが期待される。そのためにも、教員は責任のある評価をしっかり行うことが求められる。

3）学生の努力を認めるため

　必ずしも成功につながらない場合であっても、学生が主体的・能動的な学習をしたのであれば、その努力を認めて何らかの形で評価することも大切である。学生にとっては、目の前の成績評価そのものより、むしろ努力を評価されたことによる成長（感）の方が、その後の人生に大きな影響を与えることもあるだろう。

4）授業や指導の改善のため（教育の質の保証）

　授業担当者が自分一人のみの場合、当該授業科目における教授法や教材、学生へのアドバイス、成績評価に至るまでの過程の全てを自分一人で行う必要がある。例えば、課題の採点をしていて複数の学生が同じ間違いをしていると気づくことがあるだろう。その場合は、多くの学生の理解度が期待されるレベルに達していないおそれがあることから、授業などで補足的な指導をすることの必要性を検討する必要がある。このように、評価を通じて授業や指導の改善につながることもあるのである。

5）最終的な成績を評価するため

　当該の授業科目で設定された「到達目標」の「到達度」を測定して点数やS・A・B・Cのような評定で評価することが「成績評価」である。「成績評価」とは、あらかじめシラバスに設定した授業科目の到達目標に対して、学生が学習によりどれだけ達成したかを何らかの方法で測定し、合否判定を行う行為であって、学習評価の全てではないことに留意する必要がある。

2.　学習評価の5つの構成要素

　学習評価には、目的（時期）・主体・対象・基準・方法の5つの構成要素がある。評価を行うためには、授業科目の到達目標との関係を勘案しながら、これらの要素を意識して設定することが求められる。

2.1　目的（時期）

　学習評価を何のために行うのか、ということである。目的そのものについては前節で触れているので、本節では、佐藤（2018）をベースに、目的と深く関わりのある評価の実施時期の面から解説する。

2.1.1　診断的評価（Diagnostic Assessment）

　学習を始める前の段階で、既に持っている能力（学力やレディネス）を調べる評価のことである。例えば習熟度別のクラス分けのためのプレイスメントテストはこれに当たる。また、どういうタイプの学生がいるのかというこ

とを把握すれば、グループ分けをする際の参考にすることもできる。

2.1.2　形成的評価（Formative Assessment）

　学習の途中で行う評価のことである。例えば、授業中における学生への発問や学習状況の移り変わりを調べる小テストなどを繰り返すことにより、学習の質的な管理を行うことができる。教員から学生への一方的な評価ではなく、教員と学生の双方向の評価ということができる。換言すれば、指導と評価が一体化した評価ともいえる。

2.1.3　総括的評価（Summative Assessment）

　学習の終了後に、どの程度学習目標を達成することができたかを最終確認する評価のことである。期末テストやレポート、ラーニングポートフォリオなどによる方法がとられることが多い。狭義では、授業科目の成績評価がこれに当たる。

2.2　主体

　これは、「誰が」評価するのか、ということである。授業科目であれば、教える側（教員）と教えられる側（学生）の双方が存在するので、教員が学生を評価する「他者評価」はイメージしやすいだろう。しかし、現在の大学における学習評価としては、他者評価のみならず、学生自身による「自己評価」も行われている。

2.2.1　他者評価

　他者評価としては、3つの主体がある。1つ目は一般的に分かりやすい「教員」である。教員が学生を対象として評価するケースである。狭義としての成績評価がそれに当たるが、学習の前に行う診断的評価や途中で行う形成的評価でも行うことがある。2つ目は、「学生」である。学生が教員を評価するケースとして、学生による授業評価アンケートが挙げられる。3つ目は、「学生」が「学生」を評価するケースである。例えば、看護教育の場で、患者役の学生が看護師役の学生を評価するといった場合である。

2.2.2　自己評価

　「自己評価」とは、学生自身が行う評価のことである。例えば、学生自身が立てた目標に対して、どの程度目標を達成できたかを評価する場合などが挙げられる。自己評価は、学生自身が学習を振り返り、学習の改善につなげることができるというメリットがある。一方、学生によっては、実際には能力が低いにもかかわらず、自分の能力を高く評価してしまう（ダニング・クルーガー効果）というデメリットもある。

2.2.3　相互（ピア）評価

　「相互評価」は「ピア評価」とも呼ばれるが、同じ立場の者同士が相互に行う評価のことである。例えば、同じグループでのグループワークにおける役割をどの程度果たしていたと思うかを相互に評価することが挙げられる。学生による相互評価の場合、教員が把握しにくい部分を評価できるというメリットがある。そのメリットを生かすためには、学生同士が相互に理解し合い、ほかの学生から批判を受け入れることのできる雰囲気がクラス内に醸成されていることが必要である。

2.3　対象

　対象とは、「何を評価するのか」ということである。評価は、学生が授業の到達目標に対してどれだけ到達したかに対して行われるものである。また、成績評価の項目と到達目標を対応させると、より学習を促進させることができる。そのためにも、それぞれの目標を測定するのに適した方法を用いることが大切である。

2.3.1　ブルームの教育目標分類（タキソノミー）

　では、どのような対象を測定するのか。1956年にベンジャミン・ブルーム（Benjamin S. Bloom）が提唱した「タキソノミー（教育目標分類）」を参考にまとめてみる。ブルームのタキソノミーでは、教育目標が「認知的領域」「情意的領域」「精神運動的領域」という3つの領域から構成され、それぞれの領域における教育目標が階層的に示されている（図表9‐1）。

段階	認知的領域	情意的領域	精神運動的領域
6	評価		
5	総合	個性化	自然化
4	分析	組織化	分節化
3	応用	価値づけ	精密化
2	理解	反応	巧妙化
1	知識	受け入れ	模倣

図表9-1　ブルームの教育目標分類（タキソノミー）［出典：梶田（1983, 2010)］

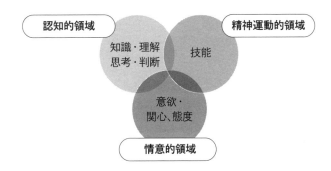

図表9-2　教育目標分類と測定対象の関係［出典：佐藤（2018)］

2.3.2　具体的に何を測定するのか

　それぞれの領域で測定する具体的な対象として、認知的領域は「知識・理解、思考・判断」を、精神運動的領域は「技能」を、情意的領域は「意欲・関心、態度」をそれぞれ測定することを想定すると分かりやすいだろう（図表9-2）。

2.4　基準

　当該授業科目として設定した到達目標に対して、学生がどのくらい到達したかを測定するために必要なものが基準である。評価基準は、「絶対評価」「相対評価」「個人内評価」という3つの観点から考えることができる。

2.4.1　絶対評価

目標の達成度を基準に評価する。合格点の範囲内で得点分布を調整せず、得点そのままの値を成績の評点とする。そのため、全員が満点になったり、全員が不合格になったりすることもある。

2.4.2　相対評価

集団の中での位置づけを基準に評価する方法である。例えば、得点の頻度分布をとり、生じた分布により成績を段階に分けて決定する。大学や学部・学科によっては、優・良・可やS・A・B・Cの割合の目安が設定されていることもある。

2.4.3　個人内評価

教員が設定した目標や、他人との比較から相対的に評価しない、学生個人の成長（感）を評価する方法である。個人の学習成果を積極的に評価することができるというメリットがある。

2.5　方法

具体的な方法としては、テストやレポートといったものがまず思いつくだろう。榊原・中島（2018）は、図表9-3のように評価の種類と方法をまと

種類	評価方法・種類		
試験	中間・期末試験 短答式テスト Webテスト	小テスト 多肢選択式テスト LMSを活用したテスト	確認テスト 論述テスト
レポート	演習問題レポート 論述式レポート 問題作成レポート	調べ学習型レポート 振り返りレポート	
実演・成果物	口頭試問　　面接 プレゼンテーション	ディスカッション 作品　　実践させる	
その他	ノートチェック コメントペーパー（ミニッツペーパー） 授業中の発言（回答・内容等）	ラーニング・ポートフォリオ	

図表9-3　評価方法の具体例［出典：榊原・中島（2018）］

めている。

　これらの方法をどのような観点から選択すればよいのだろうか。3つの観点から具体的な方法を分類する。

2.5.1　直接評価・間接評価

　「直接評価」とは、端的に言えば教員がつけた成績のことである。例えば、標準テストや客観テストなどによる評価が挙げられる。一方、「間接評価」とは、例えば、自己診断や意識レベルを確認するアンケートの回答に基づく学生の自己評価のことである。

2.5.2　客観評価・主観評価

　「客観評価」とは、評価のよりどころが客観的に担保されている評価のことである。例えば、多肢選択問題や心理テストなどによる評価が挙げられる。「主観評価」としては、観察評価やレポート評価などが挙げられる。

2.5.3　量的評価・質的評価

　「量的評価」とは、あらかじめ構造的に定められた選択肢などを用いて、結果を数値化する評価のことで、多肢選択問題による評価が例として挙げられる。一方、「質的評価」の代表例としては、レポートに対する評価が挙げられる。

2.5.4　到達目標に適した評価方法

　学習評価の方法はいろいろあるが、その設定は目標に合わせて設定されることが必要である。中島編（2016）は、目標と評価方法の関係を図表9-4のようにまとめている。

　なお、図表中のポートフォリオ（ラーニングポートフォリオ）とは、学生の学習履歴を蓄積したもので、近年ではウェブシステムを利用する大学が増えてきている。そのため、大学ではeポートフォリオと呼ばれることもある。ラーニングポートフォリオは、学生自身が回答した各種アセスメントの履歴や、授業での課題、グループワークの活動履歴の入力など、学生が振り返ることで成長を実感することのできる環境でもあることが特徴である。評価者

	知識・理解	思考・判断	技能	関心・意欲	態度
客観テスト	◎	○			
記述テスト	○	◎			
レポート	○	◎	○	○	◎
観察法	○	○	◎	◎	○
口頭（面接）	◎	◎		◎	○
質問紙法				◎	○
実演		○	◎	○	○
ポートフォリオ			○	○	○

図表9-4 目標と評価方法の対応［出典：中島編（2016）］

の立場から見ると、学習の過程を評価するのに適している。

3. 到達目標と学習評価の関係性・適切性

当該授業科目における到達目標にどのくらい到達したかを測定することが必要になるが、それが学習評価であることは繰り返し述べてきた。したがって、到達目標と学習評価はしっかりリンクしていないといけないことになる。本節では、到達目標と学習評価の関係性について確認していくこととする。

3.1 逆向きの設計

授業設計と同様、学習評価についても「逆向きの設計」が重要である。学

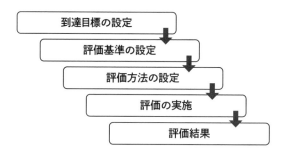

図表9-5 到達目標から評価方法を考える［出典：佐藤（2018）］

習評価の「逆向きの設計」の考え方は、図表9-5の通りである。

3.2　測定可能な方法で評価する

　シラバスの到達目標は測定可能な行動目標で提示することが求められている。学習評価は到達目標とリンクしているのだから、その方法は測定可能になっていることが必要である。換言すれば、測定できない方法で評価をしてはならない、ということである（到達目標の具体的な書き方については、第5章を参照のこと）。

3.3　ディプロマ・ポリシーとの関係性

　それぞれの大学・学部・学科では、ディプロマ・ポリシーが定められている。大学・学部・学科によっては、当該授業科目の学習が、到達目標だけでなく、ディプロマ・ポリシーとの関係性を明示することを求めている場合があることにも留意が必要である。その場合、当該授業科目の到達目標をディプロマ・ポリシーと完全に一致させる必要はないが、少なくともディプロマ・ポリシーを意識した到達目標・評価方法を設定する必要がある。

3.4　評価方法の適切性の検討

　学習評価が学生に大きな影響を与えることから、評価方法を設定する際に確認したい観点について、栗田・日本教育研究イノベーションセンター編（2017）をベースに7点挙げる。

①教育性

　梶田（1988）は、「評価の客観性や厳密性より教育性のほうが、無条件に優先されるもの」と述べている。学生自身がより学習を促進することのできる方法を選択することが望ましい。

②妥当性

　到達目標の達成度を測定する方法として適切かどうか。

③客観性

　採点者間による結果の一致性が担保されているか。

④信頼性・厳密性

結果の再現性が担保されているか。

⑤公平性

全ての学生に対して公平な評価が担保されているか。

⑥実行可能性

時間的・経済的なコストなどを考慮して実際に評価できるか。

⑦効率性

時間的・経済的な実用性は検討されているか。

4. 具体的な評価方法

１）筆記テスト

筆記テストには、主として知識の確認などに適している客観テストのほか、学生が自分の考えを自由に述べることを求める論述テストがある。

高校までの教科教育をベースとした論述型の試験・テストでは、多くの場合、解答として望ましい方向性がある程度そろうものが多い。しかし、大学教育における論述型の試験・テストでは、多面的・批判的なものの見方や論理的思考力自体を問うことが多い。もちろん、論じるために必要となる前提知識や各種情報を適切に取捨選択することも求められるが、解答として望ましい方向性が１つに絞られるというケースは必ずしも多くはない。つまり、解答自体に多様性が認められているということである。この点が高校までの教育と大学での教育における学習観の差異であり、結果として評価の差異につながっている。この点を学生が理解しておくことも必要である。

２）学生の成果物

学生にレポートや論文、実験記録、実習記録などを課し、それらを評価する。個人で作成することが多いが、グループワークの成果の場合もある。

３）実技

例えば、看護系や福祉系の学部・学科における授業・課題では、機械の操作や模擬看護などの実技によって評価する場合がある。

４）観察

　試験やレポートといった機会を設定しなくても、日々の学生の学習状況を観察することで評価することも可能である。例えば、授業中における態度やグループワークにおける積極性、協調性を見る場合などが挙げられる。

５）対話・口頭による確認

　例えば、実習における評価を行う際、学生がどのような意図をもって考え、判断して、行動したのかといった内容を直接聞き取ることで確認することができる。時間がかかることもあるが、実習記録などでは明らかでなかった部分が明らかになることもある。

６）ラーニングポートフォリオ

　学生が作成したノートやレポート、作品などを収集・蓄積したものをラーニングポートフォリオという。ウェブ上にあるポートフォリオのことをeポートフォリオと呼ぶこともある。ラーニングポートフォリオによる評価は、結果だけでなく、学習のプロセスを評価することが可能であるという特徴がある。また、教員のみならず、学生自身が学習を振り返ることができるという利点もある。

5.　よりよい評価をするために

5.1　評価を実施する際の条件

　評価は教員側が行うことが多いため、その前提や基準が教員の中で閉ざされていることが多い。しかし、学生の学習をより促進するため、評価方法をよく練ることが必要である。また、評価基準を公開しておくことも1つの方法である。佐藤（2018）は、以下のような工夫例を提示している。

・評価する内容を事前に学生に伝える。
・学習した範囲全体をカバーするように問題を作る。
・授業の目標としたレベルを中心にして難易度の異なるレベルの問題を出す。

・評価を受けながら学習内容の復習ができるように配置する。

これらの方法を全ての授業で実践できるわけではないが、学生の学習評価を充実させることができるのであれば、取り入れてみるのも一案である。

5.2　ルーブリックを活用した評価

ルーブリックとは、定量的には評価しにくいレポートなどの成果物やプレゼンテーションなどのパフォーマンスを評価する際に使用される評価方法のことで、定性的な評価に適している。通常は学習プロセスの中の場面を切り出して作成する評価規準（項目・観点）を縦に、評価規準の到達レベル（尺度）を横にした表形式で作成する（その結果、表の1つ1つの枠に記された内容を「評価基準」という）。この評価表に基づき学習者の行動を評価する。

このルーブリック評価のメリットについて、山田（2013）は以下のようにまとめている。

【ルーブリック評価のメリット】
①どの程度まで努力すればどのような評価が得られるのか明示されており、行動指針が明確になっている。
②学生が自らの学習活動を評価できる。
③結果だけではなく、プロセスも評価できる。
④採点開始から終了まで評価がぶれない。
⑤異なる人が評価しても同じ結果が得られる。
⑥教員による評価と学生による評価を比較検討できる。
⑦採点時間を短縮できるうえに、詳細なフィードバックが可能である。

また、ルーブリックの具体的な作り方として、以下の3点に留意すると、作成および利用（評価）時に混乱を防ぐことができる。

1）評価規準（項目・観点）には、複数項目を混ぜない。
シラバスの到達目標と同様、実際に評価する際に困らないよう、1つの評価規準（項目・観点）には1つの項目のみを挙げるようにする。

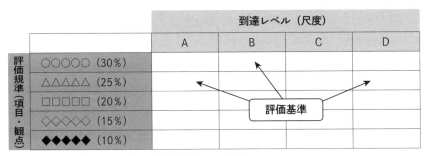

図表9-6 ルーブリックを活用した評価 ［出典：筆者作成］

2）評価基準は3〜5段階程度が望ましい。

　評価基準は到達水準・レベルを示すものであるが、あまり細分化し過ぎても評価しにくくなってしまうことがあるため、3〜5段階程度にしておくことをお勧めする。また、ルーブリック評価を点数にする場合、評価基準に対する比重のかけ方は評価者の判断に委ねられる。ちなみに、最低水準だからといって点数を必ず0点にしなければならないということもない。

3）全ての枠に評価基準を埋める必要はない。

　評価規準によっては、できて当然と考えているもの（例えば「てにをは」や「定義・公式」など）については、例えば最高水準の枠を空欄とするなども可能である。

　なお、日本高等教育開発協会（JAED）のホームページには、「ルーブリックバンク」というページが設けられている。ここには、作成者の善意に基づき、実際に作成・使用されているルーブリックが多数公開されている。これらを参考にしながらオリジナルのルーブリックを作成してみるのもよいだろう。

5.3　学生の自主学習を促すための工夫

　前述のように、「評価は、学生がその結果をもとに行動を起こすために実施されるものであり、その後の学習を促進するために行われるもの」（佐藤編 2010）という機能がある。しかし、評価以外の方法で学生の主体的な学

習を促す工夫も考えられる。佐藤（2018）は、テストを実施する際の工夫として、以下の例を挙げている。

・過去あるいは実施予定の試験問題を配付する。
・学生が自分で手書き作成したA4判1枚のメモの持ち込みを許可する。
・予想問題の作成を宿題に課し、全員に配布する。
・学生同士で教え合い、学びあう試験のための予習時間をとる。

　テストという概念を覆した発想と捉えることもできるが、学生が主体的・能動的に学習するきっかけになるのであれば、評価方法と併せてこのような工夫も検討する価値がある。

5.4　成績の開示

　最近、成績評価に対する学生からの異議申し立て制度を設ける大学が増えている。その主たる理由は、学生が感じる評価結果に対する疑義を解消するためである。この対応は、教員が成績評価に責任を持つことを再確認させ、ひいては大学としての説明責任を果たすことにもつながる。成績の開示に際しては、以下の点に留意する必要がある。

1）成績点の公開

　基本的には成績評価は100点満点の点数で記録するが、学生に配付される成績表や成績証明書では、グレードポイント制の普及もあり、S・A・B・Cといったランク表示のみであることが多くなっている。そのため、異議申し立ての対応の際、点数の公表そのものが適切かどうかは、各大学などで定められているルールに基づいて対応することが求められる。もちろん、個人情報の保護にも十分留意する必要がある。

2）答案の返却

　テストやレポートなどを成績評価に用いることが多いが、それらの答案については、実施から2週間以内の返却が望ましい。かつての大学では返却されることなどほとんどなかったが、近年は学生の学習をより促進させるため

にもフィードバックが重視されている。これにより、答案を見ながら、採点・評価基準を説明することも可能となる。

3）成績判定資料の保管

　異議申し立てが発生することも考慮し、成績判定資料については、一定期間（例えば1〜2年度分）を保管しておくことが望ましい。基本的に大学での成績処理は学期単位・年度単位で行っているため、学生からの異議申し立て制度も学期単位・年度単位で運用されていることが多い。当該学期・年度が終了してすぐに資料を廃棄してしまうと対応できなくなるおそれがあるため、注意が必要である。なお、保管期間に関しては、各大学や学部の規定や内規として定められていることがあるため、その場合は規定や内規に従う必要がある。

6. フィードバックの重要性

　佐藤編（2010）が「評価は、学生がその結果をもとに行動を起こすために実施されるものであり、その後の学習を促進するために行われるもの」と述べているように、学生の次の学習行動につなげる意味でも、評価結果をフィードバックすることは非常に重要である。以下にフィードバックの意義について簡単に触れておく。

1）学生は「答えを知りたがる」

　答えが比較的1つに定まる知識・理解を問うような評価方法の場合（例：客観テスト・口述試験など）は、できるだけ模範（的）解答を示すことが有効である。それにより、学生自身が自己評価することも可能となり、復習を含めたその後の学習に生かされることとなる。

2）計画的な学習のための指標

　例えば知識・理解を問うような場合、学生にとっては試験という1つの目標が立つことになる。確かに学生にとっては、単位修得につながる重要な課題であり目標である。しかし、教える側としては、本質的には試験が目標な

のではなく、試験に向けての学習や試験の結果を踏まえたうえで、次の学習に向かうことを求めたいところである。そのような観点からも、学生に計画的な学習を促すことができるよう、フィードバックをうまく活用して、学生の学習意欲やモチベーションの維持・向上につなげることができるように努めたい。

　なお、授業科目に対する学習時間について見れば、授業での学習時間を1とすれば、授業時間外での学習時間が2となるように授業設計しなければならない（第5章を参照）。つまり、授業時間外における学習を計画的かつ意欲的に取り組むための仕掛けとして、フィードバックは非常に大事なプロセスなのである。実現可能性を考慮する必要はもちろんあるが、可能な限りコメントを付して個別学生にフィードバックできるとよい。時間としては、2週間以内程度を目指したい。

7.　不正の防止

　学生の学習成果を確認するためにさまざまな方法で評価を実施することとなるが、その過程で不正行為があってはならない。不正をする主体は学生だが、それを防ぐ役割が教員にあることを留意する必要がある。佐藤（2018）をベースに、2つのパターンを提示しておく。

1）試験時の不正防止

　学生の不正行為は発見することに重きを置くよりも、不正を行わないように教員が気をつけることの方が大切である。

2）剽窃

　例えば、レポート課題においては、下記のような剽窃行動について対策をとる必要がある。

- ・他人のレポートを写し取る。
- ・論文や本をそのまま書き写す。
- ・インターネット上のテキストをコピーして貼り付ける（いわゆるコピペ）。

・インターネット上のレポートをダウンロードする。

なお、剽窃防止のため、以下のような対策を考えることができる。
- 授業中に手書きレポートを書かせる（反転授業）。
- 発表・討論、記述試験、面接試験に切り替える。
- 幅広いテーマのレポート課題を課さない。
- 本人しか書けないような内容とする。
- 授業に参加していないと書けない内容とする。
- レポートの書き方（とりわけ問いの立て方、引用の仕方）を教える。
- ルーブリックを提示する。
- 学問的誠実性について教える（教員が見本を示す）。

例えばレポート執筆の際に必要となるであろう「適切な引用」や「参考文献の表記」などの見本を学生に見せることが、不正を防止することにつながる。教員は学生に教授することが教育面での仕事だが、同じ学習者として学生のお手本になることも求められる。

8. おわりに

ここまで成績評価にとどまらない形で学習評価を学習してきた。大学の現場では、さまざまな場面で学習を評価することとなる。繰り返しになるが、「評価は、学生がその結果をもとに行動を起こすために実施されるものであり、その後の学習を促進するために行われるもの」（佐藤編 2010）である。評価が「教員と学生のコミュニケーションの場でもある」（佐藤編 2010）ことを肝に銘じて、学生の学習に責任を持って評価するように努めたい。

参考文献

Brown, G., J. Bull and M. Pendlebury（1997）*Assessing Student Learning in Higher Education*, Routledge.
梶田叡一（1983）『教育評価』有斐閣.
梶田叡一（1988）「教育評価」『現代教育評価事典』金子書房, 162-166.
梶田叡一（2010）『教育評価（第2版補訂2版）』有斐閣.

栗田佳代子・日本教育研究イノベーションセンター編（2017）『インタラクティブ・ティーチング—アクティブ・ラーニングを促す授業づくり』河合出版.

中島英博編著（2016）『授業設計』玉川大学出版部.

榊原暢久・中島英博（2018）「学生の学習を促すシラバスの書き方と授業設計」大学教育学会ポストワークショップ資料.

佐藤浩章編（2010）『大学教員のための授業方法とデザイン』玉川大学出版部.

佐藤浩章（2018）「学習評価法」宝塚大学看護学部FD研修会（2018年9月8日）資料.

山田剛史（2013）「学習の成果」中井俊樹・鳥居朋子・藤井都百『大学のIR Q&A』玉川大学出版部，96-98.

山田剛史（2017）「学生の学びを促す学習評価の方法」（SPODフォーラム2017資料）.

演習問題

1．自分が担当する（担当しようとしている）授業科目の到達目標に対して適切な評価方法を3つ挙げ、それらの評価方法では何を測定するのか、簡単に説明しましょう。
2．1で挙げた3つの評価方法は、最終的に絶対評価で行うのか相対評価で行うのか示したうえで、なぜその方法を用いるのか、その理由を説明しましょう。
3．1で挙げた3つの評価方法のうち1つを取りあげ、評価に利用するルーブリックを5規準・4尺度で作成しましょう。

執筆者紹介

篠田 雅人（しのだ まさと）

社会情報大学院大学専任講師

東京大学大学院教育学研究科大学経営・政策コース修士課程修了。専門は高等教育論、教職員能力開発（FD・SD）、IR（Institutional Research）。財団法人職員、学校法人職員、山口大学大学教育センター助教（特命）、宝塚大学東京メディア芸術学部助教を経て、2020年度より現職。教員・職員双方の立場におけるさまざまな経験を有する実務家教員として、主として実務家教員養成課程で教育指導力を養成する科目を担当。その他、宝塚大学東京メディア芸術学部非常勤講師、京都芸術大学通信教育部非常勤講師。

予備校講師のキャリアを生かした
私の実践講義法②

社会情報大学院大学特任教授
廣政 愁一

4. 講義戦略づくり

4.1 学生は勤勉ではないという前提

　全ての学生が遅刻せず、皆勤で、予習復習をきちんとするわけではない、という前提が講師側に必要である。講義の出席率は初回が一番高く、回を追うごとに低くなる。講師評価で最も大切な基準は、学生の出席率である。いくら魅力的な講義であっても、役に立つものであっても、途中で脱落させてしまっては学生全体の満足度を上げることにはつながらない。出席し続けている学生のアンケートの満足度は高いものだからである。講義を受ける学生全員の満足度という尺度を頭に入れておくことが大切である。

　だからといって、講義自体の質を下げて学生にこびへつらうことはない。高い質の講義を提供し、出席率を維持するには、全体としての講義設計、毎回の講義設計に考え抜いた工夫（戦略）が必要である。

ポイント

・怠惰な学生でも最後までついて来られるよう、授業設計には工夫が必要である。

4.2 講義だけで完成させる工夫

　予習、復習をしない学生は一定数いる。予習している学生には深く理解でき、していない学生でもついて来られるようにする。講義内で予習復習を行うように授業設計をしていく。興味を持たせ、理解させ、覚えさせるようにしていくということだ。

4.3 興味を持たせる

　動機づけには「外発的動機づけ」と「内発的動機づけ」の2つがある。ここでいう「興味を持たせる」とは、内発的動機づけのことである。

　外発的動機づけは、行動の要因が評価・賞罰・強制などの他者の影響によるものであり、内発的動機づけは行動の要因が内面に湧き起こった興味、関心によるものである。一般的には、外発的動機づけの効果は長続きしないと言われているが、外発的動機づけによって行動しているうちに、次第に興味・関心が生まれ、内発的動機づけにもとづく行動へと変化していくことが多い。外発的動機づけから何回かの講義に出席しているうちに、講義の中でそのテーマが楽しくなってくることを目指す。

　予習や復習を義務化し、評価を厳しくするよりも、講義内容そのものに興味を持たせてしまえば、自らどんどん前向きに予習復習するだけでなく、講義へも積極的に参加するようになる。そのような状態にするため、どのように講義内容に興味を持たせていくのが効果的かを考える必要がある。教員は、どれほどこの目的地が素晴らしく、その道中が楽しいのかを伝える役割を担うのだ。そのためには、その道のりについて知り尽くしていることはもちろんのこと、その道中の発見を当たり前と思わずに、かつての自分がその道のりで「知る感動」「発見したときの喜び」に出くわした頃を思い出し、事細かにその時の様子を再現することが重要である。

　小中学生の個別指導塾では、何の問題もなく難関大学に合格したアルバイト講師よりも、一時は落ちこぼれていた中堅大学のアルバイト講師のほうが、生徒にウケるケースが多い。それは、指導する側と指導される側の目線が近いことによって生じる効果だといえる。

　学生と目線を近づけるためには、自身の講義内容について、学習者だったかつての自分がどの点でこのテーマが好きになったのか、そして興味深く感じたところはどこだったのかを洗い出していく作業が必要である。その洗い出した部分を当時の熱をもって伝えていくことで、学生の内発的動機づけを促せる。

ポイント

・内発的動機づけのために自分が学習者だった頃の感動ポイントを洗い出す。
・感動ポイントをリアリティをもって熱く伝える。

---

5. 全体設計と個別設計

5.1 五者たれ

　大手予備校代々木ゼミナールは、「生徒の駿台・机の河合・講師の代ゼミ」と言われるほど、「講師第一主義」の方針であった。その代々木ゼミナールの創業者・高宮行男氏は、「予備校講師は五者を兼ねなければならない。学者、医者、役者、芸者、そして易者だ」と言っている。予備校講師は、分かりやすいサービス業としての講師の役割を徹底的に叩き込まれている。一昔前の大学教授には当てはまらないかもしれないが、現代の実務家教員が見習うことのできる点は大いにある。

　五者とは、

- ・学者　教える知識、知見が豊富である人
- ・役者　教室を舞台に講師役を演じる人
- ・芸者　学生を魅了し、楽しませる人
- ・医者　学生の問題を見つけて取り除ける人
- ・易者　学生により良き道を示せる人

である。

　「学者」は、講師としては必須の役割であり、それ以外が講師の付加価値となる。この中でも最も難しいのが「芸者」である。芸者は人を笑わせたり、アドリブを利かせたりと才能の部分がとても大きい。話芸で一番難しく商売にもなるのが、「笑わせる」ことである。いくら楽しい講義を提供したいという気持ちであったとしても、学生を笑わせてやろうという野心は持たないほうがいい。一度、授業中にすべってしまうとその後の空気は重く、挽回することはほぼできない。

　「医者」「易者」は、真摯に学生に向き合いさえすれば、手間ではあるが難しいことではない。

　注目したいのは「役者」である。ドラマにもCMにも台本がある。落語や漫才にいたっては完璧な台本がある。アドリブに見えるコントであっても然り。

　一方で、同じ話す仕事なのに、台本をつくらずに講義をする人がいるのはもったいないことだ。台本があれば、ブレずに伝わる講義ができる。台本の準

備には多くのメリットがある。

> **ポイント**
> ・台本があれば時間配分ができる。
> ・台本があれば内容がブレない。
> ・台本をブラッシュアップしていくことで、講義のブラッシュアップにつながる。

　学生の立場になると、せっかく高い授業料を払い、貴重な時間を割いて受講しているのに、計算されていない、組み立てが不十分な講義が展開されていたら、とても残念に感じるはずである。そこで、「伝えたいこと」を台本に落とし込んでいくようにする。

　とは言え、セリフを一字一句固める演劇の台本とは違い、実務家教員にとっての台本とは、講義の組み立てとその時間進行表のことだ。時間進行表には余裕と余白を持たせておく。現在、90分の講義であれば、短縮も延長も基本的には認められないケースも多いし、そもそも学生はそれを望んでいない。講義で質問が出るケースもあるし、プロジェクターなど機材の不備などのトラブルがあったりするかもしれないからだ。

> **ポイント**
> ・講師は役者である。役者は台本を演じる。台本のブラッシュアップが大切。

5.2　全体設計

　分かりやすく言えば、連続テレビドラマをつくるイメージを私は持っている。

1）1クール（15話）の全体像

　15講義を15話として考え、1つの小説をつくるイメージ。

2）全体を貫くテーマを決める

　自分がこの講義で学生に何を一番伝えたいのかを決める。例えば、「ブランディング戦略は生きる力と同じだ」とか「マネージメントの成否は自分のマ

ネージメントができるかだ」とか、あるいはもっと大きく「歴史をひもとく普遍性」などでもいい。毎回の講義、全体の講義を通じてずっとベースにあり、最終的にこれを肚落ちさせればいい、というものを決める。

3）毎回独立して退屈しないようにストーリーを組み立てる

　視聴率も出席率と同じように、初回が高くて後は下がっていく。できるだけ、抱えている学生を離さないようにしていく。今回観たら、次回は絶対に見逃したくないと思えるドラマにしたい。ドラマ製作者は連続性を武器に、必死で視聴率を上げようとするが、教員は本気で出席率を上げたいと考えて講義をつくっているだろうか。ワクワクする講義をつくりたいと思っているだろうか。学生が講義に来るのも、きちんと聞いてもらえるのも、当たり前と考えていないかを問うべきだ。

4）一話一話を連続させる

　ドラマでは、今回の話の中に前回までの復習や次回の予告まで入っている。見逃した回があってもその復習が行われるし、次回は見逃せないという気持ちにさせる。講義もそれと同じように組み立てることだ。

5.3　シラバスの工夫

　シラバスをつくることが重要性を持つ。

1）学生が授業を選ぶものとして、魅力的なアピールをする

　これは当たり前のこと。授業は「出席者がいて成り立つ」ものであり、ただ講師がいるだけでは成立しない。だから出席者を集める宣伝を行う。商品やサービスは「課題解決」のためにあるという前提に立てば、ビフォー＆アフターをきちんと約束すること。「この講義を15回受ければ、単位が取れます」ではない。「このマネージメント講義を受講すると、100人規模のマネージメントで発生するトラブルの90％はなくなります」というような具体的なものがいい。

2）学生と講師の「契約書」をつくる

　魅力的なフレーズのシラバスをアピールしても、「絵に描いた餅」ではウソ

になる。そこで、きちんとその効果を保証する旨を書くこと。いわば、学生との「契約書」である。そのため、結果にきちんとコミットする義務を負う。

３）講師の人となりや講義の様子をイメージしやすくさせる

どんなに魅力的な講義であっても、講師や講義の雰囲気がよくなければ受講したくない。そこで、講師の人柄や講義風景をイメージしやすくしておくといい。「アットホームで和気あいあいとしているけれども、しっかり勉強しないといけない」ことを伝えられると理想的。学生は、講義を選んでいる段階ではやる気に満ちているので、本来怠け者の自分でもためになる講義をしっかりと探しているからだ。

5.4　個別設計

毎回の講義を当てはめられるワンパターンの型を用意できるといい。講義内容をその型に流し込めばいい。

〈90分の講義例〉
導　入（10分）　復習・今回の講義の組み立て
本　論（60分）　説明・発問など（トピックを３〜５つ）
質　問（5〜10分）
まとめ（10分）　今回のダイジェスト・次回の予告

１）導入について

復習とは必ずしも前回の復習とは限らない。大切なのは今回の講義を展開するうえで必要な前提の知識の確認である。例えば、今回が８講義目だとする。８講義目のテーマの理解には２講義目、５講義目で出てきた知識理解が不可欠であるとする。そうなれば、本論に入る前にその部分の復習をしておき、思い出させておくことができる。また、２講義目、５講義目を欠席、遅刻して理解が十分にできていない学生のための敗者復活戦の意味合いもある。もちろん、前提知識の多少によって時間を変動する。

２）本論について

１時間程度、本論を一本調子でやってしまうと学生の集中力が切れてしまう

ので、15〜20分程度のパートに分けて、リズミカルに解説することで理解が深まる。

3）質問について

　質問を受け付ける時間をとっておく。毎回、同じタイミングで質問できる時間があることが分かっていれば、学生もそこで質問するようになる。教員の説明中に腰を折るような質問が来ることもなくなるし、この時間にまとめることで学生側からの質問も的確になりやすいし、説明の重複も避けられる。

4）まとめについて

　導入と本論でやったことをもう一度なぞって、ダイジェストで学生と一緒に確認する。いわゆる、復習をここでやってしまう。2度目の解説はダイジェストでもはるかに分かりやすく、講義内容がしっかりと残る。質問時間に応じて時間調整的な役割を果たせる。

5.5　伏線

　全体設計と個別設計のどちらにおいても、常に伏線を張っておく工夫をしたい。教室に入ってきた時に、何気ない雑談から始めたように見せかけて、その内容は本論のトピックの中心に関わっており、最後のまとめのところでも、最初の伏線を見事に回収できるようになっていることが望ましい。

　例えば、講義の始まりの時に「こんにちは。それでは始めましょう。そういえばさ、さっき、講師室でアメリカ人の○○先生と昼ご飯食べていたんだけどね、幕の内弁当を好きなものから食べていたんだけど、私なんか好きなものを最後まで残しておく派でね。みなさんはどっちですかね」と雑談から始めていく。

　本論のメイントピックで言語と文化について学ぶ。

　最後のまとめで、英文の構成や思考においては大切な順番に並んでいくが、日本人は大切なものを後にもってくることが分かる。

　「アメリカ人の○○先生が幕の内弁当を好きなものから食べている理由って、実はそれと同じかもしれないですね」というふうに、一見、雑談、余談に見えても、一切無駄なく計算された伏線であれば、理解しやすいし、印象に残りやすい。学生側の復習が欠けていても、そのエピソードを覚えていることで、致

命的になりにくい（エピソード記憶から本質をたどれるため）。

　また、15講義あれば、それを全体に貫くテーマを含めて、おもしろい伏線を張っていくことで、ドラマ仕立てが完成する。最後の伏線回収で学生の満足度は高くなる。

ポイント

・伏線を張ることでメリハリの利いた印象に残る講義となる。

6．環境づくり

　講義は教員と学生がつくるものだと考えがちだが、その場を提供しているのはあくまで運営側である。そのことをしっかりと考えなければならない。学生は事務局（運営側）が集めるものであり、それを預かるのが教員である。目の前の学生の満足を勝ち得ることは大前提にしても、事務局側が教員をどの程度まで評価するのかは、必ずしも学生の満足度と一致しない。

　事務局側は多くの学生のニーズを知っているし、いろいろな情報も耳に入りやすい。また、単独の講義が飛び抜けて評価が上がるよりも、関連するほかの講義とのバランスを大切にしているかもしれない。教員は新学期が始まる前に、事務局から「自分や自分の講義に何を求めているのか」という要望を聞き取り、そして、毎回の講義の前後にもコミュニケーションをとり続けることが重要である。

　実践講義法とは「現場」だとコラム①の最初で定義したが、さらに踏み込んでいえば、ビジネスの講義法ということになる。ビジネスである以上、雇用主の意向に重きを置き、細やかなコミュニケーションをとり、「学生にとって何ができるか」を常に探求できるパートナーとして事務局との関係を育てていくことが理想だ。自らの講義が何倍にも効果を発揮する環境づくりには、バックにいる事務局の応援が欠かせないのである。

執筆者紹介

廣政 愁一（ひろまさ しゅういち）

株式会社学びエイド代表取締役社長・社会情報大学院大学客員教授。

東進ハイスクール・河合塾講師（担当科目：英語）を経て、1997年に日本初の学校内予備校「RGBサリヴァン」を立ち上げ。2015年にはオンライン教育動画サービス「学びエイド」の運営を開始する。予備校講師や学校教員に勉強法を指導する「先生の先生」としても活躍中。著書に『勉強がしたくてたまらなくなる本』(2014、講談社)ほか。

第 10 章

成人教育学

1. はじめに

1.1 成人教育学への招待

実務家教員が教える対象は「おとな」であることが多い。実務家としての経験を生かした教育を行う場合、その対象は、その業務に興味を持っている人、近い将来携わることを希望していたりその予定があったりする人、既にその業務を実際に行っている人が対象となることが多いからだ。では、おとなの学習者に教える、あるいはおとなの学習を支援する際、その方法は子どもに対する教え方・学習支援の仕方と同じでいいのだろうか。

教育の対象は子どもであり、教育は主に学校で行われるものである——そう素朴に信じている人も多いが、実際には「おとな」も学ぶことができ、また実際に多くのおとなたちがさまざまな場所・形態で学んでいる。就職や転職の際、研修など学びの機会が整っているかどうか、自分を成長させてくれる環境があるかどうかを選択の基準にする人もいるだろう。また、キャリアアップのために自ら学びの機会を求めたり、サークルやカルチャーセンターなどで趣味の習い事に通ったり、最近ではオンラインで開催されているさまざまな勉強会や研究会に参加したりする人も多くなってきている。

社会的要請や周囲からの求めに応えるために学ぶおとなも多い。会社の求める人材になるために、親としての役割を果たすために、あるいは、急に訪れた人生の転機に対応するために、おとなは時に、好むと好まざるとにかかわらず学ばなければならないことがある。さらに、変化の激しい現代においては、かつて学んだことが役に立たなかったり、過去に学んだことにこだわったがばかりに失敗してしまったりもする。おとなは学ぶ存在、学ぶことのできる存在、学び続ける存在であり、時に学び続けざるを得ない存在でもある。

もちろん子どもを対象とした教育学（ペダゴジー、pedagogy）に比べれ

ばその歴史は非常に浅いが、おとなの学びや学習支援／教育についても既に多くの知見が蓄積されてきている。それらについて理解しておくことは、自らの学びの質を高めるためにも、また、よりよい学習支援／教育を行うためにも必須である。これまでの知見を無視した実践は自己中心的で独りよがりなものになったり、無計画で行き当たりばったりなものになったりしかねないからである。その意味で、この章は私たち自身の学習や学習支援／教育を効果的、効率的、魅力的なものにしていくためのものだと言える。

　さて、おとなの教育や学習について、体系化を行った人物にアメリカの成人教育学者マルカム・ノールズ（Malcolm S. Knowles）がいる。アンドラゴジー（andragogy、成人教育学）と呼ばれるその考え方は、それまで理念的・抽象的過ぎたり、逆に各論レベルにとどまったりしてしまっていた成人教育を、包括的かつ体系的に示したものである。ノールズの主著の１つである *The Modern Practice of Adult Education* は出版と同時に全米で大きな反響を呼んだ。ノールズの考え方についてはその後批判も多くなされているが、おとなの学習と教育について考える際に避けて通ることができない人物である。

　本章では、まず、成人教育とはどのようなものかについて簡単に確認する（第２節）。次に、ノールズが提起したアンドラゴジー・モデルを中心に成人教育学について概略を押さえ、さらにノールズへの批判も踏まえたうえで成人教育学について考え（第３節）、まとめ（第４節）へとつなげる。

1.2　用語について

　本章では、基本的には「成人」「大人」ではなく「おとな」とひらがなで表記する。ただし、成人教育・成人学習のような決まった言い方があるものや引用部分についてはこの限りではない。

　また、以下、「教師」を「学習支援者および教師」の意味で用いる。「教師」には企業内外の研修担当者やワークショップのファシリテーターなど、広く学習支援・教育を行う者全てが含まれる。さらに、「学習者」と言った場合には「受講者」「学生」などあらゆる学びの主体を指し、また特に断っていなくても「成人学習者」「おとなの学習者」を指している。

　最後に、self-directing の訳語には「自己決定（的）」と「自己主導（的）」の２つがある。本章では自己決定（的）に統一する。また、self-directed learningも本章では「自己決定学習」と呼ぶこととする。

2.　成人教育とは

　さて、成人教育という用語は日本ではまだそれほど定着していないと言われている。読者のみなさんの中にも本書で初めて触れたという方もいらっしゃるだろう。では、成人教育とはどのようなものなのだろうか。イギリスのMinistry of Reconstructionが1919年に出版した成人教育に関するレポートには以下のように書かれている（Adult Education Committee 1919）。

> adult education must not be regarded as a luxury for the few exceptional persons here and there, nor as a thing which concerns only a short span of early manhood, but that adult education is a permanent national necessity, an inseparable aspect of citizenship, and therefore should be both universal and lifelong.
> 成人教育を点在する少数の例外的な人たちのための贅沢なものと考えてはならないし、また、成人初期の短いスパンだけに関わるものと考えてはならない。成人教育は国において永続的に必要とされるものであり、市民権の不可分の側面であり、したがって、普遍的かつ生涯にわたるものであるべきである。（筆者訳）

　ここでは、成人教育はあらゆる人に普遍的に生涯にわたって行われるべきものであり、また市民権と不可分であるとも述べられている[1]。また、1976年に第19回ユネスコ総会で採択された「成人教育の発展に関する勧告」では成人教育は以下のように定義されている。

> 「成人教育」とは、内容、程度及び方法のいかんを問わず、正規のものであるか否かを問わず、また、初等・中等教育機関及び高等教育機関において並びに実務教育として当初に受けた教育の延長であるかこれに代わるものであるかを問わず、その属する社会によって成人と見なされている者が、能力を伸長し、知識を豊かにし、技術的若しくは専門的資格

を向上させ又は新しい方向に転換させ、並びに個人の十分な発達並びに均衡がとれかつ自立した社会的、経済的及び文化的発展への参加の二つの観点からその態度又は行動を変容させる組織的教育過程の全体をいう。(ユネスコ 1976)

　これによれば成人教育の対象は「その属する社会によって成人と見なされている者」である。そして、そのようなおとなたちが学ぶ機会を提供するものが成人教育であり、それは「組織的教育過程の全体」である。またこれによれば、何を、どの程度、どのような方法で、どのような形態で学ぶかにかかわらず、さまざまなものが成人教育の射程にあるということになる。例えば、実務教育とあることからも明らかなように、職業訓練や社内外の研修なども成人教育に含まれる。教育の目指すところも多岐にわたっている。

　この定義では「その属する社会によって成人と見なされている者」を成人教育における成人としている。成人かどうかは「属する社会によって」「見なされている」ことで決まるということである。「20歳になったからおとなであり、19歳までは子どもだ」といった画一的なものではない。

　このように、成人教育は「属する社会によって成人と見なされている」あらゆるおとなを対象に、生涯にわたって、多様な内容、方法、形態、目的で実施される学習支援／教育実践の全体を指す概念なのである。

3. 成人教育の「理論」——ノールズのアンドラゴジーを中心に

　本節では、ノールズの『成人教育の現代的実践——ペダゴジーからアンドラゴジーへ』(1980=2002)を参照しながら、ノールズが提唱したアンドラゴジーについて検討していく。なお、以下に示す引用は、特に断っていない限りすべて同書邦訳からのものである。

3.1　ノールズのアンドラゴジーの6つの柱

　おとなの教育や学習について考える際、ノールズ抜きにして語ることはできない。アンドラゴジーはノールズがつくり出した概念ではないが、アメリカおよび西ヨーロッパにおいてアンドラゴジーという考え方を広め、リード

した人物である[2)]。

　ノールズはアンドラゴジーを「おとなの学びを支援するわざと科学（the art and science of helping adults learn）」と定義した。ここで「おとなに教える」ではなく「おとなの学びを支援する」となっていることに注意する必要がある。ノールズにおいて、主体はあくまでおとな自身であり、教師はそれを支援する立場である。学習者主体、学びの主体はおとな自身であるという視点は重要である。学びの主役は学習者自身なのである。

　ノールズはおとなの学びの特性や前提について考え、以下の点を考慮する必要があるとしている（図表10-1）。なお、以下のうち、⑤⑥は後に追加されたものである。

　まず、ノールズは①自己概念について、子どもは依存的な自己概念を持っていると考えた。子どもは周囲に依存しなければ生きていけない。特に赤ん坊の頃は、周囲の助けなしには生存し続けることも危ういことを考えれば分かりやすいだろう。それに対して、おとなは自分で決めて自分で自分を牽引する（自己決定的self-directing）存在だとノールズは考えたのである。子どもは他者に依存的・受動的であるのに対し、おとなは自己決定的であるから自発性や自律性の尊重の方がより大切になるし、そのような特性を意識した学習支援／教育が求められると考えたのである。

　また、②経験についてノールズは、おとなは蓄積した経験が何よりも豊かな学習のリソースとなると考えた。自分自身の経験から学ぶ、何かを学ぶと

①自己概念	生まれたばかりの子どもは完全に依存的であるが、人は成長するにつれて自己決定的（self-directing）になっていく。
②経験	経験はおとなの学習の豊かなリソースである。
③学習のレディネス	社会的役割や発達課題の中からレディネスが生じることが多い。
④学習への方向づけ	おとなは課題中心の志向性を持っており、すぐに応用可能なことを学ぼうとする。
⑤学習の動機づけ	外発的な動機づけもあるが、内発的な動機づけが中心である。
⑥学習の必要性	おとなは学習を開始する前に、なぜその学習をするのかを知る必要がある。

図表10-1　ノールズのアンドラゴジーが示すおとなの学習の特性
　　　　［出典：ノールズ（1980=2002）などをもとに筆者作成］

きに自分自身の経験と照らし合わせながら考えるといった状況を思い浮かべると分かりやすいだろう。ノールズよりも前にアメリカで成人教育について探求を行ったエデュアード・リンデマン（Eduard C. Lindeman）は、『成人教育の意味（*The Meaning of Adult Education*）』の中で「経験は、成人学習者の生きた教科書である」（リンデマン 1996）と述べたが、ノールズの主張はこれに近い。子どもの場合、学習の中心は教科書の内容や教師の経験であるが、おとなの場合には経験を学習に効果的に取り入れることが求められる。

　次に、③学習のレディネスについてである。レディネス（readiness）はAre you ready?（準備はいいですか？）などと言う際のreadyの名詞形で、準備ができている状態のことである。準備性や準備状態などと訳されることもある。学習のレディネスというのは、要するに、ある事柄について学習する際、その学習が可能な心や体の準備ができている状態のことである。学習のレディネスについて、ノールズは子どもの場合には発達段階（例えば、抽象的な概念が扱える年齢になる）や外的要因（例えば、親が言うから、学校でテストがあるから）によってレディネスが生じることが多いと考えた。一方、おとなの場合には社会的役割や発達課題のなかから生じるとノールズは考えた。例えば、チームを統括するポジションについたことで、チームビルディングやコーチング、コミュニケーションについて学ぶ必要が出てきた、あるいは中年期にさしかかり、人生やこれまでのやり方を見直す必要が出てきたといったことである。

　④学習への方向づけについて、ノールズは子どもの場合には教科・科目の学習が中心であり、子どもの学習はそれらによって方向づけられているが、おとなの場合には課題が中心であり、課題解決に向かって学習が行われると考えた。子どもの場合には、社会に出てから、あるいは受験や進学に必要だからという理由で学習が行われることが多い。その場合、学習はあくまで将来のためのものであり、学んですぐ生かす必要がないことになる。その結果、子どもの場合には教科が学習の中心となりやすい。一方で、おとなの場合には生活や社会的役割における課題や困難の解決が重視されるため、将来いつか役に立つことを学ぶという観点では学習が方向づけられにくく、課題や困難の解決に即役立つことが重視されると言える。

　⑤学習の動機づけについてノールズは、子どもの場合には外発的動機づ

け、つまりモチベーションは外から与えられるものが中心だが、おとなの場合には、外発的なものもあるが内発的動機づけ、つまり自分自身の内側からの興味関心や意欲、自尊心や自己実現、人間的成長に向かうモチベーションによって学習が支えられると考えた。つまり、会社内での昇進など外的なものも重要だが、内面的な要因をノールズはより重視したのである。

　⑥学習の必要性は、学習の必要性に関する納得感と言ってもよいかもしれない。なぜ受けなければならないのか分からないまま授業や研修などに参加したために、「なぜ必要なのか納得できないし、やる気が起きない」といった経験はみなさんにもあるのではないだろうか。

　以上の6点が、ノールズが提起したアンドラゴジーの概略であり、モデルとしてのアンドラゴジーの主な柱である。

3.2　アンドラゴジー・モデルから考える学習支援／教育実践

　では、ノールズのアンドラゴジー・モデルを学習支援／教育の場に導入する際、どのようなことが考えられるだろうか。

　まず、おとなの①自己概念についてである。自己概念が自己決定的であるとすれば、おとなの学習ニーズも自己決定的に導かれるべきだということになる。つまり、学習者は自らの学習について自分で決め、自分自身で自分自身を主導したいし、そうしようとすると考えられる。このため、おとなの学習支援・おとなに対する教育を実践する際には、教師が一方的に学習・教育の内容や方法、学習のペース、評価などについて全て決めてしまうのではなく、学習者が自ら決めたり教師と協働で決めていったりするプロセスを導入し、また実際にそれができるよう支援したり環境を整えたりする必要があるということになる。

　②経験については、まず、学習者が自らの経験を振り返ってその経験を意識化・言語化する必要がある。経験に関する曖昧な記憶のままでは学習のリソースとして活用することは難しい。教師は学習者が経験を意識化・言語化できるよう促し、支援するのである。例えば、学習者同士が自らの経験について振り返りながら対話を通じて理解できる場を設定しファシリテートする、さらにその対話を振り返る仕掛け——例えば、授業直後に対話内容に関する振り返りシートを書く、これまでの経験と授業内での対話についてまと

め、そこから何が言えるのかを考えるレポートを課すなど——をつくるといったことが考えられるだろう。

　③学習のレディネスや④学習への方向づけについては、学習者のニーズについて学習者と教師がよく話し合ったり、専門的な視点から教師がアセスメント（情報収集・分析・評価）したりしながら、学習目標や方向性の設定を行っていく必要がある。学習者自身がどのような社会的役割を持っており、そのなかでどのような課題を抱えているのか、その課題はどのようにすれば解決可能かを見ていくのである。そのような過程を経ることで、学習の目標や方向性を学習者と教師が協働で見定めていくことが可能となる。学習・教育内容が決まっているコースであっても、開始前／開始直後にアンケートをとったり面談したりすることで、学習者の③レディネスや④方向づけについて教師が理解することはできる。また、学習者の希望を聞いて内容を調整したり、もともと計画していた内容が学習者の課題とどう関係しているのか伝えたりすることも可能である。

　⑤学習の動機づけについては、教師という外部・他者からの直接的な働きかけで内発的な動機づけ（興味関心や意欲など）を得るというのは矛盾するようであるが、教師が学習者の内発的な動機づけについて何もできないということはもちろんない。まずは当該の学習内容が楽しく興味深いものであることを伝える工夫が考えられる。直接的に説明することもできるだろうし、学習活動の中で体験的に楽しさを知ってもらうこともできるだろう。また、③④にも関わるが、学習者自身の課題や生活の文脈と関わりのある、学習者の課題の解決につながる学習内容を提供することができれば、内発的な動機づけにつながる。気をつけなければならないのは、内発的な動機づけ（例えば、やる気・意欲）が既にある人に外発的な動機づけを行う（例えば、十分に学習意欲がある人に金銭を渡す）ことでかえってやる気をそいでしまうようなことがないようにする必要があるということである。

　さらに、学習者はなぜその学習をする必要があるのか、⑥学習の必要性について理解する必要があるが、教師が陥りがちなのが「初回のガイダンス時に説明した」「シラバスに書いた」「授業開始前に言った」だけで十分だと思ってしまうということである。説明をし過ぎるのはもちろんよくないが、折を見て繰り返し理解を促すことは必要だろう。例えば、毎回の授業開始時

に簡単にシラバスに書かれているコース全体の目標と、その回の目標を併せて示したり、授業内で何かタスクを課す（例えば、グループである特定のテーマについて議論する）際に、なぜその活動をするのか、それをすることにどのような意義があるのかを伝えたりするといったことが考えられる。

　以上、簡単であるがアンドラゴジー・モデルからどのようなことが考えられるかについて議論してきた。なお、ノールズ自身、これらの特性・前提から実践へのさまざまな示唆を導き出し紹介しているので、詳しくはノールズ自身による著作やノールズを扱った成人教育・成人学習に関する書籍などを参照してほしい。

3.3　ノールズへの批判あるいは誤解

　みなさんの中にはここまで読んできて、「おとなの場合にもそうとは言い切れない場合もあるのではないか」「子どもの場合にもアンドラゴジーの考え方が当てはまる場合もあるのではないか」「ノールズの考え方には賛同できない点がある」といったことを考えた方もいらっしゃるのではないだろうか。3.2では、3.1で紹介したおとなの学習の特性を前提にどう考えられるのかについて議論してきた。つまり、ノールズの示したおとなの学習の特徴・前提を受け入れた場合に、そこから何が言えるのかについて考えたわけであるが、実際、ノールズの提起したアンドラゴジー・モデルには批判も多い。

　3.3ではノールズのアンドラゴジー・モデルへの批判について検討しながら、私たちがおとなの学習支援／教育に関わる際、どのような点に気をつければよいのかについて考えていきたい。以下では、「子どもとおとなは対比の関係か」「おとなにもペダゴジーは必要ではないのか」「おとなは本当に自己決定的と言えるのか」の3つについて考える。なお、批判の中には誤解に基づくものもあるが、ここでは区別を目的とはしない。また、ここで扱う3つの観点は相互に関連し重なっているものである。

3.3.1　子どもとおとなは対比の関係か

　子どもの学習とおとなの学習の特性は対比の関係、つまり、「子どもは……である。一方、おとなは……である」のように言えるだろうか。これが

第一の観点である。例えば、鉄道が大好きな子どもが鉄道について調べたり学んだりする際、その態度は決して受動的・依存的ではない。逆に、おとなも自分が全く分からない事柄に関しては依存的な態度で学習に臨むのではないか。前節までを読みながら、そのように考えていた読者もいらっしゃることだろう。

　ノールズ自身、当初は両者を対比的に捉えていた。実際、ノールズの主著『成人教育の現代的実践（*The Modern Practice of Adult Education*）』が1970年に最初に出版された際、そのサブタイトルは *Andragogy versus Pedagogy*（アンドラゴジー対ペダゴジー）であった（Knowles 1970）。だが、この考え方は後に改められ、1980年に出版された改訂版ではサブタイトルは *From Pedagogy to Andragogy*（ペダゴジーからアンドラゴジーへ）に修正されている（Knowles 1980）。ノールズは1970年の出版以降、「小中学校（そしてわずかではあるが大学でも）の教師の多く」から寄せられた報告を受けて、次のように述べている。

　　アンドラゴジーの概念を青少年への教育にあてはめる試みを行なったところ、ある状況においては、それがすぐれた学習を生み出すことがわかったということである。そこで私は、現在の時点では、アンドラゴジーは単に、ペダゴジーのモデルと並んで使われる成人学習者の別のモデルであると見なすようにしている。それゆえ、特定の状況への「適合」の程度が検証されるべき、二つのことなったモデルを示しているということになる。さらにまた、これらのモデルは、二分法的というよりはむしろひとつのスペクトルの両端として見たほうが、おそらくより現実的であろう。そして両端の間に実際の状況が入るということになる。
　　　　　　　　　　　　　　　　　　　　　　　　　　　　　　（p. 38）

　スペクトルという言い方が分かりにくいようであれば、2つのモデルの間における濃淡やグラデーションと捉えてもよいだろう。このようにノールズ自身、*Andragogy versus Pedagogy*（アンドラゴジー対ペダゴジー）から *From Pedagogy to Andragogy*（ペダゴジーからアンドラゴジーへ）と考え方を修正している。私たちも学習支援／教育の実践を行う際にはペダゴジーとアンド

ラゴジーという両端を考えつつ、実際に必要な学習および学習支援／教育が
どのように位置づけられるか考える必要があるのである。

3.3.2　おとなにもペダゴジーは必要ではないのか

　おとなにもペダゴジーは必要ではないのか、年齢的に成人であっても精神
的に未熟な学習者にはペダゴジーモデルによる教育が必要ではないのかと
いった批判もよく聞かれるものの 1 つである。アンドラゴジーとペダゴジー
とは二分法的に対立するものではないことは既に述べた。その意味で、この
批判に対して既に 3.3.1 で一部答えていると言えるが、ここではもう少し
詳しく見ていきたい。ノールズはこの問題に関連して次のように述べている。

> 　人びとはしばしば私に、アンドラゴジー・モデルがペダゴジー・モデル
> よりもすぐれていると言うのなら、そのモデルに関してどのような調査
> を行なったのかとたずねる。私は次のように即答することにしている。
> 「それは問いにはなっていない。だれもそのようなことは言っていない
> （少なくとも私は言っていない）」。……それ［筆者註：アンドラゴジー］
> は、さまざまな状況のさまざまな学習者に向けて検証されるべき、学習
> 者に関する仮説の体系なのである。ある意味では、それはペダゴジー・
> モデルをも包み込む体系である。というのも、それは、ペダゴジー・モ
> デルの考え方のほうがふさわしい状況においては、ペダゴジー的方法の
> 適用の妥当性を示しているからである。　　　　　　　　　　（pp. 63-64）

　ノールズはおとなにはペダゴジーは必要ないとは言っていない。むしろ、
ペダゴジー・モデルの考え方のほうがふさわしい状況においては、ペダゴ
ジー的方法を適用するのが妥当であると明確に述べているのである。ただ
し、ここで気をつけなければならないのは、「ペダゴジー・モデルの考え方
のほうがふさわしい状況」がどのようなものなのか、学習支援／教育の実践
の場において、「ペダゴジー・モデルの考え方のほうがふさわしい」と言え
るかどうかを学習支援／教育の実践者である私たちは常に考えなければなら
ないということである。この点について、ノールズは以下のように警告して
いる。

　私の見るところでは、ペダゴジーの考え方が現実的な場合はいつでも、学習者の年齢に関係なく、ペダゴジー的な方法がふさわしいであろうし、逆もまたそうであろう。しかし、私はここでひとつの警告を発しておきたいと思う。それはペダゴジー・モデルに深い忠誠心と思い入れをもっているペダゴジー信奉者（ideological pedagogue）は、アンドラゴジーの考え方が現実的なときにも、それを過小評価したがるかもしれない、そして、学習者が自己決定的になってからもずっと学習者を依存的な状態のままにしたがるかもしれない、ということである。　　（p. 38）

　「ペダゴジーの考え方が現実的な場合はいつでも、学習者の年齢に関係なく、ペダゴジー的な方法がふさわしい」というのと、「おとなにもペダゴジー・モデルだけで十分である」というのでは大きく異なる。私たちは自分自身が教育を受けてきた経験から、あるいはペダゴジー・モデルによる学習支援／教育実践の経験から、気づかないうちにペダゴジー信奉者になってしまっている可能性がある。そのことにまずは自覚的になり、学習支援／教育の実践の際には、必要とされている実践のあり方や参照すべきモデルについて、その都度考える必要があるのである。

3.3.3　おとなは本当に自己決定的と言えるのか

　「おとなは本当に自己決定的と言えるのか。依存的なおとなもいるのではないか」という批判もよく聞かれるものである。これについても前節までで既にその答えになるような議論をしてきているが、本節ではまた別の視点から考えたい。

　まず、ノールズはおとなの学習であれば自己決定的だとは述べていない。ノールズは自己概念について以下のように説明している。

　　人間が成長するにつれて、依存的状態から自己決定性が増大していくのはしぜんなことである。もちろん、個人差や生活状況による差はみられるが、教師は、この変化を促進し、高めるという責任をもつ。成人は、特定の過渡的状況では、依存的であるかもしれないが、一般的には、自己決定的でありたいという深い心理的ニーズをもっている。　　（p. 39）

　つまり、ノールズは「依存的状態から自己決定性が増大していく」という変化のプロセスとして人間の成長を捉えている。「0か1か」「子どもかおとなか」「依存的か自己決定的か」といった二者択一ではないのである。ノールズは「成人期の心理学的定義とは、人が自分自身を基本的に自己決定的だと認知する時期なのである」とも述べており、おとなが基本的に自己決定的であることは認めているが、おとなの学びは自己決定的であるとは言っていないことに注意が必要である。この点についてノールズはさらに以下のように述べている。

　　成人はそれまでの学校生活によって、（ペダゴジー・モデルのもとで）伝達された内容を依存的かつ多少受動的に受け入れる学習者にふさわしい役割を自覚するように深く条件づけられてきた。その結果、かりに彼らが他のさまざまな生活の側面において完全に自己決定的であったとしても、「教育」という名称のついたさまざまな活動のなかに入った瞬間から、彼らは椅子に深く座り、腕組みをして、「教えてくれ」と言うであろう。教師がこのスタンスを額面通りに受け止め、成人学習者を依存的な人間として扱い始めたときに問題は生じてくる。というのもこの扱いは、成人の内面に、事前に条件づけられてきたこの学習者役割の知識モデルと、成人の自己決定的でありたいという深い心理的ニーズとの間の葛藤状態を引き起こすからである。　　　　　　　　　　（p. 42）

　おとなの内面には自己決定的な自己概念があるにもかかわらず、教育というセッティングの中でペダゴジー・モデルにおける学習者のような構えになってしまうことが多い。だが、これを額面通り受け取って依存的な人間として扱うことは、言ってみればおとなを「子ども扱い」していることになり、おとなの内面に葛藤状態を引き起こすことになるのである。もちろん、先述のようにペダゴジー・モデルがふさわしい場面もあるわけだが、それは学習者を「子ども扱い」するのが適切な場面があるということではない。
　おとなは基本的に自己決定的な自己概念を持っているが、学びが自己決定的ではない場合もある。この際、教師の側に求められるのは、まずは自己決定的な自己概念、自尊心や自己決定への尊重である。また、同時に自己決定

的な学習ができるように適切な支援（helping）を行うことも必要である。ノールズはこの点について、「教師は、この変化を促進し、高めるという責任をもつ」（p. 39）と述べており、自己決定的な学習ができるように支援することも教師の責任であり、実際にそのようにするべきであると主張している。

　以上、ノールズについての批判および誤解について 3 点に絞って見てきた。ノールズへの批判はこれら以外にも「年齢や性別、背景などが異なる多様な成人学習者をひとくくりにして考えてよいのか」「成人教育の対象は高学歴者に偏りがちであるが、おとなの学びはその自己決定的な自律性・主体性に任せておいていいのか。学びの格差が広がるばかりではないか」など多くの批判がある。批判の中には、ノールズの考え方を全面的に否定するものもあれば、ノールズの考え方を積極的に乗り越えることで発展させようとするものもある。その全てをここで扱うことはできないが、私たちにとって重要なのは、誤解を恐れずに言えばノールズが正しいかどうかではない。重要なのは、ノールズが提唱した考え方を参照し、参考にしながら、私たち自身が学習支援／教育の実践をどのようにデザインしていくかである。
　実践をデザインする際、「ノールズはいろいろ言っているけれども自分はペダゴジーでいいと思う」というのでは参照したことにならない。なぜペダゴジーでいいのか、それはペダゴジーに自分が慣れ親しんでしまっていて、自分にとってやりやすいからというだけではないのか、自身の実践はきちんと学習者の方を向いているのかといったことを、教員は常に自分自身に問いかけなければならない。

4.　おわりに

　本章では、ノールズによって提唱されたアンドラゴジーのモデルを参照しながら、おとなの学びとその支援／教育について考えてきた。実務家教員が学習支援／教育の実践を行う際、その対象は実務経験がゼロ、または非常に少ない学習者である場合が多いだろう。その際に、「相手は未熟だから教員の経験や知識を教え込んでやろう」というのはペダゴジー・モデル的な発想である。もちろん、「君たちはもうおとなのだから、自己決定的に自分で

学びなさい」というのでは「先生は教えてくれない」という反応が返ってくるばかりで学習支援／教育にはならない。

　既に述べたように、ノールズの *The Modern Practice of Adult Education* の1980年の改訂版の副題は「ペダゴジーからアンドラゴジーへ」であった。ペダゴジー・モデルとアンドラゴジー・モデルという2つのモデルは想定できるが、実際にはその間におけるスペクトル、あるいは濃淡、グラデーションの中でどのような実践を行っていくのか、教師は授業の目標や目的、内容、学習者のレディネスやニーズなどを勘案しながら、自ら学習支援／教育の実践をデザインしていかなければならないのである。

注

1）これらが1919年時点で実現することは実際にはなかったのだが、理想として既にこのように語られていたことは知っておいてよいだろう。また、100年以上前に語られた成人教育の理想を、今を生きる私たちは具現化できているかどうかという視点を持っておく必要がある。

2）アレクサンダー・カップ（Alexander Kapp）が1833年に『プラトンの教育論』の中で用いたのが最初だと言われている。その後1920年代に用いられたが、再び忘れ去られ、1950年代に入るとヨーロッパの複数の研究者らによってまた使われるようになった。なお、アメリカで初めてアンドラゴジーという用語を紹介したのは、エデュアード・リンデマン（Eduard C. Lindeman）である。

参考文献

Adult Education Committee (1919) *Final Report*, Ministry of Reconstruction, Great Britain.

Knowles, Malcom S. (1970) *The Modern Practice of Adult Education: Andragogy versus Pedagogy*, Association Press.

Knowles, Malcom S. (1980) *The Modern Practice of Adult Education: From Pedagogy to Andragogy*, Association Press. (＝ノールズ，マルカム著／堀薫夫・三輪健二訳（2002）『成人教育の現代的実践─ペダゴジーからアンドラゴジーへ』鳳書房.)

リンデマン，エデュアード／堀薫夫訳（1996）『成人教育の意味』学文社.

ユネスコ（1976）「成人教育の発展に関する勧告」文部科学省（仮訳).

演習問題

1．ペダゴジーとアンドラゴジーの関係についてノールズが指摘していることを200字程度で説明してください。
2．アンドラゴジーの視点から考えた際、あなたの実務経験についてどのように教える／学習を支援するのがよいか考えてみましょう。
3．自分自身の学びについて、アンドラゴジーの観点から振り返ってみましょう。特に図表10-1について、どのようなときにどの観点が当てはまるか／当てはまらないか考えてみてください。

執筆者紹介

伴野 崇生（ともの たかお）
社会情報大学院大学准教授
香港中文大学専業進修学院専任講師、東京農工大学特任助教、慶應義塾大学特任講師等を経て現職。これまで大学・大学院で担当した科目は、外国語／第二言語科目から科学技術コミュニケーションや多文化間カウンセリングまで多岐にわたる。近年は文化心理学の観点から、学習者・教師／学習支援者の変容プロセスに関する研究を進めている。

会社勤めと講師業の両立で
産学を往還した実践的な学びを提供

社会情報大学院大学「実務家教員養成課程」の第2期生として同課程を修了し、現在、会社と専門学校の非常勤講師を両立している北見賢一さん。大手企業での勤務を続けながら実務家教員になるまでの道のりを聞いた。

サンリーブ株式会社酒類営業部部長
学校法人佐野学園専門学校神田外語学院非常勤講師
北見 賢一

35年のサラリーマン人生を経て教員の道へ

実務家教員養成課程の第2期生として課程を修了した北見賢一さんは、現在もサントリーグループに勤めるサラリーマン。2020年4月に神田外語学院のビジネス系科目で非常勤講師として採用され、サントリーグループの仕事と両立しながら実務家教員としての一歩を踏み出した。

1985年にサントリーグループに入社して以来、35年のサラリーマン人生を歩んできた北見さんが、自身のセカンドキャリアを考え始めたのは、56歳を迎えた2018年の秋ごろ。役職定年の58歳を前に、その後の人生を考え、本を読みあさったという。そこで出会ったのが『これまでの経験を生かしてサラリーマンから大学教授に転身する方法』（山崎和邦、2006、中経出版）という書籍。「こんな道もあるのか」と考えていた矢先、新聞に載っていた「実務家教員養成課程」の記事が目に留まった。

サントリーグループでは、マーケティング部門と営業部門を行ったり来たりし、理論と実践の両面を体感してきました。そうした経験を若い人たちに教える、実務家教員としての道もあるのかなと考え、説明会に足を運んだのが養成課程を受講したきっかけです。

模擬授業で感じたプレゼンと講義の違い

「普通のサラリーマンが教員になるための要素が15週の中に全て盛り込まれ

ていると感じました」と話す北見さん。

　養成課程では、「実務能力」「教育指導力」「研究能力」という実務家教員に必要な3能力を講義、演習、セミナー、模擬講義など、さまざまな形で学習する。中でも北見さんが特に役立ったと感じているのは、①公募や応募に必要な「教員個人調書」の書き方、②サラリーマン人生を振り返る「省察」、③シラバス作成の基礎・演習、④授業計画（1回／90分）の作成法、⑤模擬授業の5項目だという。特に、養成課程修了の締めくくりとなる模擬授業は、大きな経験となった。

　　もともと営業部門やマーケティング部門でプレゼンをすることは多く、人前で話すことには慣れていましたが、顧客や社内に承認を得るためのプレゼンと、学生に伝え、学びとってもらう授業では、大きく違うことを実感しました。動画に撮った自分の模擬授業を見返した時は、「なんて下手なんだ」とわれながら思いました。

　北見さんは、模擬授業のほかに日本女子大学での教育実習も経験した。「リカレント教育の授業でリレーション・マーケティングの講義を行いましたが、ジャッジしていただいた先生方に多くのダメ出しをいただきました」と振り返る。実習後にもらったA4用紙8枚におよぶ教育実習評価シートの内容は、今も繰り返し読んで参考にしているという。

会社勤めをしながら実務家教員の強みを生かす

　実務家教員養成課程修了後は、JREC-IN Portalというサイトで教員の公募を探し、神田外語学院との縁を得た。研究者としての実績や経験がない北見さんにとって、教員のポストを探すことは容易ではなかったという。

　　養成課程を通じて、自分のこれまでの仕事人生を省察すること、それをベースに個人調書、シラバス、授業計画などを作ることが重要と学びました。論文執筆演習の授業が終わったら、実際に論文を書き始めるのがいいかと思います。大学教員を目指すのであれば、やはり論文は必要というのが、就職活動をしてみての実感です。

　神田外語学院へは、書類審査、模擬授業、面接を経て採用された。現在はビジネス科目「キャリア開発」という分野で週2コマ授業を行っている。採用されてすぐコロナ禍で緊急事態宣言が出されたため、1学期は、4月は全て休講、5月は授業を録音して配信するなど、イレギュラーな状況が続いた。2学期からはハイブリッド方式で学生の半分はオンライン、半分は対面という形での授業が続いているという。

　　　出鼻をくじかれた感じがしていますが、それでも授業後に学生が書いてくれる感想が、自分を勇気づけてくれます。

　現在、北見さんは会社と非常勤講師を両立する形態で働いている。

　　　幸い、サントリーグループは副業を認めています。ならば、会社にいながら両立するのもいいかなと感じています。会社を辞めないでいた方が、実際に今、社内で起きていること、ビジネスで起きていることの最新の情報が入りますし、自分自身のビジネスマンとしての感覚も鈍りません。常に新鮮な情報を持って教えることができるのは、実務家教員の強みとも言えます。

　2019年4月、セカンドキャリアを考え教員の道を選んだ北見さん。養成課程を通して、教員という職業の魅力を実感するようになったという。一方で、教えているエアライン科と観光科の生徒たちは、コロナ禍で就職難を迎えている。そうした生徒たちに「気を落とさずに前を向いて頑張ってほしい」と、切実に願う先生の顔をのぞかせた。

　　　若い人たちに、私が社会人として経験してきたことを感じてもらい、これからの人生に役立ててもらう。これからの世界を背負って立つ人を育てる教員という職業は、本当に素晴らしい職業だと思います。私のようにサラリーマンから教員の道を目指す方が、多く出てこられることを願います。

　　　　　　　　　（『月刊先端教育』2020年12月号より編集・再掲）

第 3 部

実務家教員の研究能力

　これまで本書では、実務家教員にとって必要な「実践知の体系化」に関する方法論や、教育指導において求められる具体的な能力を中心に解説してきた。一方で、特に高等教育機関に勤務する実務家教員には、もう1つの能力が求められる。それはすなわち「研究能力」であり、より具体的には「実践知に関する論考を執筆し、発表する能力」といえる。

　第11章から第13章は、省察的実践、実践と理論の融合について学びながら、実務家教員が自らの実務経験を振り返り、実践のなかで何を行っているのか、どのように実践を捉え改善してきたのか、また、他者と共有可能な形式知としていくにはどうすればよいのか、さらにはどのような形で提示可能かについて考えていく。第13章では、競争力・実力ある実務家教員に必要不可欠な「論文執筆」について基礎から学んでいく。

到達目標

- ・研究や論文執筆に関連する用語の意味を説明することができる。
- ・実務家教員が研究や論文執筆に取り組む意義を説明することができる。
- ・自らの実務経験を基礎とした論文を執筆することができる。
- ・研究倫理を遵守する意義を説明することができる。

省察的実践

1. はじめに

　実務家教員は実務家として成長をし、実務家としての専門性を確立しなければならない。また、実務における実践の現場の知を自ら振り返り、言語化し、他者（学生・受講生ら）に伝えたり考えたりしてもらうための材料として提供できるような形にしておかなければならない。では、そのようなことはどのようにすれば可能となるだろうか。その答えの1つが省察である。

　本章では以下、ドナルド・ショーン（Donald A. Schön）（2007）『省察的実践とは何か──プロフェッショナルの行為と思考』を参照しながら、ショーンが何を考えたのか、その概略を確認しつつ、省察的実践や省察的実践者の理念・モデルについて考えていきたい。その際、必要に応じて野中郁次郎（2007）に示されている「知の三分類」を補助線に理解を深めていく。

　なお、"reflective practitioner"の訳語には「省察的実践者」「省察的実践家」「反省的実践家」などが、"reflection"の訳語には「省察」「内省」「反省」「リフレクション」「振り返り」などが、また"reflective"の訳語には「省察的」「反省的」「リフレクティブ」などがあるが、本章では「省察的実践者」「省察」「省察的」を用いることとする。なお、以下に示す引用は、特に断っていない限り、全て『省察的実践とは何か』の邦訳からのものである。

2. 省察的実践とは

2.1 技術的合理性（technical rationality）とその限界

　ショーンはあるべき実践者として省察的実践者と呼ばれるモデルを提唱し、行為の中の省察の必要性を主張した。その対極にあるのが技術的合理性である。

　技術的合理性とは、非常に大雑把に言えば、体系的で標準化された専門的

知識を、現実の場面に厳格に適用（application）しようとする考え方のことである。この技術的合理性のモデルに従えば、「プロフェッショナルの活動を成り立たせているのは、科学の理論や技術を厳密に適用する、道具的な問題解決という考え方」（p. 21）である。普遍的にいつでも成り立つ科学的で標準化された一般的諸原理が先にあって、実践者はそれを個別具体的な現実の問題に当てはめて対処しようと考えることになる。だが、このようなあり方には限界がある。ショーンは技術的合理性モデルに基づく問題解決の限界を以下のように指摘する。

> 〈技術的合理性〉の視点から見ると、プロフェッショナルの実践は問題の〈解決〉（problem *solving*）のプロセスである。選択をめぐる問題や決定をめぐる問題を解決するのは、いくつかの手段の中から、定められた目的に一番ふさわしい手段を選びとることによりおこなわれる。しかし問題の解決ばかり強調すると、私たちは、問題の〈設定〉（problem *setting*）を無視することになる。つまり、どのような解決がよいか、どんな目的を達成すべきであるかを定義し、選ぶべき手段は何かを決めるプロセスを無視することになるのである。現実世界では、諸問題は所与のものとして実践者の前に現れるわけではない。現実世界は、私たちを当惑させ、手を焼かせ、不確実であるような問題状況から構築されているに違いない。
> (p. 40)

　つまり、技術的合理性モデル、すなわち標準化された専門的知識の厳格な適用では、複雑で必ずしも予期ができない現実の問題状況に対応できるとは限らないのである。そこで、ショーンは技術的合理性のモデルに代わる「〈わざ〉[1] を中心とする直観的なプロセスに暗黙に作用している実践の認識論」（p. 49）の必要性を指摘し、「行為の中の省察」の重要性を主張する。技術的合理性モデルに代わる、省察的実践者を提唱するのである。

　技術的合理性モデルの厳格な適用とはどのようなことだろうか。例えば、ビジネスについて考える際、あるいは実際にビジネスを行う際、経営学や商学、あるいは経済学といった学問分野の知見は有用である。だが、言うまでもなく、具体的な文脈を無視して学問的な理論をそのまま個別具体的なビジ

ネスのシーンに当てはめてもうまくはいかない。なぜなら、理論というもの
は一般的に、個別具体的なものを超えた、時代や空間などによらない一般
性・普遍性を志向したものだからである。

　これに関連して、野中（2007）は、アリストテレスを参照しながら、エピ
ステーメ（episteme）、テクネ（techne）、フロネシス（phronesis）という
「知の三分類」を提示している。エピステーメとは、「一般性を志向し特定の
時間・空間・他者との関係性、つまり文脈／コンテクストによって左右され
ない、客観的知識」である。学問知、科学的な知がこれに当たる。テクネと
は、「テクニックやアートに対応する実践的かつ文脈によって異なる、もの
をつくりだす実践的知識」である。フロネシスとは「倫理の思慮分別をもっ
て、その都度の文脈で最適な判断・行為ができる実践的知恵」である。野中
はそれぞれを「形式知」「暗黙知」「高質の暗黙知」とし、さらにフロネシス
について「絶えず動いているその都度の状況や分脈の中で最善の判断と行動
を起こす能力」「知識一般ではなく、経験の反復を積み上げながら、こうい
う状況ではこれであると判断できる能力が実践的知恵」と解説している。

　この「知の三分類」をショーンの議論に当てはめるならば、技術的合理性
モデルでは、文脈／コンテクストによって左右されない、客観的知識である
エピステーメを、現実の場面に厳格に適用することによって問題解決を行お
うとする、ということになる。だが、現実の問題は実際には文脈／コンテク

エピステーメ (episteme)	・一般性を志向し特定の時間・空間・他者との関係性、つまり文脈／コンテクストによって左右されない、客観的知識	形式知
テクネ（techne）	・テクニックやアートに対応する実践的かつ文脈によって異なる、ものをつくりだす実践的知識	暗黙知
フロネシス (phronesis)	・倫理の思慮分別をもって、その都度の文脈で最適な判断・行為ができる実践的知恵 ・絶えず動いているその都度の状況や文脈の中で最善の判断と行動を起こす能力 ・知識一般ではなく、経験の反復を積み上げながら、こういう状況ではこれであると判断できる能力が実践的知恵	高質の暗黙知

図表11-1　野中（2007）によるアリストテレスの「知の三分類」［出典：筆者作成］

ストに依存したものである。また、複雑で常に変化するものであり、数学の
ドリルを公式に当てはめて解くようには解決できない。ショーンが主張して
いるように「問題の〈設定〉（problem *setting*）」、つまりは「どのような解
決がよいか、どんな目的を達成すべきであるかを定義し、選ぶべき手段は何
かを決めるプロセス」が重要なのである。

2.2　問題設定（problem *setting*）

　ショーンは、技術的合理性モデルでは無視することになってしまう問題設
定（problem *setting*）について以下のように指摘する。

> 問題を設定するとき、私たちは状況の中から「事項」として取り扱える
> ものを選びとり、注意を向ける範囲を定め、問題に一貫性を与え、何が
> 間違いでどの方向に変えなければならないかを言えるようにする。問題
> の設定とは、注意を向ける事項に〈名前をつけ〉、注意を払おうとする
> 状況に〈枠組み（フレーム）を与える〉相互的なプロセスなのである。
>
> (p. 41)

　このような問題の設定を行うことで、問題状況を問題として捉え、認識す
ることが可能となる。技術的合理性モデルでは「体系的で標準化された専門
的知識」、すなわち、エピステーメ（形式知）を現実の場面に厳格に適用す
ることによって問題を解決しようとする。だが、ある事柄について考える
際、それが何の、どのような問題なのかはあらかじめ決まっているものでは
ない。

　例えば、よりよい街づくりをしようと思っている実践者がいるとしよう。
政治家でも市区町村の職員でも NPO 職員でも構わない。実践者がその街の
状況の中から「一人の男子中学生が駅近くの公園でタバコを吸っている」と
いう事項を選び取ったとする。その際、それが法律の問題なのか、教育の問
題なのか、健康の問題なのか、青少年の心理の問題なのか、家庭の問題なの
か、地域社会の問題なのか、あるいはまた別の角度から考えるべき問題なの
かは、あらかじめ決まってはいない。ある事項が何の、どのような問題であ
るかは、実践者が設定する必要があるのである。

　実践者がそれを「青少年の心理の問題」と名づけた、つまりこの問題状況を解決するために必要なのは「青少年の心理の問題」を解決することだと捉えたとしよう。その際、注意を向ける範囲を定めるとすれば、それがその個人の問題なのか、その地域の中学生の問題なのか、あるいは現代日本を生きる若者一般の問題なのか考える必要がある。また、個人の問題だとした場合にも、ある家族の一員として育った個人の家庭内で培ってきた習慣の問題なのか、ある中学校に適応できないでいる孤独感に関する問題なのかなど、観点はいくらでもある。そのような可能性の中から、実践者が偏見や思い込みで一方的に問題を設定することはできない。問題設定の際には、勝手に決めつけるのではなく、対話を通じて行っていく必要がある。対話の相手は、この場合であれば駅近くの公園で一人タバコを吸う男子中学生であり、問題に関わる人々（ステークホルダー）であり、あるいは状況[2]であるだろう。

　もちろん、現実の状況はここに挙げた例ほど単純なものではない。現実は、より複雑で不確実で不安定なものであることの方が多い。実践者は行為の中で、時には即時に問題状況を理解し、状況を変える試みをしなければならない。また、実践者の行為によって状況が変化したのを受け、実践者はさらにそれを「省察しながら状況の中に新しい意味を見出していくようになる」（p. 154）。

　では、このようにして設定され、定義づけられ、意味づけられた問題はどのような形で対応され得るだろうか。ショーンは「日常生活での行為は、意識しないまま自然に生じる、直観的な行動である」と指摘した上で、「同様に、プロフェッショナルのふだんの仕事生活も、暗黙の、行為の中の知の生成に頼っている。有能な実践者は皆、合理的で的確な指摘や、完璧な記述ができないような現象であっても、それを正しく認識することができる」（p. 50）と指摘する。つまり、体系的で標準化された専門的知識の厳密な適用という技術的合理性モデルで捉えきれない状況においても、私たちは実際に「正しく認識」し、「意識しないまま自然に生じる、直観的な行動」として対応し得るのである。

　野中（2007）に示されている「知の三分類」に引きつけて言えば、「有能な実践者は皆、合理的で的確な指摘や、完璧な記述ができないような現象であっても」、テクネ（暗黙知）やフロネシス（高質の暗黙知）を通じて、「そ

れを正しく認識することができる」と言える。テクネは、実践的かつ文脈によって異なる実践的知識であり、フロネシスは文脈で最適な判断・行為ができる実践的知恵である。実践者はエピステーメ（形式知）である標準化された専門的知識を厳格に適用するのではなく、それを参照しつつも実践的知識を実践的知恵によって判断し、行為している。その際、実践者は複雑で曖昧で不安定で多様な現実に対して、ショーンの言う〈わざ〉を用いることで対応しているのである。

2.3　行為の中の省察 (reflection-in-action)

　とは言え、実践者は「意識しないまま」「暗黙のまま」ではなく、自分がしていることについて振り返る、すなわち省察を行うことも多い。省察の過程で、実践者は自分の行為を意識化することとなる。ショーンは、行為の中の省察 (reflection-in-action)[3] が生じる状況について以下のように述べている。

　　一方で、普通の人びともプロフェッショナルな実践者も、自分がしていることについて、ときには実際におこなっている最中であっても考えることがよくある。行為の最中に驚き、それが刺激となって行為についてふり返り、行為の中で暗黙のうちに知っていることをふり返る。（中略）行為の中の知の生成をめぐる省察はたいてい、行為の中の知の生成を構成する素材をめぐる省察へとまっすぐにつながっていく。ひとが取り扱う現象は、当惑するか興味深いものであることが多い。その現象を理解するにつれてひとは、行為の中で暗黙のままになっている理解についてもふり返るようになる。暗黙のままではなく表に出してそれを批判し、再設定し直し、将来の行為の中で具体化する理解についても省察するようになる。

　　行為の中の省察 (reflection-in-action) というプロセス全体が、実践者が状況のもつ不確実性や不安定さ、独自性、状況における価値観の葛藤に対応する際に用いる〈わざ〉の中心部分を占めている。　　（pp. 50-51）

　ショーンはこのように述べ、実践者は技術的合理性モデルでは捉えきれない、不確実性や不安定さ、独自性、状況における価値観の葛藤に対応する際

に〈わざ〉を用いていること、その中心に行為の中の省察があることを指摘している。この点に関連して、ショーンは次のように述べている。

> 行為の中で省察するとき、そのひとは実践の文脈における研究者となる。すでに確立している理論や技術のカテゴリーに頼るのではなく、行為の中の省察を通して、独自の事例についての新しい理論を構築するのである。（中略）手段と目的を分離せず、両者を問題状況に枠組みを与えるものとして相互的にとらえる。実践者は考えることと行動とを分離せず、決断の方法を推論し、あとでその決断を行為へと変換するのである。　　　　　　　　　　　　　　　　　　　　　　　　　　　　(pp. 70-71)

このようにショーンは、実践者が行為の中で省察を行うことで「私たちを当惑させ、手を焼かせ、不確実であるような問題状況から構築されているに違いない」(p. 40) 現実の問題状況に「独自の事例についての新しい理論を構築する」(p. 70) ことで対応し得ることを主張している。

ここでまた、野中（2007）に示されている「知の三分類」を参照するのであれば、「すでに確立している理論や技術のカテゴリー」であるエピステーメ（形式知）に頼るという技術的合理性に依拠しない。実践者は、その都度の文脈で最適な判断・行為ができる実践的知恵であるフロネシス（高質の暗黙知）によって判断・行為を行いつつ、テクネ（暗黙知）すなわち実践的知識を用いて「行為の中の省察を通して」文脈の中でみずからの行為を振り返りながら、「独自の事例についての新しい理論を構築する」のである。

3.　省察的研究

3.1　実務家による実務の〈わざ〉の省察

実務家教員は、実務家としての〈わざ〉を経験的に身につけてきている。それは実践の現場の知であり、必ずしも言語化されていない。実践の知はテクネであり、フロネシスであって暗黙知の領域にある。実務家教員には、実務の現場で培ってきたそのような〈わざ〉を教育の場に導入することが求められる。

　実務家は、ショーンが指摘するように、実務の文脈における問題状況を捉え、問題の定義づけ（問題設定）を行う。実務家は問題に対応しようとする際、どのような〈わざ〉を用いているのか、あるいは対応しようとした際、どのような〈わざ〉を用いてきたのか、省察を通じて言語化し、学習者と共有可能な知へと昇華していかなければならない。もちろんその言語化が目指すものは技術的合理性モデルを志向するものではない。実践知を言語化し、他者と共有可能なものとしていくとしても、それは「行為の中の省察」を通じてなされるものであり、文脈／コンテクストと切り離されたものではない。言語化され、それが体系づけられていく中で、ある程度ほかの場面や領域でも参照可能なものとなり得るが、抽象化され一般化された理論、標準化された専門的知識とは異なり、複雑で曖昧で不安定で多様な現実を常に意識したものになる。実践者は、まさに「独自の事例についての新しい理論を構築する」のである。

　ショーンは実践者の「行為の中の省察」の能力を豊かにするために、実践現場の外で直接遂行することが可能な研究として、①フレーム分析、②レパートリー構築の研究、③探究と架橋理論の基礎的方法に関する研究、④「行為の中の省察」プロセスに関する研究の4つを挙げ、これらを省察的研究（reflective research）と呼んでいる。(pp. 326-327)

　①フレーム分析とは、「実践者が問題と役割に枠組みを与えるやり方について」、「暗黙のうちにもっているみずからのフレームに気づき、批判的になることを援助する」研究である（p. 327）。実践者を含むあらゆる人間は、物事をあるがままに見ているわけではなく、みずからのフレームに従って認識を行っている。フレームによって決定づけられた方法によって、状況を変える方向性と実践を形成する価値が決定づけられる。「暗黙のうちにもっているみずからのフレームに気づき、批判的になることを援助する」だけでなく、「実践者がみずからのフレームに気づくようになると、実践という現実にフレームを与える方法には別のものがありうるかもしれないと気づくこともできる。自分が優先してきた価値と規範に注意し、これまで重要だと見なすことなく考慮の範囲外に置いていたことについても合わせて考えられるようになる」(p. 335)。

　②レパートリー構築の研究では、「行為の中の省察」に役立つ方法で事例

を蓄積し、記述や分析を行う。それによって、「実践者・実務者が独自の状況にもち込むレパートリーの構築を助ける」（p. 327）。蓄積される事例には、「新しい事例を扱うときにアクセスできる先例を記述」する、「特定の課題へと結びつけるための考え方を例示する」という二重の意味がある（p. 333）。記述や分析を行う際、「事例の書き手が、探究の終わりになって立ち上がってきた見解を、あたかも最初から活用できたかのように書くといった『履歴の修正』を含んでいることがしばしばである」（p. 333）ことに注意しなければならない。そのような修正を避け、探究の進展をきちんと表現していくことによって、事例研究は「行為の中の省察」に役立つレパートリー構築に寄与するものとなる。

　③探究と架橋理論の基礎的方法に関する研究とは、「実践者がその場その場で発展させてきたさまざまな手法の中から、探究する方法と事象をつなぐ理論に関する研究」（p. 327）である。ショーンはこれを省察的研究の中で最も重要だと指摘している。「実践者は実践の基礎となる方法と理論によって、当初は自分のやり方に合わないように見える新しい状況を理解する際の跳躍台として、この研究を活用する」（p. 335）からである。ここで言う架橋理論とは、分野横断的に、個別具体的な問題状況を超えて探究を行うためのフレームとレパートリーを提供する理論だと考えられるだろう。

　④「行為の中の省察」がショーンにおいて重要であることは言うまでもなく、そのプロセスを理解することを目指す研究の意義は疑いようがない。「行為の中の省察」プロセスに関する研究について、ショーンは「行為の中の省察を研究するためには、研究者[4]は行為の中の省察が中心を担うような実験方法を身につけなければならない」（p. 340）と指摘する。「行為の中の省察を研究するためには、行為にたずさわるだれかを観察しなければならない」が、その際、「研究者は、自分自身を研究から除外することはできないし、実験のもつ社会的文脈に対する研究者自身の貢献をみずからの責任で不問に付すことはできない」（p. 339）。つまり、客観的な視点から、文脈から切り離された存在として研究を行うということはできないということに注意が必要である。「行為の中の省察」という文脈／コンテクストから切り離されない省察のあり方について理解していくためには、研究者自身が文脈／コンテクストの中にあることを前提としなければならないのである。

　言うまでもなく、実践者・実務家による研究のあり方は、これら4つの省察的研究だけではない。また、実務家教員が研究者教員同様に学術研究を行い、学術論文を書くことももちろん妨げられることではない。だが、実務家教員には研究者教員にはない強み、すなわち実務経験がある。実務経験を省察することで、実務家自身の実務に必要な「行為の中の省察」の能力を豊かにすることにもつながり、また、省察の過程で言語化していくことで、他者（特に学生・受講生ら）と共有可能な知となっていく。ショーンが挙げている4つの省察的研究の枠組みを参考に、ぜひ研究を行っていってほしい。省察的研究を通じて、実務家としての専門性はより確固としたものとなり、また、教員としての専門性として実務に関わる教育内容を明確化することができるようになるはずである。

3.2　研究と実務の架橋、研究者教員と実務家教員との架橋のための省察

　ところで、実務家教員は研究者教員とは異なるが、もちろん両者は対立関係にあるものではない。むしろ相補的な関係、つまり互いに補い合うことが可能な関係であり得るし、相補的であるべきである。実務家教員は研究者教員に実務の現場を伝えたり、研究者教員が実務のフィールドに入るのを手助けしたり、自らの省察的研究を研究者教員に提示することで、研究者教員の描く理論を下支えしたりすることが考えられる。また逆に、研究者教員からは学術研究における知見の共有を受けたり、あるいは実務家教員の実務経験を学術的な知見で理論的に補強する手助けを得たりすることも可能である。さらには、協働して研究を行うことにより、知の枠組みそのものを積極的に更新していくことも可能だろうし、行うべきだと考えられる。

　もちろん、実務家教員には研究者教員にはできない、あるいは得意ではないことが当然求められる。だが、両者の間に交流がほとんどない、あるいは分断されているというのでは、互いの学びの機会が失われてしまうだろう。それは、両者のみならず、学生・受講者らにとってもよくない状況だと言える。学生らは実務家教員の授業も研究者教員の授業も両方受講する。そのため、両者の間に全くつながりが感じられなかったり、あるいは大きく矛盾したりしているようでは、そこから学びを得ることは難しく、場合によっては

混乱をきたすことにもなりかねない。

　もちろん、高等教育の場面では、教員たちの考え方や価値観、あるいはよって立つ理論やモデルなどが同じでないことも多い。また、全国一律的な学びの内容が求められない高等教育機関のそのことが、学びの場としての魅力にもつながっている。だが、交流の上で立場が異なるというのと、最初から全く交流がないというのでは意味は大きく異なってくる。交流し、相互に理解し、尊重し合える関係がなければ、「あの実務家の先生が言っていることは理論に則っていない」「あの研究者の先生が言っていることは理論的だが現場を無視している」と、互いに否定し合うことにすらなりかねない。

　実務家教員による省察的研究は、研究者教員と交流するための共通言語となり得る。実務家教員と研究者教員の建設的で相補的な関係のためにも、学生らのよりよい学びのためにも、省察的研究という研究者教員との交流のチャネルを、ぜひ持っておくべきであることを最後に強調しておきたい。

4.　おわりに

　本章では省察的実践について、『省察的実践とは何か――プロフェッショナルの行為と思考』を参照しながらショーンの主張を理解することを試みた。本章では十分扱えなかったが、実務家教員は、実務家としてだけでなく、教員としても成長していかなければならない。そのためには、実務家教員自身が学び手として実務の世界にも関わり続けると同時に、教員としての〈わざ〉も高めていく必要がある。そのためには、常に自らの教育実践をも省察していくことが必要となる。

　ショーンの主張は、技術的合理性モデルに慣れ親しんできた私たちにとって、必ずしも簡単に理解できるものではない。だが、省察について理解できなければ省察ができないということはないこともまた事実である。省察という実践を通じて、省察について少しずつ理解していくことができるし、また、その理解が省察的実践をよりよいものにもしてくれるはずである。もし本章の内容が難しいと感じた場合にも、恐れる必要も残念に思う必要もない。まずは実務の文脈の〈中〉で、文脈から行為を切り離すことなく、自らの実践を振り返ってみるところから始めて、少しずつショーンの主張するこ

との意味を理解していってほしい。

注

1 ）ショーンが〈わざ〉と言うとき、そこには2つの意味がある。1つは「直観的な知のようなもの」「作業に習熟した行為の中の理論のようなもの」であり、もう1つは「直観的な知における行為の中の省察」という意味である。(p. 295)

2 ）状況との対話というと難しく感じられるかもしれないが、実践者が状況に〈枠組み（フレーム）を与える〉ことだと言ってよい。実践者は状況を変化させようとする努力の中で、状況を理解する。実践者は状況を形づくるが、状況との対話では、実践者自身のモデルや認識も状況によって形づくられるという、相互に影響を与え合うプロセスとなる。実践者が「理解しようとする現象は、部分的にはみずから作ったもの」であり、いわば、「理解しようと努める状況の〈中〉にいるのである」。(p. 167)

3 ）「行為の中の省察（reflection-in-action）」が分かりにくいようであれば、ある行為をその文脈と切り離さずに振り返り、その文脈の中で省察を行うことだと考えるとよいだろう。ここで注意しなければならないのは、inと言っていても必ずしも行為の最中に省察することのみを指して「行為の中の」と言っているわけではないことである。時間的に事後であっても、行為を文脈の中で捉えて省察を行う限り、それは行為の中の省察と呼ばれ得る。

4 ）ここで言う研究者は「行為の中の省察」プロセスを理解しようとする主体であり、実務家教員と対比される存在としての研究者教員を指すものではない。

参考文献

野中郁次郎（2007）「フロネシスとしての戦略」『本田財団レポート』No.119.

ショーン，ドナルド（2007）『省察的実践とは何か―プロフェッショナルの行為と思考』鳳書房.

演習問題

1．技術的合理性モデルによる問題解決とはどのようなものでしょうか。

2．行為の中の省察とはどのようなものでしょうか。

3．実務家教員が「行為の中の省察」を行う意義とその方法について考えてみましょう。

執筆者紹介

伴野 崇生（ともの たかお）
社会情報大学院大学准教授
香港中文大学専業進修学院専任講師、東京農工大学特任助教、慶應義塾大学特任講師等を経て現職。これまで大学・大学院で担当した科目は、外国語／第二言語科目から科学技術コミュニケーションや多文化間カウンセリングまで多岐にわたる。近年は文化心理学の観点から、学習者・教師／学習支援者の変容プロセスに関する研究を進めている。

章

実践と理論の融合

1. 実務家教員の研究能力

1.1 実務家教員にとっての研究とは何か

　実務家教員（あるいはそれに類する知識のリーダー）を目指すに際して、「研究能力」と聞くとハードルが高いと感じる人もいるだろう。しかし研究能力は、実務家教員に必要な3能力のなかでも中核となる能力であると筆者は考えている。

　人に自分が持っている実務経験やスキルを教えようとするとき、誰もがたいていは言葉にして伝えているはずである。そもそも自身の実務経験や実務能力を表明するためには、自分の実務経歴を言語にする必要がある。さらにいえば、自身の実務経験をもとに大学などの授業を設計する際、自分が得てきた実務的な知見と理論的な知識や他者の実務経験がどのように関連し合っているのかを考え、それをどのように教えるべきかを構成することとなる。これらの点にも研究能力は関わっているのである。

> もし仮に、結局のところ歯の手入れにもあらゆる社会的な契機が関わっている可能性があるという理由だけで、社会学の講義で歯を健康に保つ歯科学が扱われるようなことがあれば、明らかにナンセンスでしょう。（アドルノ 2001: 173-174）

　上記の引用は、筆者が知識の専門化について述べるときに好んで用いるテオドール・アドルノ（Theodor Adorno）の『社会学講義』の一文である。この文は、ある知識がほかの知識と区別されている様子を描いている。

　例えば、力学的エネルギー保存の法則という知識は「物理学」に属する知識であり、「経済学」の知識であるとは見なさない。このように、知識はそれぞれの領域ごとにまとまりを形成されているのである。そして、これらの

知識のまとまりは、専門分野と呼ばれている。専門分野は、もちろんただ単純にひとまとめにされているわけではなく、それぞれの知識が相互に関連し合って形づくられている。相互に関連し合って知識のまとまりが形成されていることが、「知の体系性」と呼ばれるのである。言い換えれば、「知の体系性」とは、ある知識がどの知識と結びついて体系性をなしているのかという、知識のなかでのマッピングのことである。実務家教員には実践的知識と既存の知識との関連付けを行うだけでなく、さらに、それらの知識がどのような実践の場面で用いることができるのかを意識することが求められる。

このように記述すると、研究能力についてのハードルをかえって上げてしまうように見えるが、狙いはその逆である。第1章でも述べたように、「研究能力」の意味を狭義に捉えると、途端に研究がよそよそしく感じられてしまう。もちろん、学会発表や論文を執筆し学会誌に掲載される学術業績は、研究能力を示す分かりやすい形ではあるし、学術業績を有するに越したことはない。だがしかし、学術業績のみを研究能力の証左と見なすのは、有益なことではない。

専門職大学設置基準第36条2によれば、「研究能力を有する実務家教員の定義」は以下の通りである。

　　　一　大学において教授、准教授、専任の講師又は助教の経歴（外国におけるこれらに相当する教員としての経歴を含む。）のある者
　　　二　博士の学位、修士の学位又は（中略）専門職学位（いわゆる専門職大学院で授与される学位のこと）を有する者
　　　三　企業等に在職し、実務に係る研究上の業績を有する者

前者の2つについては、履歴書を見れば分かる内容であり、外形的に判断可能なものである。一方で、第三の「企業等に在職し、実務に係る研究上の業績を有する者」については、解釈の余地がある。

研究とは何かについて考えてみよう。1つの答えは、「新しい知の発見／創造」である。いわゆる暗黙知は、表出していない知である。それらを言葉にして形式知にすることは「新しい知の発見／創造」にほかならない。そこで、研究能力を「新たな知見」を生み出すことであると考えれば、より多義

的で重層的な見方をすることができるのではないだろうか。ここで言いたいのは、学術業績によって生み出される学知と、実務家教員によって形成される実践知の、どちらがより優位なのかということではない。実務家教員が唱える持論が、全て実践知になるわけでもない。実務家教員の研究能力というのは、実務経験を持論として言語化し、さらに、誰もが納得でき、実際の現場で活用できるような実践知にする能力なのではないかということである。そのように捉えれば、研究能力の評価対象には、著書、論文などの学術上の業績のみならず、実務上の実践知識を形式知化、あるいは構造化・理論化し、さまざまな形で発表した業績も含まれることとなる。

1.2　知識活用のための知識＝メタ知識

　この考え方の延長線上に、実務家教員が固有に持つ知識をつくり出す役割が見えてくる。例えば、専門分野上の学術的な知見を、実務でどのように生かすことができるのかという知識は、「知識活用のための知識」の典型の1つである。それについて論じられるのは、実際に実務の現場があり、経験を有している実務家教員だけだ。

　実務家教員が関与する実践的知識のキーワードとなるのは、第1章でも言及した「実践の理論」である。この「実践の理論」という単語は、専門職大学に関する文部科学省の資料にも掲出されているし、「個人の能力と可能性を開花させ、全員参加による課題解決社会を実現するための教育の多様化と質保証の在り方について」（開花答申）という 2016 年の文部科学省中央教育審議会の答申にも示されている。「実践の理論」そのものの定義は、答申でも明確にはなされていないが、この単語の文脈を考えれば、理論と実践を架橋するもので、職業実践や社会課題解決にも寄与できる知識体系のことといえる。

　知識の社会史をひもとけば、さまざまな分野において学術研究者と実務経験を持つ実務家の知見が相互に作用して、新たな知識が形成されてきた。「実践の理論」とは、まさにこうした学知と実践知が融合した専門知の体系なのではないだろうか。したがって、「実践の理論」の構築は、研究者教員、実務家教員どちらもが担わなければならない、お互いの対話によって生み出されていくものであろう。こうした「実践の理論」について、それが求めら

れる社会的背景から考えてみよう。

2. 「実践の理論」とは何か

2.1　新たな理論の胎動

　私たちが生きる現代社会は、高度に複雑化した社会であるといわれる。さまざまな価値観や制度が複雑に絡み合っている社会であり、そこで生じる社会課題も必然的に高度であり多様なものとなる。さまざまな社会課題に対応するためには、さまざまな知見が必要となる。第1章でも言及しているように、現代社会は知識社会という様相を帯びている。さまざまな領域で、知識の創出とその利用が付加価値や課題解決の源泉となるのである。

　これまで知識というと、大学でのディシプリン（専門分野／学部）を想像することが多かった。このような大学での専門分野に従って知識を産出していくことを、マイケル・ギボンズ（Michael Gibbons）は「モード1」と定義している（ギボンズ 1997）。だが実際、現代社会の問題には、大学でのディシプリンだけでは対応できなくなっているのが現状である。だからと言って、大学のディシプリンが無効化しているわけではない。そうではなく、新たな知識の産出の方法を考える必要性が生じているということである。このように、大学のディシプリンだけではなく、さまざまなアクターが参加して知識を産出することを、ギボンズは「モード2」という。このような水準での知識の産出のありかたそのものが今、問われているのではないだろうか。日本では、少子高齢社会の影響としての労働生産性が問題視されているが、筆者には、この問題にも知識の利活用が関係しているように思われる。

　　個々の企業等の中に集積された暗黙知を形式知化して継承することや、さらには、これらを理論化・体系化して、生産性の向上へとつなげることの重要性が指摘されている。（「開花答申」pp. 4-5）

　新たな職業教育における高等教育機関（専門職大学）の創設に向けた答申である開花答申では、このように、暗黙知を形式知化していくことの必要性

が述べられている。ここでは、『知識創造企業』で先駆的な研究に取り組んだ野中・竹内（1996）のいう意味での暗黙知の形式知化のみならず、それぞれの実践の分野において体系的な職業的知見に関する理論構築が求められている[1]。いわゆるこれまでの学問的な専門領域ではなく、職業の専門分野における新たな体系的な理論の必要性を、この答申は指摘しているのである。

　そのなかで重要なキーワードになるのが「実践の理論」である。実践の理論は、後述するように、その出自が実際の実務経験に基づいた理論であるため、実務家がその生成を担う知識だといえる。

2.2　「実践の理論」とは

　「実践の理論」とは何か。まず留意しておかなければならない点は、先にも言及したように、「実践の理論」についての共通認識は存在していないということである。「実践の理論」も具体的な「実践の理論」がつくられなければ、「実践の理論」についての定義もできない。ここでは筆者がこれまで整理してきた「実践の理論」について述べる。

2.2.1　知識の複線化

　「実践の理論」そのものの発想は、これまでなかったわけではない。知識の社会史をひもとけば、さまざまな分野において学者（今でいう研究者）と職人（今でいう実務家）の知見が相互に作用して新たな知識が形成されてきた（バーク 2004）。いわゆる専門知（expertise）と実用的知識（know-how）—例えば、非言語的な職人芸、建築、料理、織物、治療、農耕などの知—が同様に重要なものとして扱われてきた。啓蒙主義時代のディドロとダランベールらの『百科全書』にそうした実用的知識が取り込まれ、言語にできないものは図絵にして収録されたことからも見て取れる（ディドロ／ダランベール編 1995）。ところが、時代を下るに従って、専門知と実用的知識の断絶が、あるいは理論と実践の断絶と言い換えられるような事態が生じたのである。

　この理論と実践の断絶は、『省察的実践とは何か』を著したドナルド・ショーン（Donald Schön）によっても指摘されていることである。ショーンは、実務家の多くが「自分が知っていることは言葉に出せない」であるとか

「自分が知っていることを述べようとすれば、自分がダメになってしまう」などということで、ますます理論と実践の分離に貢献すると指摘している（ショーン 2007）。研究者もそうした実務家の実践を無視するわけにもいかないが、他方で実務家が何をしているのかを知るすべがないというのが現実である。

　ショーンが指摘し問題視している点は、よく考えてみれば、ディドロとダランベールらの『百科全書』で問題意識として企図されていたことと同じである。彼らは『百科全書』によって、これまで徒弟制度によって職人芸的に守られていた知識を誰もが見られるように開放した。その結果、これまであった職業選択の制約がなくなったのである（村上 2006）。

　もちろん、現代の日本社会においては、個人の水準で多くの場合、職業選択に制約はされてはいないが、それぞれの知識をそれぞれの領域にとどめておくのではなく、さまざまな知識を組み合わせることを社会の課題と認識し、解決にあたるべきであろう。

2.2.2　実践の理論の構成要素

　実践の理論は大きく「実践的知識」と「実践的知識についての知識」の組み合わせで成立している。

　実践の理論の中核をなすのは、実務の現場で得られた暗黙知を形式知化したものである。その形式知化されたものを、実践知と区別して、「実践的知識」と呼ぶ。実践的知識は、その出自からも分かるように、ある実践現場での行為能力に役立つようにつくられている知識である。別の言い方をすれば、その実践での問題解決あるいは課題達成に使われている知見である。そうした意味では、実践的知識は極めてその実践現場に土着している局在的な知識（ローカルナレッジ）である[2]。

　「実践の理論」を形成するためには、実践的知識だけでは不十分である。その実践的な知識がどのような実践の場面で使える知識であるのか、その実践的知識をどのように使い、どのような効果をもたらすのかということを、その文脈を共有しない人に分かるようにしなければならない。それが「実践的知識についての知識」である（図表12-1）。実践的知識そのものではなく、その知識がどのように位置づけられるのかというメタ的知識に相当するもの

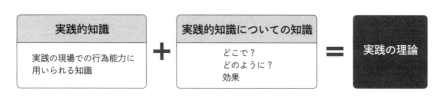

図表12-1　実践の理論の構成要素 ［出典：筆者作成］

だ。

　「実践の理論」は、この２つの要素の組み合わせによって形づくられることになる。言い換えれば「実践の理論」は、第一に、他者に対して説得性があり、他者に伝達することができる共有可能性を持つ必要がある。第二に、そのような知識が実践の場や組織、あるいは広く社会でどのようにして活用することができるのかという有用性を持っている必要がある。

　これらは学術的な専門知とは異なる点である。すなわち、学術的専門知はある程度、専門知の文脈を共有している者同士での知識の共有を前提としている。これに対して「実践の理論」は、ローカルナレッジ性を帯びながらも、自らと異なる文脈を持っている者に理解してもらうことが必要になる。この視点は教育上も極めて重要なものとなる。なぜなら、同じ文脈を共有しない学生に指導するとしたら、認識利得も含めて説明しなければ、学習に参入してもらえない可能性があるからである。

　誤解をおそれずに言えば、学術的な理論はある現象を深く理解することに主眼があるのに対して、実践の理論は、ある課題を解決するために創造されたものであると理解することができよう。

　そのうえで、「実践の理論」にもう１つの類型があるとすれば、それは、それぞれの専門分野で語られている学術的理論を、実践の現場でいかに利活用するかを明示したものだ。経済学者のジョン・メイナード・ケインズ（John Maynard Keynes）は『雇用、利子および貨幣の一般理論〈下〉』の最後の部分で興味深い指摘をしている。

　　誰の知的影響を受けていないと信じている実務家でさえ、誰かしら過去の経済学者の奴隷であるのが通例である。（ケインズ 2008: 194）

　ここでは経済学者が取り上げられているが、ケインズがいうのは、ある専門分野の理論を無意識のうちに実務家が活用しているということである。ある学術的な知識を実務の現場においてどのように役立たせているのか、知識の利活用を言語化することも「実践の理論」ということになる。つまりこの類型の「実践の理論」は、「ある専門分野での専門知識」と、その知識がどのような場面で用いられているのかを明らかにするメタ的知識から成り立っている。そしてそれは、ある実践の場での課題解決のための知識である「実践的知識」とその「実践的知識」を、どのような場面でどのように活用するのかという「メタ知識」との組み合わせからなる「実践の理論」と同じ構成をとるものである。

2.2.3　知識のモジュール化

　以上のように考えるとき、「実践の理論」で重要なのは組み合わせである。つまり「実践的知識」と、その知識の利活用に関する「メタ知識」をいかに組み合わせていくのかという点が鍵となる。この組み合わせという視点は、いわゆる「イノベーション」の概念に似ている。なぜ、「いわゆる」と前置きをしたのかといえば、イノベーションの産みの親とされている経済学のヨーゼフ・シュムペーター（Joseph Schumpeter）は、イノベーションという言葉を明示していないからである。シュムペーターが用いた言葉は「新結合（konmbinieren）」である（シュムペーター 1977）。新結合で述べられているのは、簡単にいえば、モノなどの要素を別の要素と結びつけることである。あまり注目されていないが「新結合」には、実はもう1つ重要な点がある。それは、従来からの関係、結合されている要素と要素を引き離すことである。この要素と要素を引き離すという点に注目すると、さらに2つの論点を提示できる。

　1つは知識のモジュール化である。モジュールとは、ほかのものと交換可能な部品というような意味で用いられる言葉である。つまり、でき得る限り知識を細分化し知識の要素として最小化しておき、入れ替え可能な知識にしておくことである。これには、2つの点でメリットがある。

　知識社会では、知識のライフサイクルが速くなる。つまり、知識のアップデートが頻繁に行われる。その結果、社会状況に適さなくなった知識は、入

れ替えることが必要となる。こうしたとき、知識がモジュール化されていれば、小さな知識を新たにつくり出すことで、従来の知識と入れ替えることができる。その時に知識がモジュール化されていなければ、陳腐化していないであろう考え方や知識まで全てを取り替えることになる。すなわち、知識のモジュール化のメリットの1つは、ある一部分だけを入れ替えるだけで、知識を長く利活用することができることである。

　また、先に言及したように、高度に複雑化した社会においては、問題解決のための知識の組み合わせが多数必要となるため、できるだけ知識を分化させておく必要が生じる。知識の組み合わせによって、新たな知識が造られるのだとしたら、モジュール化された知識の構成要素が多ければ多いほど、知識の組み合わせのバリエーションが増えることになる。これが、知識のモジュール化のメリットの2つ目である。

2.2.4　知識の脱埋め込み化

　要素と要素を引き離すという点への着目から導き出される論点のもう1つは、社会学者のアンソニー・ギデンズ（Anthony Giddens）によって提唱された「脱埋め込み化」に関するものである。ギデンズによれば、脱埋め込み化は「社会関係を相互行為のローカルな脈絡から『引き離し』、時空間の無限な広がりのなかに再構築する」（ギデンズ 1993: 36）ことと定義されている。この考えを「実践の理論」に落とし込むと、次のことが言える。実践的知識を構築していくうえで、自身の暗黙知は極めて文脈依存的でローカルな知識である。先に述べたように、「実践の理論」は実践的知識と実践的知識の利活用の知識からできている。自身の実務経験から「実践の理論」をつくり出そうとすると、実践的知識と実践的知識を利活用するための知識がセットになる。脱埋め込み化とは、そのような実践的知識を自身の実務経験の文脈から切り離して、ほかの実践の場で活用できるようにある程度抽象化していくことにほかならない。別の言い方をすれば、1回限りの実務現場から自らの経験的な知識を文脈から解き放つことが、脱埋め込み化なのである。

　脱埋め込み化することによって、実践的知識のモジュール化は可能となるのであり、ほかの実践の場に適用するという意味での、新たな実践的知識の利活用の知識とを組み合わせる新結合の可能性が生まれる（図表12-2）。

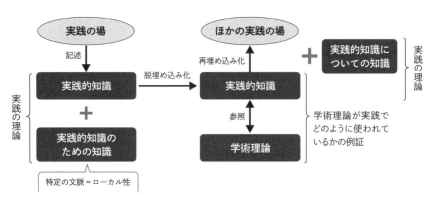

図表12-2　知識のモジュール化［出典：筆者作成］

　実践的知識を出自の実践の場から引き離し抽象化することは、その実践的知識をさまざまな領域に応用できる可能性を探ることにつながる。ほかの実践の現場で活用するとしたら、どのようにその知識が活用でき、その結果どのような結果をもたらすことができるのかということを見つけ出すこと、すなわち、「実践的知識についての知識」を見いだすことが必要である。ある文脈へ実践的知識を当て込み、その実践の場で使えてその効力を発揮できるようにする。これを、別の文脈に当て込むという意味で、「再埋め込み化」という。

　脱埋め込み化された知識は、もう1つの役目を帯びる。それは学術理論への貢献である。脱埋め込み化された知識の精確性を高めていくためには、既存の学術理論との比較や裏打ちが必要となる。先のケインズを引くまでもなく、私たちはこれまでの知識や行為の蓄積で実践を営んでいるからであり、そこには学術理論も少なからず入っている。学術理論で実践的知識を裏打ちすることは、学術理論を補強することにも役立っているのである。実務経験が出自の実践的知識は、学術理論が実践の現場でどのように使われているのかというメタ知識を知ることにつながるからである。

　そう考えると実践的知識をつくり出す実務家の倫理性も問われることになる。実践の現場から忠実に実践的知識をつくり出すことを信頼しているのである。この信頼を損ねないようにしなければならない。実践と理論の融合とは、知識と知識の関連性を見抜き、それを実践と結びつけることができるこ

と、すなわち、「実践の理論」を自在に操れることなのである。

注

1）金井・楠見（2012）が『実践知』を主題とした書籍を刊行しているように、経営学の領域においてはこれまでも、実務家の持つ知見についての検討がなされている。
2）ローカルナレッジについては、クリフォード・ギアーツが『ローカル・ノレッジ』で言及している。ギアーツによれば、ローカルナレッジは、基本的には文脈を超えた一般性を持たない。そして、その現場にいる人でないとその知識そのものも認知されていない（ギアーツ 2014）。

参考文献

アドルノ，テオドール（2001）『社会学講義』作品社.

バーク，ピーター（2004）『知識の社会史─知と情報はいかにして商品化したか』新曜社.

ディドロ，ドゥニ／ジャン・ル・ロン・ダランベール編（1995）『百科全書─序論および代表項目』岩波文庫.

ギアーツ，クリフォード（2014）『ローカル・ノレッジ─解釈人類学論集』岩波書店.

ギデンズ，アンソニー（1993）『近代とはいかなる時代か？─モダニティの帰結─』而立書房.

ギボンズ，マイケル（1997）『現代社会と知の創造─モード論とは何か』丸善ライブラリー.

金井壽宏・楠見孝編（2012）『実践知─エキスパートの知性』有斐閣.

ケインズ，ジョン・メイナード（2008）『雇用、利子および貨幣の一般理論〈上〉〈下〉』岩波文庫.

村上陽一郎（2006）『工学の歴史と技術の倫理』岩波書店.

野中郁次郎・竹内弘高（1996）『知識創造企業』東洋経済新報社.

ショーン，ドナルド（2007）『省察的実践とは何か─プロフェッショナルの行為と思考』鳳書房.

シュムペーター，ヨーゼフ（1977）『経済発展の理論─企業者利潤・資本・信用・利子および景気の回転に関する一研究〈上〉〈下〉』岩波文庫.

演習問題

1．あなたの実務の経験のなかで、実践の理論として体系化できそうなものを挙げてみましょう。

2．1で挙げた実践の理論は、同じ業界で働く人々に対してどのような影響を与えると思いますか。

3．1で挙げた実践の理論は、大学のどの学部・学科で教えるのに適していると思いますか。

執筆者紹介

川山 竜二（かわやま りゅうじ）

社会情報大学院大学教授・先端教育研究所所長

筑波大学大学院人文社会科学研究科にて社会学を専攻。専門学校から予備校までさまざまな現場にて教鞭を執る実績を持つ。現在は、「社会動向と知の関係性」についての研究のほか、専門職大学、実務家教員養成の制度設計に関する研究と助言も多数行っている。海洋開発研究機構普及広報外部有識者委員。また、教育事業に関する新規事業開発に対するアドバイザリーも行う。そのほか、研究施設などの広報活動について科学コミュニケーションの観点からアドバイスを行う。

第 13 章

論文執筆の基礎

1. 研究とは何か

1.1 研究の本質

「研究」や「研究者」と聞いて、どのようなことが思い起こされるだろうか。たいていの場合それは「iPS細胞」や「青色発光ダイオード」、あるいは難解な経済理論など、マスメディアで報道されるような、場合によっては著名な研究機関に所属するノーベル賞受賞者とひも付くようなテーマとともに想起される言葉ではないだろうか。しかしながら、もちろん全ての研究成果が報道されているわけではないし、研究者は必ずしも高等教育機関に所属しているわけでもない。こうした概念は日常会話のなかで使われていながらも、その内実はいまひとつはっきりしない。そこで本節では、論文の書き方や作法を身につける前に、そもそも「研究」とは何か考えてみたい。

一般的に研究という営為は、次のように定義される。すなわち、①何らかの研究目的を、②科学的な方法により得られた根拠に基づいて、③検証・考察することで明らかにする、④集団的な積み重ねである。

このうち特に重要なのは②の「科学的な方法」と④の「集団的な積み重ね」という点である。「科学的な方法」の具体例については、その一端を本章の後半で解説するが、言い換えれば、そうした研究方法によってデータが集められ、分析されていれば、どのようなテーマでも研究の対象となり得るのである。例えば筆者の一人は「テレビの視聴者」についての研究を遂行してきた。一見すると拡散しそうなテーマに思えるかもしれないが、橋本（2020）では視聴者に対するインタビューデータを質的分析法の一種であるM-GTAという手法で処理しており、その点において研究としての体裁が担保されているわけである。研究の本質がテーマではなく方法だとすると、このことは、あらゆる種類の実務経験が研究の対象となり得ることを意味している。

　また、「集団的な積み重ね」であることも研究の大きな特徴である。全く新しい研究方法や研究の視点が突然変異で発現し、学術界の常識を塗り替えていくことは、ごく一部の例外を除いてほとんど起こらない。あらゆる研究はそれに先立つ「先行研究」を参照し、その領域における新たな一歩を刻もうとするものである。

　研究方法と先行研究の重要性を理解するために、登山を思い浮かべてほしい。山の頂上に知りたいことがあるとして、そこに向かうための装備が研究方法であり、地図が先行研究である。安心して登るためには装備（研究方法）に信頼性や頑健性が求められるし、地図（先行研究）を読むことで目的地の途中まで大幅なショートカットができる。また、地図には崖や谷など、「進むべき道がなかったこと」も書かれている必要がある。その意味で、たとえうまくいかなかった研究であっても、後に続く者からすれば重要な知見となる。どんなものであれ、「その分野の地図に新たな道を書き込む営み」こそが研究なのである。

1.2　実務家教員の研究

　それでは、実務家教員に求められる研究とはいかなるものだろうか。本書でも述べてきた通り、実務家教員が求められるに至った社会的背景、すなわち知識社会においては、人々の直面する社会課題が複雑化する一方で、産業界と学術界が乖離しており、適切な解決策を導出できない状況にある。そこで「実践知の体系化」の観点から、実務上の知見を教育・伝達可能な形に変換する実務家教員の役割が重要になるわけだが、この重要性は研究においても同様である。

　すなわち、自身の実務経験が学術的知見のなかでどこに位置づけられるか把握したうえで、産業界・学術界が相互に理解・導入できる新たな理論を構築する、換言すれば「共通言語」を開発することが、実務家教員に求められる研究能力の中心に位置づけられる「実践と理論の融合」の本質である。

　図表13-1は、科学性への意識を横軸、社会実装への意識を縦軸として、研究を4つの象限に分類したものである。まず「平時の実践」は、一般的に科学性への意識・社会実装への意識とも低いものと考えられる。一方で、実践を詳細に記述することで一般化可能なエッセンスを抽出し、自らの、ある

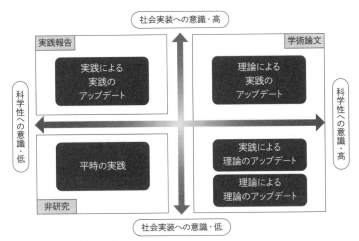

図表13-1　研究の分類 [出典：筆者作成]

いは他者の実践を改善する助けとなるもの、言い換えれば「実践による実践のアップデート」を志向する論考や発表は、「実践報告」とよばれる。

　また、科学性への意識が高い研究も、その成果を社会に実装する意識の高低でさらに分類することができる。例えば経営学やコミュニケーション論の視点から営業実務を分析し、効率のよい実践を提言するような研究は「理論による実践のアップデート」と整理できる。ほかにも、マーケティングの実践知を理論化し、既存の学術知を更新する「実践による理論のアップデート」もあり得るし、もちろん哲学者や物理学者らが取り組む「理論による理論のアップデート」も重要な研究であることに疑いはない。

　このような分類のなかで、実務家教員が取り組むべき、あるいは取り組むことが期待される研究は、「実践による実践のアップデート」「理論による実践のアップデート」「実践による理論のアップデート」の3領域であるといえる。こうした広範な領域において産業界と学術界双方に有用な共通言語を開発できるのは、豊富な実践知を有する実務家教員の大きなアドバンテージといえるだろう。

1.3　「学術的位置づけ」の探し方

　実務家教員が研究を遂行するうえでまず直面する問題は、「自身の実務が

どの学術領域に関連するか分からない」というものである。こうした場面では、JREC-IN Portalのウェブサイトに設置されている「研究分野一覧表」や、科学研究費助成事業の「審査区分表」など、研究領域を細分化し、表形式にまとめた文書が役に立つ。例えば、流通・ロジスティクス関係の実務経験は、「研究分野一覧表」では「大分野：社会科学、小分野：経営学、細目：商学」に含まれることが分かる。キャリア教育に取り組んできた経験がある場合、「審査区分表」では、「小区分09020〔教育社会学関連〕」が該当しそうである。

実務経験が特定の細目や区分に含まれることが分かったら、次に当該領域で一般的に読まれている教科書と、当該領域を対象とする学会を探してほしい。教科書は各大学で開講されている授業のシラバスから、学会は「（実務のキーワード）＋ 学会」でのウェブ検索からそれぞれ見つけることができる。なお、直接的な記述のない実務領域の場合は隣接する細目や区分を、実務領域が複数の研究分野にまたがる場合は、関連する全ての細目や区分を参照することが望ましい。

そして、教科書の記述や学会における議論と自身の実務経験を比較し、何か違和感を覚えた場合、すなわち、当該学術領域で公理とされている事柄が産業界の実情と異なるような場合には、その乖離状況を指摘するとともに、両者を前進させるための共通言語を開発し、成果を発表してほしい。

1.4　学会とは何か

ところで、研究成果の発表と密接に関わるのが学会とよばれるコミュニティである。学会は、特定の学術領域において所属機関を超えた研究者同士の、あるいは研究者と実務家の「横のつながり」を実現するとともに、研究成果を社会へ還元するための窓口として機能している。

学会は主に、①年に数回の学会大会（研究発表会）、②イベントやシンポジウムの開催・後援、③学術雑誌の発行・優秀者の表彰、④メーリングリストなどを通じた会員への情報提供といった業務を行っている。特に学術雑誌の発行にあたっては、後述する「査読」プロセスにより、研究の質保証にも取り組んでいる。

研究や論文執筆に取り組むにあたっては、口頭発表を傍聴したり、学術雑

誌を通じて最新の研究動向をキャッチアップしたりすることがモチベーション維持の観点からも有用である。前述の「会員への情報提供」には、当該領域における最新の公募情報も含まれることから、実務領域に関連する学会への入会は強く推奨される。

　ここまで、実務家教員に期待される研究について論じてきた。次に、研究発表の中核をなす「論文」について、具体的な執筆方法の全体像を中心に解説する。

2.　論文執筆の方法

2.1　論文の種類

　論文を定義づけるならば、「後に続く者が、その前提・情報・結論について検証可能な形にまとまった、『新規性』『有効性』『再現性』を備えた文書」といえる。備えるべき 3 種類の要件のうち、「新規性」とは、成功であれ失敗であれ、それが新しい研究成果であることを意味する。次に「有効性」は、当該文書に学術的意義があること、言い換えれば、それまでの先行研究を踏まえたうえでなされることにより認められる。「再現性」は、いわゆる自然科学系と人文・社会科学系でやや異なる概念であり、前者の場合は「誰でも同じ実験をすれば同じ成果が得られる」ことを指す。後者の場合、例えば人間に対するインタビュー調査を複数回行ったとして、全くおなじ結果が得られることは考えづらい。そこで、論文の中に「研究方法」を必要十分に記載し、読者が批判できる状態にすることで「再現性」が担保されると考えられている。

　論文には大別すると「学位論文」と「雑誌論文」の 2 種類が存在する。学位論文は課程によってレベルが異なる 3 種類、すなわち卒業論文・修士論文・博士論文が、それぞれ異なる目的のもと作成される。教育機関によって細かいところは異なるが、一般的に卒業論文は「当該分野の考え方や研究方法の基礎を身につけたこと」、修士論文は「当該分野の全体像を把握し、自ら新たな知見を提示したこと」、博士論文は「当該分野に学術的貢献を果たしたこと」が評価される。また、専門職大学院では修士論文相当のペーパーや報告書が課題として課される場合があるが、この場合は「当該実務領域に

おける特定の課題を自ら設定し、適切な解決策を提言したこと」が評価される。

　一方、雑誌論文とは、学会などが刊行する学術雑誌に掲載される論文のことを指し、一般的に「論文」と呼ばれるのはこうした文書のことである。雑誌論文には「査読有り」と「査読無し」の2種類がある。学術雑誌に投稿する場合は、匿名の「査読者」による論文審査が行われ、この「査読」に通らなければ掲載されないカテゴリーも存在する。一方で、大学の紀要や会社・研究所などの報告書は査読プロセスがなく、掲載されやすいものも多い。雑誌論文の種類は学会や機関によって名称や該当する内容が異なるが、おおよそ①原著論文・一般論文・報文、②技術論文・技術レポート、③実践報告、④ノート・資料・短報、⑤研究速報といった形でカテゴライズでき、必ずしも参入障壁が高いものばかりではない。

　①の原著論文などは、投稿する学会に関連する分野について独創性、新規性のある価値ある内容の論文で、2万字程度のまとまった分量とされる場合が多い。これ以降、単に「論文」という場合は「査読有りの原著論文」を指す。②の技術論文などは、技術的なデータ、考案や改良、製品開発などに関して新規性の認められる内容のもので、4～6ページで発表される。③の実践報告は、各自が取り組んだ実践について、得られた成果と併せて報告する文書であり、先行研究から独立している場合もあるため、原著論文とは区別される。おおむね目的・方法・成果・考察の4セクションから成る。④のノートなどは、断片的な研究であっても、新しい事実や信頼性の高い価値ある結果についてまとめたもので、分量は4ページ以内とされる場合が多い。⑤の研究速報は、独創的で価値ある内容で、かつ緊急性が高いものについて、後日、追加データや分析を加えた研究成果を原著論文などとして発表できる。速報とする理由書が求められる学会もあり、全体で2～4ページ程度である。いずれの論考も、公表されている刊行物に掲載されていない未発表のものでなければならないことに注意が必要である。

　ところで、研究は「集団的な積み重ね」であり、論文は「後に続く者のための文書」であるため、そこには構成上の共通点、言い換えれば「執筆するための特定の型と手続き」が存在する。本節では、論文の執筆をめぐる全体像を概観する。

2.2　論文投稿規定と執筆要領

　投稿資格は筆頭著者（第一著者ともいう）あるいは責任著者が学会の会員であることを条件にしている場合が多い。投稿する際にはこの点も含め、それぞれの学会のウェブサイトで公開されている「投稿規定」を確認する必要がある。論文の種類についても、前述したように論文内容やページ数の規定が各学会によって異なるため、規定と照らし合わせ、どの種類の論文として投稿するのか、あるいは投稿可能なのかを判断する。

　論文を書くときには「執筆要領」をよく読み、学会が定めたルールに従って論文を作成しなければならない。執筆要領では原稿用紙（サイズ、文字数×行数）をはじめ、形式が細かく指定される。学会によってはテンプレートが用意されている場合もあり、刷り上がりと同じ体裁で投稿することもある。決められた通りに論文を作成しないと、査読で形式上の不備を指摘され、場合によっては不採択となる。投稿規定と執筆要領は時々変更されるため、最新のものかどうか確認することも必要である。

2.3　論文の構成

　論文は、タイトル（表題）、著者名、研究機関名、受付と受理年月日、要旨（抄録という学会もある）、本文、謝辞、引用文献の順で構成される。

2.3.1　論文のタイトル

　タイトルは論文の内容を具体的にかつ簡潔に示すものであり、「最も短い抄録」（木下 2020: 201）とも言われる。したがって、論文に適切なタイトルを付与することは、論文執筆に関する全ての工程の最後に位置づけられる。必要に応じて副題を付けてもよい。

　なお、論文執筆の場合、タイトルを先に決めてその内容について書いていくことは原理的に不可能である。なぜならば、社会調査であれ実験であれ、研究結果の完全な予測はできず、ほぼ全ての場合、事前に決めたタイトルと実際の内容に齟齬が生じるためである。これまでに論じてきたことからも分かる通り、研究や論文執筆では、決め打ちしたテーマに肯定的なデータや文献だけをピックアップして文章を書く方法に意味はなく、むしろ調査結果が予測と外れることを前提としたうえで、謙虚に論を進めることが求められる。

そのうえでタイトルは、当該論文が「何を目的として」「どのような方法で」「何を成し遂げたか」、たいていの場合は40字程度でまとめる必要がある。さらに、論文が原則としてインターネット上に公開されることに鑑みると、被検索性をも考慮せねばならない。

2.3.2　著者

表題の後に著者の氏名と研究が行われた機関名を記載する。著者の所属機関が変わった場合は、注に現在の所属機関名を記載する。一般に、文系の論文は単著で書かれるケースが多いが、理系の研究は共同で行われることが多い。したがって、論文も数人の共著として書かれ、著者の並び順が重要となる。筆頭著者（first author）はその研究に対して最も貢献した者で、当該論文に関する全ての責任を負う。当然、筆頭著者であることが業績の大きなポイントでもある。共著者はその論文への貢献度に従って記載の順番を決める。最終著者（last author）は指導教員や研究責任者であり、その研究の統括者である場合が多い。

2.3.3　要旨とキーワード

要旨は研究の目的、方法、結果、考察、結論を全て網羅し、それを読めばその論文の内容が理解できるよう簡潔に作成する。日本語要旨の後に、英文要旨（abstract）をつける。いずれも字数が制限されており、和文要旨の場合は400〜600字程度、英文要旨の場合は150〜300語程度が目安である。

要旨は論文の冒頭にあるが、執筆する際は要旨から順を追って書くのではなく、本文の内容が固まってから最後に書くとよい。最初に要旨を書いてしまうと本文の内容とずれてしまい、つじつまが合わなくなることがあるので注意が必要である。併せて、5語程度のキーワードの提示が求められる。キーワードは論文検索のデータベースなどに登録される。

2.3.4　本文の記載内容

本文の体裁は、①緒言、②方法、③結果、④考察、⑤結論の順序で記載する。③結果と④考察は「結果および考察」として記載するように指定する学会もある。文章は現在形と過去形を使い分け、既に知られている知見や図表

の参照などは現在形で、方法、結果や明らかになったことは過去形で書くよう留意する。

①緒言（はじめに、研究の背景）

　緒言では、なぜ当該テーマを選んで研究するに至ったかを述べる。関連する先行研究を調査した結果、何がどこまで明らかになっており、現状での問題点がどこにあるか明示する。そして、当該論文において「自分自身が何をどこまで明らかにしたいのか」述べる。緒言は本文の最初に来る項目ではあるが、要旨と同様、最初に書くのではなく、結果と考察が十分に推敲され、確定した後で書くのがよい。なぜならば、往々にして本文を書き進めていくにしたがって、結果を示す順番や考察が変わっていくためである。

　緒言の書き方としてよく見られるのが、次に示す3段論法である（見延2018）。この議論のタイプは「正→反→合」で議論を進める弁証法になっている。

　　正：個別テーマよりも大きい研究領域の重要性を主張する。
　　　　「……に関する研究は重要と考えられ、従来から多くの研究がなされてきた」と書いた後に、過去の関連論文を紹介する。
　　反：研究領域の中で、研究が不十分なテーマを提示する。
　　　　「しかし、……については、明らかになっていない（報告されていない、解決されていないなど）」
　　合：個別テーマに関する研究の目的と手段の概要を述べる。
　　　　「そこで本研究では、……について明らかにすることを目的とし、……に関して検討を行う」

　以上の通り緒言では、関連論文を使って自分の研究の背景や位置づけを明確にし、新規性や独自性、研究の意義（得られた結果がどのように役に立つのか）などを前面に打ち出すことが重要である。

②方法

　実験や調査に関して「データ取得の方法」と「データの分析方法」につい

て、他人が読んで実験を再現できる、あるいは批判的に検証できるために必要な情報を具体的に記述する。

　データ取得の方法については、自然科学の論文の場合は、使用した試料（材料）や試薬、実験装置、器具、実験条件、測定環境、実施手順などについて説明する。社会科学の調査であれば、調査票の内容、調査対象者、回収方法などについて説明する。JISやISOなど一般的な実験方法であれば文献を引用しての説明でよいが、変更した場合や独自の実験方法で行った場合にはその詳細を説明する。装置の概要や実験の手順、モデルなどを図で示したり、実験条件やサンプルの諸元を表で示すと分かりやすい。

　データの解析方法は、どのような手法（例えば統計手法）を使ってデータ処理を行ったかについて記述する。使用したソフトがある場合は、それについても詳しく記載する。

③結果

　実験や調査で得られた事実とデータ分析などにより得られた結果について説明する。ここでは論文の中でも特に重要な結果、主張したい結果を図（グラフや写真）や表を用いて説明するのが一般的である。図や表は見るだけで多くの情報を得ることができ、効率的に内容を理解することができる。

　論文のページ数には制約があるため、どの図表を使用するかは十分に吟味して取捨選択をし、提示する順番を検討する。そして、図表から分かる事実と情報を正確に説明しなければならない。

④考察

　実験や調査あるいは観察で得られた結果、データの解析結果に基づき、緒言で述べた内容に沿って、新しい事実、知見について文献も引用しながら、あくまでも客観的に自分の考えを述べる。感想を書いてはいけないし、飛躍した解釈につながるため、想像で記述してもいけない。

　考察とは、「結果で得られた個別の問題についての情報が、より一般的な科学の世界でどういう価値を持つのかを説明すること」（見延 2018）である。つまり論文の著者は、得られた結果を他の研究結果と比較し、自分の研究結果の位置づけを確認し、どのような有益な情報が得られたのか、本研究

の意義などについて自ら提示する必要がある。そして、現時点での問題点と将来の課題について述べる。考察は論文の中でも最も重要なセクションである。

　また、考察を進めながら、図表の選択と順序の適切性について再検討・再確認することになる。論文での主張の一貫性を保つためには、図表の順序は非常に重要である。

⑤結論

　研究結果の重要なポイントを簡潔にまとめる。また、得られた結果や知見から見えてきた、今後の課題や展望、当該論文の限界について述べる。

2.3.5　謝辞について

　研究に際して援助、協力、指導などを受けた場合は、謝辞の節で感謝の言葉を述べることができる。援助の内容と援助者の氏名と所属機関を記載する。

2.3.6　引用文献の書き方

　本文の中で文献を引用する場合には、通し番号で[1]、[1), 2)]、[1)～3)]、あるいは［1］、［1，2］、［1-3］のように、本文中の人名または事項の右肩、または該当箇所の後に付ける。その他にも著者名および発表年を記載する方法（本書はこの記載の仕方）などもあり、学会によって異なるため、それぞれの投稿規定を確認する必要がある。

　記載の順番や書体の指示、雑誌名は省略形にするか、省略形は使用しないで記載するかなどについても学会により異なる。著者の人数が多い場合には全員の名前を書かず、2名まで記載し「他」とする場合もある。英文の場合は「et al.」表記にする。

　最近はウェブで検索した内容を参考にするケースも増えている。オンラインコンテンツを引用する場合、著者名、ウェブサイトの題名、出版年または更新年、閲覧URL（閲覧年月日）を、各学会の投稿規定に則って記述する。

2.4　単位について

　特に理系の論文を執筆する場合、単位は国際単位系（SI単位系）を用い

る。SI単位系は図表13-2に示すように、7つの基本単位があり、この基本単位から全ての物理量の単位を表すものである。

基本量		基本単位	
名称	代表的な記号	名称	記号
時間	t	秒	s
長さ	l, x, r など	メートル	m
質量	m	キログラム	kg
電流	I, i	アンペア	A
熱力学温度	T	ケルビン	K
物質量	n	モル	mol
光度	$I v$	カンデラ	cd

図表13-2　SI基本単位〔出典：国際単位系（SI）第9版（2019）日本語版〕

基本単位を用いて表現された一貫性のある組立単位には次のようなものがある。

速度：長さ÷時間⇒m/s あるいは m s^{-1}
面積：長さ×長さ⇒m^2
体積：長さの3乗⇒m^3
密度：質量÷体積⇒kg/m^3 あるいは kg m^{-3}

固有の名称を持つSI組立単位には、平面角（rad = m/m）、周波数（Hz = s^{-1}）、力（N = kg m s^{-2}）、圧力、応力（Pa = $\text{kg m}^{-1}\text{ s}^{-2}$）、エネルギー、仕事、熱量（J = $\text{kg m}^2\text{ s}^{-2}$）、仕事率、放射束（W = $\text{kg m}^2\text{ s}^{-3}$）、電位差（V = $\text{kg m}^2\text{ s}^{-3}\text{ A}^{-1}$）、電気抵抗（Ω = $\text{kg m}^2\text{ s}^{-3}\text{ A}^{-2}$）、照度（lx = cd sr m^{-2}）などがある。

なお、量を表す文字記号はイタリック体（斜体）、単位の記号はローマン体（直立体）で表す。

2.5　図表の作り方

紙媒体の論文誌は多くの場合白黒印刷であるため、図表も白黒で作成する

のが一般的である。近年増えているオンラインジャーナルに関してはカラーの図表でも問題ないが、いずれにせよ執筆要領を確認する必要がある。

　図はFig. 1、Fig 2 …、表はTable　1、Table　2 …と通し番号をつけ、番号の後にタイトル（キャプション）をつける。番号とタイトルは、図の場合は下部に、表の場合は上部につける。図表のタイトルや説明は、日本語の論文でも英文で書くように規定している学会もある。

　本文を読まなくても、図表だけである程度のことが分かるように作成することも肝要である。図表13-3にグラフの作成例を示す。エクセルに入れたデータを選択し、挿入で散布図を選ぶと左側のようなグラフが自動的に作成される。グラフの上部分に表頭に入れた文字がそのまま「Elongation」と表示されているが、Elongationだけではグラフのタイトルになっていないし、X軸とY軸も何を示しているのかが分からない。また、軸の数字の小数点以下の桁数が3桁と4桁になっているため、こうした箇所を調整する必要がある。

　左側のグラフを整えたものが右側のグラフである。軸ラベルを入力し、グラフタイトルをY軸とX軸の関係に書き直しグラフの下に移動する。各軸の数字も桁数を調整している。ほかにも、文字のサイズを調整する、目盛線を削除する、データは系列を分けて異なるマーカーにする、直線や曲線で近似できる場合は近似線を入れる、近似式や決定係数を入れるなど、グラフを見やすくするためのさまざまな方法がある。

　図表13-4に表の作成例を示す。上が悪い例で、下が修正した表の例である。表のタイトルは上に付け、罫線をできるだけ少なくし、タテの罫線は基本的には入れないようにする。数値は有効数字で示し、位をそろえ、必ず単位を付ける。全て同じ単位の場合には、表の欄外に書いてもよい。

2.6　倫理的配慮について

　官能検査やアンケート調査、インタビュー調査など被験者を用いる研究（ヒトを対象とした研究）においては、被験者の人権や安全を保障するために倫理的な配慮がなされなければならない。研究実施の際には、研究の内容、実験の方法などについて、被験者にその内容を十分に説明したうえで、場合によっては同意書を得る必要がある。

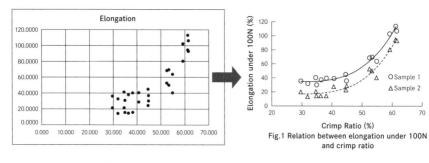

図表13-3　グラフの作成例［出典：松梨ほか（2020）を一部変更］

Table 1 Sample details

Sample	Material	Weave	Thickness (mm)	Mass per unit area (g/m²)	Fabric count (1/2.54cm)		Yarn count (tex)	
					Warp	Weft	Warp	Weft
A	Wool 100%	Twill	0.662	277.4	85	84.5	41.2	42.1
B	Cotton 100%	Plain	0.301	158.18	96.2	56.8	23.7	20.8
C	Wool 100%	Twill	0.456	241	79.1	73	39.5	38.5
D	Polyester 100%	Plain	0.345	190.4	63.3	58.3	39.7	39.8
E	Wool 100%	Twill	0.574	256.7	99.7	91.2	43.814	20.667

Table 1 Sample details

Sample	Material	Weave	Thickness (mm)	Mass per unit area (g/m²)	Fabric count (1/2.54cm)		Yarn count (tex)	
					Warp	Weft	Warp	Weft
A	Wool 100%	Twill	0.662	277.4	85.0	84.5	41.2	42.1
B	Cotton 100%	Plain	0.301	158.2	96.2	56.8	23.7	20.8
C	Wool 100%	Twill	0.456	241.0	79.1	73.0	39.5	38.5
D	Polyester 100%	Plain	0.345	190.4	63.3	58.3	39.7	39.8
E	Wool 100%	Twill	0.574	256.7	99.7	91.2	43.8	20.7

図表13-4　表の作成例［出典：松梨ほか（2015）より筆者作成］

　各学会の投稿規定には、倫理的配慮に関しても記載されている[1]。ヒトを対象とした研究は、「人を対象とする医学系研究に関する倫理指針」（文部科学省・厚生労働省）などを遵守して行われたものでなければならない。また、動物を用いた研究についても、「研究機関等における動物実験等の実施に関する基本指針」（文部科学省）などを遵守しなければならない。論文投稿に際しては、著者の所属機関における倫理審査委員会などの審査で承認を受け、その旨を論文中に明記する必要もある。

　したがって、実験や調査を行う前に、申請書、実験計画書などを所属機関の倫理審査委員会などに提出して審査を経て承認を得なければ、研究に着手できない場合もある。所属機関で審査が受けられない、あるいは研究機関に所属していない場合には、投稿しようと考えている学会に事前に相談するとよい。

2.7　最終確認と投稿

　以上、論文の記載順番に従って解説した。推敲を重ねたうえで論文が仕上がったら、最初からじっくり読み直し、誤字脱字を含め、記載に誤りがないか、考察に無理がないかなどをチェックする。しかし、自分で書いた文章は思い込みもあり、なかなかミスが見つけにくい。その場合は共著者に読んでもらい、ミスや考察の仕方について細かく指摘を受けるとよい。特に指導的立場にある共著者には、しっかりと添削をしてもらうことが肝要である。

2.8　査読について

　投稿された論文は、同じ分野の研究者に査読の依頼がなされる。査読者の人数は2～3名である。査読プロセスは、投稿者・査読者とも覆面で行われる。査読者は投稿された論文に対して、①オリジナリティーがあるか、②論理の展開に問題はないか（誤りや飛躍はないか）、③データに不備はないか、④有益な知見が得られているか、⑤結論の提示は明確であるか、⑥論文の題名は適切であるか、⑦和文要旨やAbstractは適切であるか（長さと内容）、⑧使用されている図や表は適切であるか、不備はないか、⑨文献の引用は適切であるか、⑩読みやすい文体であるか、⑪論文の長さは適切であるかといった点を判断し、学会の論文誌への掲載に関して判定を行う。

　論文の完成度が極めて高ければ、「このまま掲載可」となる場合ももちろんあるが、たいていの場合、なにがしかのコメントが付く。①多少の修正が必要、②大幅な補筆が必要、③修正すればノートや資料での掲載が可能（原著論文からノートへの格下げ）などと判定され、一定の水準に達していないと判断された場合には掲載が却下される。掲載が却下されないためにも、投稿規定や執筆要領をよく読み、学会が求める内容と体裁で論文を書かなければならない。

　査読が返ってきたら、査読者の意見をよく読み、論文の修正を行う。修正を求められているということは、原稿を修正することにより採択される可能性があるということである。却下の場合は修正意見ではなく、却下の理由が告げられる。修正を求められたのであれば、査読意見を真摯に受け止め、対応する必要がある。

　なお、査読者が論文の内容をよく理解せず指摘している場合もあり得るが、それは書き方が曖昧だったり、十分な検討がされていない状態での説明になっていて、うまく伝わっていないことが原因であると考えられる。その際は、書き方の不備を伝え、どう書き直したかを説明し、期日中に再度原稿を提出することになる。提出期日を過ぎると全てが白紙に戻り、最初から投稿し直すことになるため、必ず締め切りは守らなければならない。査読を受けて原稿を大幅に修正した場合、要旨や場合によっては表題と論文内容が一致しなくなることもある。表題、要旨、本文の内容が一貫しているかを再確認する必要がある。

　ここまで、論文執筆の具体的な方法について、論文に記載すべき具体的な内容に即して解説してきた。次節では、論文を執筆するうえで特に困難が生じ得る「先行研究の調べ方」「問いの立て方」「研究方法」について、個別に解説する。

3.　論文執筆における困難

3.1　先行研究の調べ方

　いざ論文を執筆する段となってまず直面するのは、先行研究の調査方法が分からない、という壁である。先行研究は論文と書籍に大別されるが、国内

の書籍は国立国会図書館のウェブサイトで全て検索できるため、ここでは論文の探し方について解説する。検索エンジンに「（キーワード）＋ 論文」と入力するだけでもある程度の数はヒットするが、基本的には論文検索の専門サービスを活用すべきである。

　具体的には、国立情報学研究所（NII）が運用する「CiNii（サイニィ）」や、独立行政法人科学技術振興機構のプラットフォーム「J-STAGE（ジェイ・ステージ）」、英語論文の場合は「Google Scholar」で検索すれば最新の論文は一通りダウンロードできる。一部の論文はオンラインで確認できないこともあるが、その場合でも国立国会図書館（東京都千代田区）か、当該学術雑誌が所蔵されている最寄りの大学図書館に足を運べば読むことができる。

　また、もう 1 つ有効なのが、関連する学会のウェブサイトから学術雑誌のバックナンバーにアクセスし、関係しそうな文献を全て読んでいく方法である。当該分野の文献に絞って探すことができ、かつ同分野の研究に関する最新動向を網羅的に知ることができるため、こうした方法も有効である。

　何はともあれ、まずは論文をいくつか読んでみてほしい。読み終えたら、それぞれの「参考文献」欄を確認し、複数の論文で引用されている文献があれば、それが「同分野で必ず読まないといけない先行研究」ということになる。なお、自身の執筆する論文の中で【先行研究A】において引用されている【先行研究B】に言及したい際は、必ず【先行研究B】を入手して原本を読む必要がある。【先行研究A】に記載されている通りに【先行研究B】を引用することは、元の文章を誤解して解釈する可能性のある「孫引き」と呼ばれ、避けなければならない。

3.2　問いの立て方：リサーチ・クエスチョンと仮説

　論文を執筆するうえで、どのように「問い」を立てるかは極めて重要であり、かつ初めての論文執筆において必ずつまずくポイントでもある。論文が明らかにしようとする大きな問いは「リサーチ・クエスチョン（以下、RQ）」と呼ばれ、一般的に次の要件を満たす。すなわち、①これまでに決着がついていないこと、②既存の研究との関連性を説明できること、③筆者に検証可能であることの 3 要件である。

　まず①は、「インターネットで調べれば分かる問題は対象にならない」と

いうことである。例えば「日本の人口動態」は既にあらゆる研究機関が調査結果を公表しており、ある程度周知の事実となっている。もちろん、例えば「人口動態調査の問題点」といった切り口から研究を遂行することは可能だが、いずれにせよ先行研究・先行事例の調査が不可欠である。

　次に②は、研究が「集団的な積み重ね」であることから導出される要素である。これは論文の「有効性」と直結する点でもあるが、先行研究が何をどこまで明らかにしていて、現状何が明らかになっていないのか、という観点から「論文の立ち位置」を的確に説明できなければならない。

　そして③は、研究の企画にはさまざまな面で利用可能なリソースをも考慮する必要があるということである。例えば「新型コロナウイルスの構造」は重要な研究課題ではあるが、それを遂行するためにはウイルスを研究するための設備が必要であり、専門機関に所属していない個人にとって適切なRQとは言えない。もちろん、対象分野に関する知識が足りずに研究を遂行できないこともあり得る。

　さらにRQは、「研究可能な形まで絞る」必要がある。例えば橋本（2017）では、「地方テレビ局が抱える課題を調査する」という大きな枠組みを「地方テレビ局が『地域密着』において抱える課題を調査する」という形に落とし込み、さらにそれを「なぜ地方テレビ局が『地域密着』を実現するため行う業務が全国で似通うのか」というRQへと絞り込んでいる。最初の段階ではテーマが広過ぎて、どこから手をつければよいか分からないためである。RQは、「何を」「なぜ」「どこまで」「どのように」明らかにしたいか、といった視点から自らの実務や興味関心を絞り込んでいくことで自ずと立ち現れてくるものだが、難しい場合は先行研究を読んで「絞り方」を学ぶことも有効である。

　RQが定立されたら、次にそれをいくつかの「仮説」に分解していく。ここでいう仮説とは、「それが検証されればRQが実証されたことになる」という性質のものであり、両者の関係性は明確でなくてはならない。

　前述の研究では、RQを①地方テレビ局において「地域密着」に関する何らかの共通認識が存在するのではないか、②地方テレビ局が地域住民のニーズや番組・事業の受容様態を把握できていないのではないか、③地方テレビ局が経営判断の前提となる正確な自己評価をできていないのではないか、と

いう３種類の仮説に分解し、それらをアンケート調査によって実証していくプロセスが採られた。

　そして、仮説を定立すれば自動的に「どのような方法で調べればよいか」、すなわち登山における装備としての「研究方法」が決定する。本書の読者は多様な領域の実務家であることが想定されるため、本章であらゆる研究方法を網羅し、紹介することは現実的ではない。そのため次節では、研究方法のうち「実証分析」に限定して解説する[2]。

3.3　研究方法の例：実証分析

3.3.1　妥当性を示す必要性

　自分の専門領域や関心領域がいかなるものであっても、関連する研究がないことは考えられない。先行研究で交わされてきた議論をひもとき、それらが示唆する知見を吟味することは、論文執筆の足掛かりとして非常に重要である。そうした下準備があって初めて、自分の意見や考えを学術理論に昇華できる。

　先行研究の知見を整理することと同時に必要となるのが、自分の意見や考えの妥当性を何らかの方法で示すことである。これは論文に欠かせない構成要素である。専門領域や関心領域への熱意や持論へのこだわりが独り歩きをすると、この部分に配慮が行き届かなくなるおそれがある。妥当性への言及を欠いた論考は、全体として「学術論文」と呼べない代物になる確率が高い。

　では妥当性をどのような方法で示せばよいか、どの程度まで確保すればよいかといった基準が問題となる。これは学術分野や研究領域、研究テーマによってさまざまである。しかし、妥当性の根拠を何らかの形で示さなければ、読み手（多くはほかの研究者）はその学術的価値を評価できない。研究にそうした配慮が欠けている場合、学会での報告を許されたり、学術論文として学会誌に掲載されたりすることは難しくなる。

　以下では論文における見解の妥当性を主題としながら、実証分析（empirical analysis）に関する基礎知識を整理する。実証分析とは、自らの見解が机上のものではないことを、数値データによって検証することである。実証分析では数値データに照らして見解の妥当性を示すことから、数値データから読み取れる事実が主張の論拠や証拠（すなわちエビデンス）とい

える。なお数値データをエビデンスとして利用するためには、データに何らかの統計学的な加工を施す必要がある。

3.3.2　論文における実証分析の位置づけ

ビジネスではデータに基づいて意思決定することが多く、特に経営戦略室やマーケティング関連部署などに在籍した読者は、数字で語ることに精通しているだろう。確かに数値データから意味を読み取り、それを何らかの主張の根拠にするという部分では、論文における実証分析と実務的な実証分析は同じである。しかし論文の場合、そこで示される見解がほかの論文に対してどのように位置づけられるか、実証によって学術理論の頑健性が検証されているかといった点に目を向ける必要がある。

自分の意見や考えにどういった意義があるのかは、先行研究の知見との関係を示すことによって明確になる。言い換えれば、これまでの研究の到達点を詳らかにし、自分の意見や考えを持つに至るまでの理路を示すということである。こうして導き出された自分の意見や考えが妥当であることを、数値データの分析によって示す。左記の手順を踏むことで、論文における実証分析が、自分の考えや意見を媒介として、当該テーマの研究領域の知見を拡張するという関係がつくられる。

論文執筆に際してこの関係を意識すると、①研究成果を他者の研究成果と同じ俎上に載せて考察できる点、②既存の学術理論に対する貢献が明瞭である点などで、一定の学術的価値が担保される（図表13-5参照）。

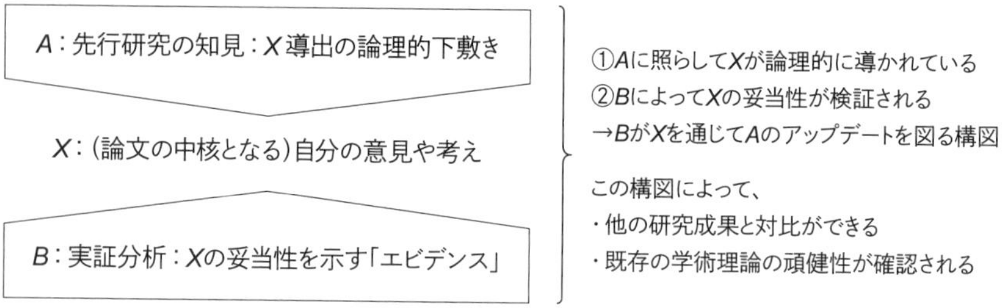

A：先行研究の知見：X導出の論理的下敷き

X：（論文の中核となる）自分の意見や考え

B：実証分析：Xの妥当性を示す「エビデンス」

①Aに照らしてXが論理的に導かれている
②BによってXの妥当性が検証される
→BがXを通じてAのアップデートを図る構図

この構図によって、
・他の研究成果と対比ができる
・既存の学術理論の頑健性が確認される

図表13-5　先行研究・論文の主張・実証分析の関係　[出典：筆者作成]

3.3.3　定性的アプローチ・定性研究

　なお、数値データに基づいた実証分析が学術論文に必須というわけではない。研究テーマの新規性が高かったり、研究対象とする経営手法が斬新であったりすると、数値データによる実態把握が不可能な場合がある。そうした場合は定性的アプローチが有効である。例えば琴坂（2014）は、経営学における定性的研究の例として解釈主義的事例研究と実証主義的事例研究を紹介している。

　琴坂は「極端な単純化」と前置きしたうえで、解釈主義的事例研究が次のような研究であると述べている。

> 「Ａという会社が行っている斬新な経営手法Ｘは、私の調査の結果、α戦術とβ戦術を組み合わせたものだと解釈できたので、私は『$\alpha\beta$経営』と名づけたい」（琴坂 2014、下線筆者）

　こうした研究では、自分の考えや意見（経営手法Ｘは「$\alpha\beta$経営」である）の妥当性は数値データではなく解釈（下線部分）で裏付けられる。ここでは、解釈が妥当と信じるに足る十分な論理一貫性、分かりやすさ、納得感が期待される。

　実証主義的事例研究は、既存の理論で説明しきれない要素を持つ事例などを研究対象とし、かつ定性的アプローチを採用する必要性が十分に認められる研究である。そうした必要性が認められる場合の例として、次のような理由が挙げられている。

・定量的に検証できるほど該当の事例が多くないため
・定量的には検証しがたい、既存の理論を検証するため
・定量研究では成し得ない、仮説構築や理論構築を目的とするため

　このような理由があることに加え、定性的研究で扱うデータ（この場合は非数値・非数量的データ）は「できる限り科学的に、客観的に、再現性を検証できるように収集、分析して、論文に書き表すことが必要」（琴坂 2014）である。

　定性的研究では、その時点で数値的な実態把握が困難な現象を扱うことができる。ただし獲得した資料やデータを数値化して検証しないため、見解の妥当性を統計的に裏付けることはできない。他方、数値的な裏付けが期待される研究テーマの場合、実証分析を欠いていると妥当性の根拠が不十分であると見なされる可能性がある。

3.3.4　論文で登場する数値データ

　実証分析ではエビデンスの基となる数値データが必要となる。どのような数値データをどのように入手するかは、研究課題や仮説によって幅広く異なる。既に存在するデータベースから目的に応じたデータを選び出して分析する場合もあれば、研究者自らがゼロから必要なデータセットを準備する場合もある。

　例えば学術論文「事業システムにおける連動能力—伝統的な生命保険会社の実証分析」（井上 2000）は公開されている財務データを目的に応じて加工し、実証分析に用いている。この論文は、事業システム論に依拠しながら会社組織の経営成果と個別能力（販売力、引受力、運用力）の関係を明らかにした論文である。ここでは日本の生命保険会社を研究対象とし、経営成果と個別能力を次の通り指標化して分析に用いている。

　　経営成果＝経常利益／経常収益
　　販売力＝新規契約高／事業費
　　引受力＝死亡率・事故率の逆数
　　運用力＝総資産利回り
　　＊左辺にある項目を、右辺にある公開されたデータを基に計算している

　このように、研究目的に応じて既存のデータから必要な数値を選び、互いの関係性を数量的に検証できる指標を作成している。さらに論文では、各項目が理論（ここでは事業システム論）に照らしてどう位置づけられるか、著者による項目の指標化がなぜ有効といえるかの説明に十分な紙幅が割かれている。

　これに対して学術論文 "Congruence and Celebrity Endorser Credibility

in Japanese OTC Drug Advertising"（Morimoto 2018）は、実験とアンケートによって必要なデータを集計して実証分析を行っている。この論文は、自己イメージ一致性理論に依拠しながら、OTC（一般用）医薬品の広告ではどのような有名人が有効かを明らかにした論文である。この研究の焦点は広告接触者の知覚に合わせられている。具体的には、広告に登場する人物に知覚する信頼性やその人物に知覚する自己との類似性などである。なお、こうした知覚が広告評価に及ぼす影響を正確に検証するためには、有名人以外の広告要素（色彩やブランドネームなど）の影響を排除しなければならない。したがって、研究が扱う要因も特殊であり、データが満たすべき条件も特殊であるといえる。そのようなデータが二次データとして存在することはまれであり、著者は必要なデータセットを自分で作成している。具体的には、人物以外の要因を統制した模擬的広告物を複数作成し、それらの印象や評価をアンケートで集計、数値データ化している。

　アンケートはブランド好感度調査などでも広く使われるため、読者にも見慣れた手法だろう。しかし知覚などの心理的概念を使った実証分析をする場合、それらを測定するアンケートの設計には特別な注意が必要である（後述）。

3.3.5　定性調査と定量調査

　分析に必要なデータセットが存在しない場合、あるいは存在しても利用できない場合は、研究者がデータセットを準備しなければならない。データセットを準備する代表的な方法が調査である。

　調査手法は観察、インタビュー、フィールドワーク、アンケートなど、多岐にわたる。その中から研究目的や研究課題、仮説に応じて、適切な調査手法を選定しなければならない。それぞれの仔細な説明は別稿に譲り、まずは概論として調査が大づかみに定性調査と定量調査に分けられることを知る必要がある。上田（2010）は、前者が調査結果を「言葉」で表現する調査、後者が調査結果を（比率や平均値など）数値化する調査と説明している。やや軽率ではあるが、定性研究で必要とされるデータを集めるために行われる調査が定性調査で、定量研究で必要なデータを集める調査が定量調査であるといって大過ない。

　ここで、サンプルサイズの大小は量的・質的調査という区分と本質的には無関係である点に注意する必要がある。「調査対象者の数がたとえ300名でも数値化しないで結果を言葉だけで分析する場合は定性調査であり、逆に、わずか30名でも結果を数値化して分析する場合は定量調査」（上田 2010: 191）である。さらに補足すると、調査手法だけでその調査を定性調査、あるいは定量調査と決めつけるのも拙速である。例えば数値データを得る目的のアンケート（上述のMorimoto 2018など）がある一方で、自由回答形式の質問で回答者独自の答えを募るといった非数値・非数量的要因に関わるアンケートもある。あるいはスーパーマーケットの店頭における顧客の観察調査でも、滞在時間や客導線の長さなどの数値データを集計する場合もあれば、売り場ごとで見せる表情などの非数値・数量的データを得る場合もある。

3.3.6　記述統計と推測統計

　実証分析を論文に取り入れるにあたり、統計学の基本的知識が必須である。特に記述統計学（descriptive statistics）と推測統計学（inferential statistics）の違いを理解しておく必要がある。

　『広辞苑（第6版）』によれば、統計学とは「数量的比較を基礎として、多くの事実を統計的に観察し、処理する方法を研究する学問」である。統計学の目的を平易に要約すれば、数値データから何らかの知見を得ることといえる。この目的に対して、異なる2つの接近方法がある。1つは、得られた数値データそのものの特徴を理解することに主眼を置く統計学（記述統計学）

	記述統計学	推測統計学
通有の目的	数値データを加工して意味を読み取る	
固有の目的	数値データの性質を読み取る	得られた数値データそのものから読み取れる以上のことを推測する
目的達成の手段	簡潔で明瞭な形に整理する	確率統計的手法を用いて計算する
目的達成の材料	収集した数値データ	
代表的手法	円グラフやヒストグラムなど	推定や検定など

図表13-6　記述統計学と推測統計学［出典：筆者作成］

である。もう1つは、記述統計学に基づいてつかんだデータの特徴が一般にも当てはまるか否かを推測する統計学（推測統計学）である。

　従業員数と売上高の関係を例に、2つの統計学が果たす役割の違いを説明する。まず、東証一部上場企業からランダムに抽出した100社から、2019年度における従業員数と売上高を集計したと仮定する。記述統計学で行う分析では、100社の平均値や標準偏差を算出したり、ヒストグラムやグラフ、表を作成したりする。そうすることで、100社分の個々のデータを漠然と眺めるだけでは読み取れないデータの特徴、傾向をつかむことができる。また売上高と従業員数を軸に100社をプロットした散布図を描くことで、従業員数と売上高の間に相関関係が浮かび上がるかもしれない。しかし記述統計で理解できることは、「2019年度における東証一部上場企業100社の従業員数と売上高」に関する特徴や傾向に限定される。言い換えれば、記述統計によって普遍性の高い主張（「従業員数と売上高の関係は○○である」など）を裏付けるのは困難ということである。

　ちなみに東証一部上場企業は2019年度末時点で2,169社（日本取引所グループ 2020）あり、100社のデータに表れた傾向がその他2,069社に当てはまると決めつけるのは危険である。100社のデータが2,169社全体の傾向をうまく反映している確率を計算しなければならない。推測統計学の手法の1つである「推定」では、手元の数値データを全体（母集団）から抽出した一部（標本：サンプル）と見做し、標本から母集団の特性を確率論的に予測する。

　また上述の散布図から浮かび上がる相関関係も、研究者の主観で関係の有無を論じるのではなく、関係の程度を数値で示すこともできる。ここでは推測統計学の「検定」が役立つ（この場合は相関分析の有意性の検定：無相関検定）。検定は、数値データ間の差を誤差とするべきか、意味ある差とするべきかを検証する手法である。

　記述統計学を使って手元のデータそのものの特徴や傾向を理解すること、その特徴や傾向の普遍性や蓋然性の程度を推測統計学で検証すること、この2つが論文（研究）における実証分析の柱といえる。

3.3.7　因果関係と相関関係

　社会科学系の実証分析では多くの場合、対象とする要因を変数（variable）に置き換えて測定し、その変数の関係性を明らかにする。実際に検証される具体的な関係性は2つ以上の変数間の因果関係や相関関係が基本である。

　研究（論文）の背骨ともいえる「理論」の多くは、ある要因が及ぼす影響によってある状態が生じるという関係を示している。ただし、ある状態を引き起こす要因は1つとは限らない。複数の要因が互いに作用し合うことで特定の状況が生じる場合も想定される。したがって社会学的な「理論」の多くは、社会学的対象を「原因と結果の関係」と「相互に影響を及ぼし合う関係」の組み合わせで言及したものと概括できる。研究者（著者）の見解は何らかの理論に依拠して導かれるため、数値で把握される要因間の因果関係や相関関係が焦点となることが多い。

　例えば学術論文「読解力とワーキングメモリ─構造方程式モデリングからのアプローチ」（近藤ほか 2003）では、ワーキングメモリ[3]と知能（言語能力と空間能力）の間にどういった関係性を想定すれば、個人の読解力をうまく説明できるかが検討されている。著者らは先行研究の議論を踏まえ、ワーキングメモリ、言語能力、空間能力は同調的に変動すると仮定している。そしていくつかのモデルを検討し、個人の読解力はワーキングメモリと言語能力によって説明されると主張している。この主張の根拠として、①ワーキン

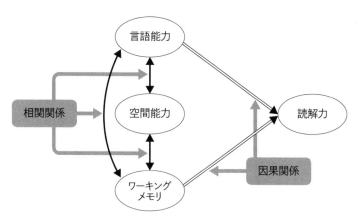

図表13-7　近藤ほか（2003）が提案したモデル
　　　　　［出典：近藤ほか（2003: 485, Figure 1）を基に筆者作成］

グメモリ、言語能力、空間能力が相関関係を持つこと、②ワーキングメモリと言語能力は読解力に対して因果関係を持つことを実証している（図表13-7）。なお、変数同士を矢印で結んで因果関係（⇒）や相関関係（↔）を表した図をパス図と呼ぶ。特に変数の関係性のみを描くパス図を構造モデルと呼ぶ。

　2つ以上の変数間に共変動が見られる場合には、それが相関関係なのか、因果関係なのか（さらにはどちらが原因・結果なのか）を慎重に判断する必要がある。例えば、「アイスコーヒーの注文数が増加するとその日の気温が上昇する」という見解に説得力はないことは明らかであるが、広告費と売上高の関係はどうだろうか。大量の広告投下によって消費者にブランドが認知され、好感を持たれたことで結果的に売上が伸びたとも説明できる一方、何らかの理由で売上が伸び、余剰利益を広告支出に充てたことで広告量が増加したとも考えられる。

　なお、因果関係ではなく大小関係が焦点のように思われる場合もある。例えば「中堅社員よりも若手社員の方が高い労働生産性を示す」といった見解などである。しかしこの大小関係も少し立ち止まって考えれば、年齢（あるいは勤続年数）が原因で労働生産性が結果という、因果関係の枠組みで理解できる。

　論文の著者は、主張の妥当性を裏付けるためにどのような要因間の因果関係や相関関係を確認すればよいのか、そのためにどのような数値データを手に入れる必要があるのかを論理的に考えて研究を進める必要がある。

3.3.8　観測変数と潜在変数

　変数間の関係性を検証する前に、変数の扱い方にも注意する必要がある。社会学的な実証分析では、変数を観測変数（observable variable）と潜在変数（latent variable）に区別する場合が多い。

　観測変数は数値で直接測ることが可能な変数である。例えば2010年第1四半期におけるA社の売上高や、2010年4月1日から4月30日までのBサイトのユニークユーザー数などは、「○円」や「○人」といった単位を伴った数値で測れる。

　他方、潜在変数はそれ自体を直接捉えることが難しい概念的な要因を指

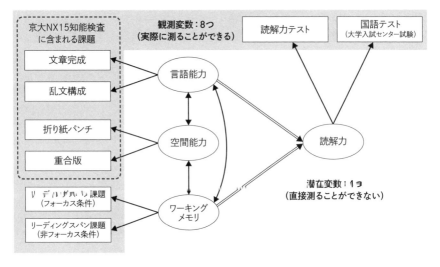

図表13-8　近藤ほか（2003）のモデルにおける観測変数と潜在変数
　　　　　[出典：近藤ほか（2003: 485, Figure 1）を基に筆者作成]

す。A社のコーポレート・レピュテーションやBサイトの使いやすさなど
は、潜在変数に数えられる。

　変数の扱い方に注目しながら、再び近藤ほか（2003）を参照する。ここで
主題とされる知的な能力（読解力、ワーキングメモリ、言語能力、空間能力）
は直に目に見えたり、触れたりできないため、潜在変数といえる。しかし、
例えば言語能力そのものは直に観察できないものの、それが高まると文章完
成テストや乱文構成テストの点数は上向くと仮定できる。テストの結果は0
点から満点の範囲で直に計測されるため、観測変数である。そこで彼らは、
調査参加者に対して8種類のテスト（知能検査4種類、読解力を測るテスト
2種類、ワーキングメモリを要する課題2種類）を実施し、それらのスコア
によって概念的な要因間の関係を示すことを試みている。図表13-8は、観
測変数と潜在変数の関係を含めたパス図である。パス図では観測変数は四角
形で、潜在変数は丸や楕円形で囲んで図示することが一般的である。

　テストではなくアンケートによって心理的概念（潜在変数）を捉える研究
も多く見られる。その場合には回答尺度（観測変数）を用いるが、なかでも
リッカート尺度は幅広い分野で活用されている。質問に対する合意の度合い

を１. 全く同意できない、２. 同意できない、３. どちらとも言えない、４. 同意できる、５. 非常に同意できる、といった選択肢から回答させることにより、知覚や意図、態度などの大小、高低を数値に置き換える（この場合は５段階のリッカート尺度）。

　ここで注意点が２つある。１つは、潜在変数に対応する観測変数の個数である。ある潜在変数の強弱は直に観察できないため、その潜在変数が影響を与えると仮定される観測変数を通じて代替措置的に計測する。このとき複数個の観測変数に依拠するのが一般的である。１つの潜在変数が単一の観測変数によって計測されるという仮定は、潜在変数の定義に照らしても、やや不合理である。

　もう１つはアンケートで尋ねる具体的な質問内容である。心理的概念の尺度開発はそれ自体が１つの研究テーマとなる。翻って、独り善がりな質問や回答尺度で心理的概念の測定を行った場合、測定の妥当性を疑われるおそれがある。そういった疑いを回避するためには、尺度開発の研究成果を参照するほか、先行研究で頑健性が確認された質問（および回答尺度）を用いることが求められる。加えて、具体的な質問項目や質問文も論文中に掲載するべきである。

4.　研究倫理

　論文執筆の基礎を身につけたところで、最後に研究を遂行するうえで守らねばならない研究倫理について解説する。

　文部科学省は「研究活動における不正行為への対応等に関するガイドライン」の中で、３種類の「特定不正行為」を挙げている（文部科学省 2014: 10）。すなわち、①捏造、②改ざん、③盗用である。ガイドラインによれば、①は「存在しないデータ、研究結果等を作成すること」、②は「研究資料・機器・過程を変更する操作を行い、データ、研究活動によって得られた結果等を真正でないものに加工すること」、③は「他の研究者のアイディア、分析・解析方法、データ、研究結果、論文又は用語を当該研究者の了解又は適切な表示なく流用すること」とされている。

　特定不正行為のうち①と②について日本学術振興会は、「科学者コミュニ

ティに対する社会の信頼を失墜させ、また、人々の健康と安全に害悪を招くことすらある行為」（日本学術振興会 2015: 51）であると指摘する。また、③は「『誠実さ（honesty）』という科学者個人の倫理的資質の欠如」（日本学術振興会 2015: 52）を意味するとともに、著作権法にも違反する行為であるという。

　1.1で研究を登山に例えて説明したが、こうした不正行為によって真正でない装備や地図が提供された場合、後に続く者は共倒れになってしまう。そのため、こうした事柄は研究を行う者自身が職業倫理として自律的に防ぐべきものとされており、これを「責任ある研究活動」という。こうした研究倫理は、研究者教員と実務家教員の双方のみならず、研究に携わる全ての者に求められる。実際に論文を執筆する前に、前述のガイドラインなどには必ず目を通してほしい。

5.　おわりに

　本章では、実務家教員に求められる研究や、論文執筆の具体的な方法、また、論文執筆の際につまずくポイントとして、研究方法を含むいくつかの要素について解説してきた。実務家教員は研究を通じて、産業界と学術界が相互に理解・導入できる「共通言語」としての新たな知を開発することが期待されており、論文はその成果を発表するための有用なツールの1つである。そして論文には特定の型や手続きが存在しており、換言すれば「書くべきことが決まっている」。このことは、それに挑戦することへの心理的なハードルを幾分か下げることにつながったのではないだろうか。

　一方で、自身の実務経験に関する学術的位置づけを自ら考究し、一人で研究発表まで至ることは必ずしも簡単なことではない。関係する領域の学会や実務家教員を目指す者同士のコミュニティを活用しつつ、場合によっては修士課程・博士課程といった学びの場に身を置きながら教育・研究活動を遂行することも有効な手段といえるだろう。

　本書読者の実務経験が研究成果として花開き、知識社会のさらなる発展に貢献していく未来に期待して、本章の結びとする。

注

1）例えば人間工学会のホームページに，「人間工学研究のための倫理指針」と「人を対象と
する医学系研究に関する倫理指針」が掲載されているので参照するとよい。
人間工学研究のための倫理指針　https://www.ergonomics.jp/product/report.html
人を対象とする医学系研究に関する倫理指針　http://www.lifescience.mext.go.jp/files/
pdf/n1443_01.pdf

2）その他の研究方法は「国立国会図書館 リサーチ・ナビ」（https://rnavi.ndl.go.jp/rnavi/）
や研究方法に関する教科書、また、類似のテーマを扱った先行研究などを参照してほし
い。

3）多様に変化する目的に応じて必要な情報を一時的に保持しつつ、並列的に他の処理作業
を行うための機能（近藤ほか 2003: 489）。

参考文献

橋本純次（2017）「民放地方テレビ局における『地域密着』業務の現状と課題—制度的同型化
を端緒として」『情報通信学会誌』34（3）: 53-68.

橋本純次（2020）「視聴者の流動性を背景とした民放地方テレビ局の役割」『社会情報研究』
（1）: 37-54.

井上達彦（2000）「事業システムにおける連動能力—伝統的な生命保険会社の実証分析『日本
経営学会誌』6: 68-81.

木下是雄（2020）『理科系の作文技術』中央公論新社.

近藤洋史・森下正修・蘆田佳世・大塚結喜・苧阪直行（2003）「読解力とワーキングメモリ—
構造方程式モデリングからのアプローチ」『心理学研究』73（6）: 480-487.

琴坂将広（2014）「第10回 定性的な研究は経営学に価値をもたらすのか？—ケース・スタ
ディから考える学問としての意義」ダイヤモンド・オンライン.

松梨久仁子・百々めぐみ・武井柚実歩・谷祥子・島崎恒藏（2015）「高速度カメラによるすく
い縫いミシンの縫製下における生地挙動の観察と縫製方向によるすくい量の変化」『繊製
品消費科学』56: 675-682.

松梨久仁子・多田真純・坂西まこと・中島由綺子・奥脇菜那子（2020）「組紐作製時のおもり
バランスが組紐の外観と力学的特性に与える影響」『Journal of Fiber Science and
Technology』76（9）: 296-304.

見延庄士郎（2018）『理系のためのレポート・論文完全ナビ』講談社.

文部科学省（2014）「研究活動における不正行為への対応等に関するガイドライン」.

Morimoto, Mariko（2018）"Congruence and Celebrity Endorser Credibility in Japanese OTC
Drug Advertising," *International Journal of Pharmaceutical and Healthcare Marketing,* 12（3）:
234-250.

日本学術振興会（2015）「科学の健全な発展のために—誠実な科学者の心得」.

日本取引所グループ（2020）「上場会社数・上場株式数」日本取引所グループHP　https://
www.jpx.co.jp/listing/co/index.html

上田拓治（2010）『マーケティングリサーチの論理と技法（第4版）』日本評論社.

演習問題

1. 自身の実務領域がどの学術領域と関連しているか調べたうえで、その領域で一般的に読まれている教科書と、その領域を対象とする学会を調べてみましょう。
2. 自身の実務領域に関する先行研究を検索し、内容を整理してみましょう。さらに、パワーポイントによる他者への解説用資料を作成してみましょう。
3. 研究を進めるとき、どのような場合に定性的アプローチが推奨されるか説明してみましょう。

執筆者紹介

橋本 純次（はしもと じゅんじ）

社会情報大学院大学専任講師

東北大学大学院情報科学研究科人間社会情報科学専攻修了。博士（学術）。社会情報大学院大学助教を経て、2020年度より現職。専門はメディア文化論と公共政策。主な研究領域として、放送政策、民放地方テレビ局、オーディエンス研究など。博士学位論文「人口減少社会と視聴者の流動性を背景とした民放構造規制の展望」で第35回電気通信普及財団賞テレコム社会科学学生賞佳作受賞ほか、情報通信学会第17回論文賞優秀賞、同学会第2回アーリーバード発表賞受賞。

松梨 久仁子（まつなし くにこ）

日本女子大学家政学部被服学科准教授

日本女子大学家政学部被服学科卒業、同大学院家政学研究科被服学専攻修了。博士（学術）。日本女子大学家政学部被服学科助手、非常勤講師・学術研究員を経て現職。主要研究業績として、『衣服材料学実験』（2018、朝倉書店、共編著）、『衣服材料学』（2020、朝倉書店、共編著）、「組紐作製時のおもりバランスが組紐の外観と力学的特性に与える影響」（2020、『Journal of Fiber Science and Technology』、共著）。

田部 渓哉（たべ けいや）
城西大学経営学部マネジメント総合学科助教
1987年生まれ。早稲田大学商学部卒業、同大学大学院商学研究科修士課程修了の後、博士後期課程単位取得満期退学。同大学商学学術院助手、助教を経て、2017年4月より現職。主要研究業績として、『ケースで読み解く経営戦略論』（2018、八千代出版）、「パーソナル化の知覚がモバイルアプリの利用行動に与える影響」（2016、『消費者行動研究』）、「モバイルクーポンの利用行動分析：クーポン情報の知覚による影響」（2015、『InfoComREVIEW』）。

NHKプロデューサーから転身
学生の「事実を見極める力」を養う

　元NHK報道局プロデューサーの加藤直也さんは、50代後半になって大学教員へのキャリアチェンジを決意。自己流で公募に挑戦するも、なかなか採用に至らなかった頃、「実務家教員養成課程」の存在を知った。長くメディア業界で活躍した知見を、どのように教育・研究に生かしているのだろうか。

桜美林大学非常勤講師、東京大学経営企画部国際戦略課

加藤 直也

放送現場からの学びを社会還元

——なぜ実務家教員を目指したのでしょうか。

　私は2019年春から、桜美林大学に非常勤講師として勤務しながら、東京大学国際戦略課の職員として、従来の大学の枠を超えるような「知の創成、発信」に取り組んでいます。

　もともと、新卒から30数年間はNHK職員として働いていました。「クローズアップ現代」などの報道番組にディレクターやプロデューサーとして関わり、特派員として韓国とイギリスに赴任もしました。

　ずっと放送の現場で社会と向き合ってきましたが、50代後半になって、今まで経験し、考えてきたことを整理し、次の世代に残せないかと考えるようになりました。思い立ったものが、大学教員として若者に教え、伝えるということでした。

　2018年から大学の教員公募に応募し始めました。しかし完全に自己流でしたので、20〜30大学に応募しましたが、ほとんど書類選考で落ちていました。面接や模擬授業に進むことも数回ありましたが、採用には至りませんでした。そんなとき、社会情報大学院大学の「実務家教員養成課程」を知り、受講しました。

——養成課程の受講後に、桜美林大学の非常勤講師として採用されましたね。

　課程での学びは就職活動で大変役立ちました。履歴書や教員調書の書き方、面接でのアピール方法、シラバス（授業計画）の策定、模擬授業の実習、大学を取り巻く環境変化や実務家教員の役割の解説などを、網羅的に学ぶことができました。頭の中が整理され、安心して就職活動に挑めるようになりました。

　桜美林大学は「映画・映像史」に関する教員募集でしたので、シラバスを添えて応募しました。私は論文執筆の実績がなかったので、教員調書作成では養成課程の教員に相談しながら、制作したテレビ番組や講演実績を盛り込み、キャリアや実績をアピールしました。

　また、養成課程は同じ目標を持つ人たちとの出会いの場としての魅力もありました。授業内のグループワークで一緒になったメンバーとは、養成課程の修了後も集まって勉強会を開きました。受講生は皆、バックグラウンドもさまざまで、刺激を受けましたね。

見極める力と伝える力

——現在はどのような講義を受け持っているのですか。

　桜美林大学の芸術文化学群で、「映画・映像史」の講義を担当しています。演劇やダンス、音楽、ビジュアルアーツでの活躍を志す学生たちが主な対象です。映像・映画の歩みを学び、社会・文化のなかに位置づけて理解することや、映像表現の手法を知り、学生自身の表現力・発信力を豊かにすることが講義の狙いです。

　インターネットなどの発達で、メディア環境は大きく変化しました。今の学生たちは、誰もがメディアを発信する側にも立てます。それは素晴らしいことですが、身につけるべき力もあるでしょう。1つは何が事実なのかを見極める力（リテラシー）、もう1つは真実を表現して伝える力です。私の実務経験を交えながら、これらの力の大切さを伝えたいと思っています。

　前期は、映画の発展の歴史を、時代・文化的背景、さまざまなジャンルの実例とともに学びました。クリップ映像も見せながら、例えば戦争と映画の関係性や、映画産業の成り立ちなどを解説しました。後期は、代表的監督やその作品を題材に、表現技法の多様化や、映画・映像コンテンツの発展と時代・社会の動向を明らかにしていきます。

──実際に教員として働くなかでの苦労や醍醐味は？

　やはり最初は、授業準備にとても苦労しましたし、1回が100分という長い授業時間に対応することも大変でした。評価や試験方法もずいぶん悩みました。現場では手取り足取り教えてはくれませんから、時々、実務家教員養成課程のレジュメを見直しています。さまざまな教授法や成績評価手法、ファシリテーション手法などを学んだことが役立っています。

　履修者は60人を超えるので、なかなか一人一人の学生と深くコミュニケーションをとることは難しいですが、授業終了時にはミニッツペーパーを提出してもらっています。授業の感想や疑問点のほか、「人生で一番印象に残った映画・テレビは何ですか」といった質問に回答してもらい、学生の理解に努めています。しっかりと書き込んでくれる学生も多く、手応えを感じます。

　半年間で、教員として働くことの厳しさや難しさを痛感しました。ですが、学生を教えること、学生と出会うことの大切さやうれしさはそれにも増して大きく、やりがいを感じています。

さらに深い学習・研究活動へ

──これからの目標を教えてください。

　まずは桜美林大学の講義をしっかり続けることが大前提ですが、今後は、常勤・非常勤にこだわらず、授業をする場を広げていきたいと思っています。大学でゼミを持ち、より深い学習活動に学生とともに取り組んだり、メディア・放送系の専門学科でも教えたりしてみたいですね。

　もう1つは研究活動です。研究と論文執筆に取り組む時間と場所を確保したいと思っています。先行研究や学問のトレンドをリサーチし、自分のポジションを見極めて「旗を立てる場所」を探していきたいです。この時代に求められる、実務家教員としての新たな役割を果たし、存在価値を高める努力を続けたいです。

（『月刊先端教育』2019年11月号より編集・再掲）

索引

社会情報大学院大学実務家教員養成課程・
実務家教員COEプロジェクトのご紹介

実務家教員養成課程

　社会情報大学院大学は、2018年10月、「実務家教員養成課程」を開設しました。実務家教員養成課程は、実務能力・教育指導力・研究能力という、あらゆる専門領域の実務家教員に共通する基礎的な素養を養成するプログラムです。

　プログラムの特徴は、3つの能力の養成に関わる講義や演習、研究会、講演を効果的に配置することで、高等教育機関についての理解を深め、実務家教員としてのキャリアパスについての具体的なイメージを持ちつつ、受講者自身の実務経験をもとにした具体的な授業計画を組み立てられるようになる点にあります（図表1）。授業内外の課題に取り組むなかで、受講者は、実際に活用可能なシラバス、1回分の授業計画案や教材、模擬授業、教員個人調書等の成果物を完成させていくことができます。

　半期・61時間からなる実務家教員養成課程は、東京・大阪・名古屋・福岡を会場に、2020年度末までに7期までが開講され、受講者数は200名を超えています。受講者は、年齢構成でいうと、50代が最も多く50%、次いで40代が22%となっており、豊富な実務経験を生かし、セカンドキャリアとして教員の道を目指そうとする志の高い受講生が集まっていることがうかがえます。また、業種別では、学術研究、専門・技術サービス業がもっとも多いですが、製造業、金融業・保険業、公務、情報通信業、卸売業・小売業、教育・学習支援業と多岐にわたっており、多様な専門性をもつ受講者が集まっていることがわかります（図表2および「コラム：養成課程修了者の声」参照）。

　2021年度は、4月に第8期・10月に第9期を開講します。対面形式で実施するクラスを継続させつつも、新たにオンラインクラスを導入する予定です。オンラインクラスは、研究会や模擬授業の授業回については東京会場での対面形式限定で実施しますが（スクーリング）、その他の回についてはオンライン・リアルタイムで授業に参加する形式をとります。詳細や説明会、受講申し込みのご案内については、社会情報大学院大学実務家教員養成課程

週	講	講義タイトル	領域
		受講にあたって（1時間）	ガイダンス
1	第1講	実務家教員とは何か	制度理解
	第2講	実践と理論の融合 I	研究方法
2	第3講	高等教育論	制度理解
	第4講	高等教育政策論	
3	第5講	教員調書と実績 I	キャリアパス
	第6講	教員調書と実績 II	
4	第7講	【講演①】実務家教員のキャリアパス①	キャリアパス
	第8講		
5	第9講	シラバス作成の基礎	教育方法
	第10講	教授法の基礎	
6	第11講	【研究会①】教員調書作成演習	キャリアパス
	第12講		
7	第13講	ファシリテーション論	教育方法
	第14講	ファシリテーション演習	
8	第15講	教材研究の基礎	
	第16講	教材作成演習	
9	第17講	学習評価論 I	
	第18講	学習評価論 II	
10	第19講	【研究会②】シラバス作成演習	
	第20講		
11	第21講	論文執筆の基礎 I	研究方法
	第22講	論文執筆の基礎 II	
12	第23講	研究倫理・コンプライアンス I	教育・研究倫理
	第24講	研究倫理・コンプライアンス II	
13	第25講	【研究会③】論文執筆演習	研究方法
	第26講		
14	第27講	研究指導法 I	教育方法
	第28講	研究指導法 II	
15	第29講	実践講義法 I	
	第30講	実践講義法 II	
16	第31講	【研究会④】教案作成演習	
	第32講		
17	第33講	実践と理論の融合 II	研究方法
	第34講	成人教育論	教育方法
18	第35講	【講演②】実務家教員のキャリアパス②	キャリアパス
	第36講		
19	第37講	模擬授業 I	実習
	第38講	模擬授業 II	
20	第39講	模擬授業III	
	第40講	模擬授業IV	

図表1　実務家教員養成課程のプログラム構成［出典：実務家教員COEプロジェクト事務局作成］

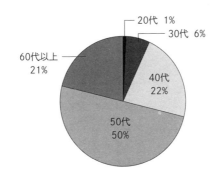

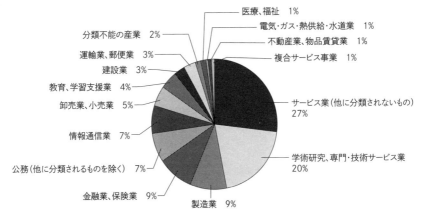

注：年齢構成は1〜7期までの累計（2020年12月時点）。6期生までは修了者ベース、7期生は受講者ベース。
　　業種別構成は1〜6期までの累計。日本標準産業分類に基づく。

図表2　実務家教員養成課程修了者の年齢構成と業種別構成
　　　　［出典：実務家教員 COE プロジェクト事務局作成］

のホームページに掲載しておりますので、あわせてご覧ください（https://www.coep.jp）。

実務家教員 COE プロジェクト

　社会情報大学院大学はまた、2019年度より、実務家教員養成課程を発展させる形で、実務能力・教育指導力・研究能力を兼ね備えた質の高い実務家教員のトータル・サポートを目指して、「実務家教員 COE プロジェクト」に

取り組んでいます。3つの能力を兼ね備えた質の高い実務家教員を養成・輩出したうえで、実務家教員に求められる各能力の継続的な向上を促し、それによって、社会における実践と結びついた理論を学ぶ場としての高等教育機関の教育の質を制度的に保証するための取り組みを通じて、実務家教員養成をめぐる教育・研究の中核拠点（COE = Centre of Excellence）となることを目指しています。

実務家教員養成課程のほかに、具体的に手がけるのは、①実務家教員向けの共通FDセンターの開設、②実務家教員向けの学会の創設、③実務家教員向けの個人認証制度の創設、④実務家教員養成課程の導入校の拡大の4つです。実務家教員としての着任後にも、高等教育機関をめぐる状況の変化に対応し、実務能力・教育指導力・研究能力の絶えざる向上を図り、継続的にこれらの能力に関連する理論や実践についての学習・研究の機会を設けることを狙いとしています。①は現職の実務家教員を主たる対象とした参加者公募型のFD研修、②は実務家教員が自らの教育・研究実践や実務家教員養成に関する調査・研究成果を報告する学会大会の運営と学会誌の発行、③は、①の研修と連動した実務能力や教育指導力、研究能力の質を担保する制度の実施を計画しています。また、④は、各高等教育機関の育成したい実務家教員像に合致するようにカスタマイズされた専門性の高い養成課程を進めるものです。

本プロジェクトは、中長期的かつ持続的に社会の養成に応えることができる産学共同による実務家教員の育成システムの構築を目指す、文部科学省の「持続的な産学共同人材育成システム構築事業」の一環として行われているものです。本プロジェクトの推進にあたって、社会情報大学院大学は、日本女子大学、武蔵野大学、事業構想大学院大学と連携をしています。また、持続的な産学共同人材育成システム構築事業は、社会情報大学院大学のほか、東北大学、名古屋市立大学、舞鶴工業高等専門学校の各取り組みが採択されています。

実務家教員COEプロジェクトについても、詳細は、社会情報大学院大学実務家教員養成課程のホームページに掲載しております（https://www.coep.jp）。

実務家教員の理論と実践
人生100年時代の新しい「知」の教育

発行日	2021年3月15日　初版第1刷発行

編　者	実務家教員COEプロジェクト
著　者	川山 竜二・荒木 啓史・濱名 篤・乾 喜一郎・
	青山 忠靖・榊原 暢久・佐藤 浩章・廣政 愁一・
	石﨑 友規・富井 久義・篠田 雅人・伴野 崇生・
	橋本 純次・松梨 久仁子・田部 渓哉
発行者	東 英弥
発　行	学校法人先端教育機構 社会情報大学院大学出版部
	〒169-0075　東京都新宿区高田馬場1-25-30
	編集部　03-3207-0005
	販売部　03-6273-8500
	https://www.mics.ac.jp/
発　売	学校法人先端教育機構
印刷・製本	シナノ書籍印刷株式会社
DTP	株式会社鷗来堂

本書は、文部科学省の推進する「持続的な産学共同人材育成システム構築事業」において、実務能力・教育指導力・研究能力を兼ね備えた質の高い実務家教員の育成に取り組む「実務家教員COEプロジェクト」の一環として発行するものです。

あわせて読みたい入門書

実務家
教員への
招待

人生100年時代の
新しい「知」の創造

実務家教員への
招待

人生100年時代の新しい「知」の創造

「教える力」は武器になる！
今、あなたのキャリアを生かした教育が
求められています。

実務家教員COEプロジェクト編

社会情報大学院大学出版部

判　　型：四六判

価　　格：1,800 円（税別）

編　　者：実務家教員 COE プロジェクト
　　　　　文部科学省
　　　　　持続的な産学共同人材育成システム構築事業

発行　■社会情報大学院大学出版部

発売　★学校法人 先端教育機構

全国書店・Webで発売中
Tel: 03-6273-8500
Email: shop@sentankyo.jp